本书由复旦大学马克思主义学院资助出版

Research on the Financial Crises in Tianjin

from 1900 to 1928

1900—1928年
天津金融风潮研究

以货币发行为分析中心

郝志景 /著

復旦大學出版社

序

《1900—1928年天津金融风潮研究》选题很有意义。天津在近代开埠后,内外贸易及金融、工业、交通等迅速发展,成为华北最大的口岸城市。随着近代金融市场的发展,天津金融风潮迭起。这些风潮有的是受全国性金融风潮影响,也有的是地方因素造成的。以往的研究重视前者忽略后者。因此,郝志景的这一选题研究不仅有填补空白的学术价值,也有深入认识中国市场发展不充分不平衡性的现实借鉴意义。

郝志景对相关重要资料进行了深入的挖掘整理,特别是对天津市档案馆的原始材料、晚清民国时期的报刊与资料等,下了很大功夫。他以丰富的史料为支撑,全面而细致地揭示了1900—1928年间天津所发生的多次金融风潮轨迹,并对当时天津政府及若干中间组织以及市场主体的反映与应对做了深入的分析与研究。他把杂乱的近代天津货币金融史料整理成清晰可信的历史演变线索,体现了他较高的驾驭史料功力。

郝志景注重历史学方法与经济学方法相结合,运用现代经济学理论,借鉴哈耶克有关竞争性自由货币的理论探讨,从货币发行角度阐述天津的近代金融风潮,从而极大地增强了文章的理论性与学理性。他认为,统观清末和北洋时期天津的六次金融风潮,两次直接责任在于民间,四次直接责任在于政府。发行货币可以获得铸币收益,而无论民间发行还是政府发行,如无有效机制制约,都易导致滥发,酿成危机。哈耶克认为民间发行货币,可以建立有效机制,防止货币滥发。这种机制就是货币竞争。在竞争环境下,货币之间没有固定比价,劣币不能驱逐良币,反被良币驱逐。如若政府强定货币比价,货币无法自由竞争;"格雷欣法则"就会发生作用。近代天津的货币危机,与哈耶克所论者存在某些相通之处。他结合近代天津竞争性自由货币制度自发演进的独特历史,对竞争性自由货币制度理论进行验证,考察其约束条件与演进变化。他注重近代天津竞争性自由货币体制下的金融风潮与国家垄断货币制度下金融波动的不同呈现,丰富了对金融危机的经济解释,具有原创性贡献。

郝志景认为,近代金融行业需要中间组织,以之制定行业规则,维护行业利益。清末和北洋时期天津商会、钱商公会和银行公会先后在津成立。在应对历次金融风潮时,三个公会组织都曾发挥重要作用。为了应对金融风潮,近代天津官方、商会、钱业公会、银行公会等做了很多工作。但是由于近代政府对于货币的主导权日益增强,政府往往贪图铸币利益,民间难以制约政府,导致天津应对风潮的很多工作效果不佳。他指出,清末和北洋时期中国远未实现民主法治。比之哈耶克所批判的政府行为,清政府和北洋政府的做法,更是等而下之。国家实现民主法治以后,政府控制货币尚且问题丛生;如若还未实现,而政府又对货币具有无限权力,岂不更加令人担忧?郝志景的分析视角独到,思路清晰,论证充分,体现了一位青年知识分子独立思考,勇于探索的可贵品格。

郝志景既有在深圳华为技术有限公司工作的经历,又有在著名高校任教的经验,而《1900—1928年天津金融风潮研究》是他的第一部学术专著。希望他继续独立思考,勇于探索,做出更好的成绩。

陈争平

目 录

第一章　绪论 ·· 1
　一、选题缘由 ·· 1
　二、学术史回顾 ·· 3
　　（一）关于清末与北洋时期天津的金融发展 ················ 3
　　（二）关于近代中国币制的相关问题 ······················ 14
　　（三）关于近代天津金融和中国币制的史料整理 ·········· 22
　　（四）关于相关货币理论 ································ 25
　三、研究思路、方法与创新点 ································ 31
　四、论文结构 ·· 32

第二章　近代天津金融概况 ·································· 34
　一、近代天津的银号与银行 ·································· 34
　　（一）近代天津的银号 ·································· 35
　　（二）近代天津的本国银行 ······························ 38
　　（三）近代天津的外商银行 ······························ 43
　二、天津金融发展中的三大组织 ······························ 45
　　（一）天津商会 ·· 46
　　（二）天津钱商公会 ···································· 49
　　（三）天津银行公会 ···································· 52
　三、近代天津的主要货币 ···································· 54
　　（一）主要金属货币 ···································· 54
　　（二）主要纸币 ·· 58
　四、小结 ·· 65

第三章　清末天津的金融风潮及相关应对 ······ 66
一、贴水风潮 ······ 66
（一）贴水风潮缘起及其危害 ······ 67
（二）官、商应对与银号变革 ······ 73
二、铜元危机 ······ 82
（一）津埠铜元危机之起 ······ 83
（二）应对铜元危机的举措与思路 ······ 89
三、银色风潮 ······ 98
（一）风潮之起与华洋交涉 ······ 99
（二）天津公估局的设立 ······ 103
四、小结 ······ 108

第四章　北洋时期天津的金融风潮及相关应对 ······ 112
一、两次中交停兑风潮 ······ 112
（一）风潮之起与津市慌乱 ······ 113
（二）停兑风潮的应对 ······ 123
二、省钞挤兑风潮 ······ 131
（一）省钞挤兑风潮之起 ······ 132
（二）风潮的应对 ······ 137
三、铜元与铜元票危机 ······ 145
（一）铜元涨价危机 ······ 146
（二）铜元贬值危机与铜元票停兑 ······ 153
四、小结 ······ 162

第五章　清末和北洋时期天津金融风潮的理论分析 ······ 165
一、清末与北洋时期政府货币主导权的增强 ······ 165
二、清末和北洋时期天津金融风潮中的金属货币与纸币 ······ 171
（一）清末和北洋时期天津金融风潮中的金属货币 ······ 171
（二）清末和北洋时期天津金融风潮中的纸币 ······ 182

结束语 ······ 195
  一、关于1900—1928年天津金融风潮的总结 ······ 195
  二、关于货币非国家化理论的探讨 ······ 199

附　录　清末和北洋时期天津的部分货币 ······ 202
参考文献 ······ 214
后　记 ······ 224

第一章 绪 论

一、选题缘由

在人类的历史长河中,金融活动源远流长。时间愈晚,作用愈大。如把经济发展比作躯体运转,金融活动就是血液循环。躯体健康与否,血液循环关系极重。金融日益重要,若其发展遭遇重挫,常给人们带来巨大灾难。这种重挫的主要表现,就是金融危机,或曰金融风潮。金融风潮发生之时,一地或者多地的金融指标,迅速恶化;金融组织和其他企业大量倒闭,经济萧条,甚至政治也会动荡不安。17世纪以来,欧美各地的重大金融危机,主要包括郁金香狂热、约翰·劳计划、南海泡沫、佛罗里达土地投机、大萧条时期的股灾、1987年美国股灾等等①。这些危机有大有小。影响所及,或者限于一地,或者跨洲越洋。最近二十年,世界经济渐成一体。亚洲金融危机和美国次贷危机弥漫全球,各国几乎均难置身事外。金融风潮一再发生,破坏巨大。人们自会深思:什么原因导致金融风潮?应该如何应对?古往今来,很多学人对此研精覃思,各种解释不计其数。

一般而言,金融风潮可分三种类型:一是资本市场危机,如股市大跌;二是金融机构危机,如银行倒闭;三是货币市场危机,如货币贬值。三类危机往往互有影响,彼此牵连。三类危机之中,货币危机产

---

① 从1634年开始,荷兰人疯狂抢购郁金香。郁金香球茎价格猛长。1637年,球茎价格暴跌,投机者大量破产。史称"郁金香狂热"。约翰·劳是英国金融家。18世纪初,他成立密西西比公司,谎称有权开采路易斯安那的金矿,在法国销售公司股票。法国人疯狂购买,股价大涨。最后真相大白,股价大落,破产者众。史称"约翰·劳计划"。18世纪初,英国南海公司将与西班牙殖民地的贸易垄断,股价大涨。最后公司股价大跌,大批地主、商人因为购其股票而破产。史称"南海泡沫"。佛罗里达气候宜人,适合度假。20世纪20年代,很多人对其进行土地投机。1926年,佛罗里达迭遭飓风袭击。投机者纷纷抛售土地,泡沫破灭。史称"佛罗里达土地投机"。1987年10月19日,美国纽约股市暴跌22.6%。史称"黑色星期一"。见王福重:《金融的解释》,北京:中信出版社,2014年,第363—366页。

生最早。解释货币危机，需要涉及各种货币理论。这些理论多会探讨如下问题：何种币制可以充分发挥货币职能，规避货币危机，最终促进经济发展？对此问题，各种金融学说恰似千岩竞秀、万壑争流，令人目不暇接。简而言之，这些学说大体可分两类：一类认为货币应由国家垄断，由其遵循某种原则，确定货币供应量；一类认为货币不应垄断，而应多元发行，自由竞争。近代以来，欧美各国的货币发行，多被国家垄断。学人探讨货币危机，自以货币统一为其前提。在此前提之下，各骋奇思，异说竞起。这些学说都属第一类，洵为洋洋大观。与之相比，第二类学说屈指可数，唯有哈耶克（Hayek）和劳伦斯·H. 怀特（Lawrence H. White）等人作此主张。其中哈耶克名气尤大。哈耶克反对统一货币，强调货币应该多元发行，唯其如此，方可避免货币危机。其时欧美各国多已统一货币，中央银行控制货币发行，上述理论无法印证。其是非曲直、优劣得失，后人很难评判。最后哈耶克本人面对现实，也是心灰意冷，认为自由货币难以实施①。

与欧美各国的货币状况不同，中国在很长历史时期，货币并不统一。铸币权由政府和民间分享。政府所铸货币仅为一端，其影响视所占比例而定。所占比例愈高，影响愈大；所占比例愈低，影响愈小。政府货币与民间货币互相竞争，这是中国货币史的常态，在世界上别具一格②。哈耶克的货币理论，可从中国货币史得到某种印证。哈耶克所提的自由货币，是不兑现货币。中国历史上的民间纸币，多是可兑现货币。此处两者存在不同。不过他的货币竞争、多元发行等观点，确实能为我们思考中国传统币制带来启发。

晚清以来，中国面临内忧外患，货币体制也在逐步变化。铸币权由官民分享转向政府垄断。清末与北洋时期，这种转变已经开始。1935 年，国民政府实施法币改革，这种转变最终完成。至此，一种新的货币形态，宛然成型，以至于今。国家垄断货币发行，这是近代世界潮流，大势所趋。中国同样循此潮流，追随而去。在此过程中，中国传统币制多被斥为混乱无序、极度落后。这种混乱落后有无某些

---

① 富景筠：《货币与权力——读哈耶克〈货币的非国家化〉》，《读书》2008 年第 4 期，第 127 页。
② 朱嘉明：《从自由到垄断——中国货币经济两千年》，台北：远流出版事业股份有限公司，2012 年，序言 13、14 页。

合理因素？应该如何评价这种巨变？已往研究对此虽有涉及；而其扑朔迷离、别有洞天之处，依然人迹罕至①。

货币是金融的核心，货币理论深不可测。如能选取一个城市，结合哈耶克的理论，对这些问题变换角度，反复审视，则有希望在货币理论中寻幽探胜，一观江海之大、鱼龙之奇。本书基于上述想法，选取天津进行实证研究。天津在清末与北洋时期，金融风潮接二连三。这些风潮大多属于货币危机。危机的直接责任，或在民间，或在政府。无论民间多元发行货币，还是政府主导发行货币，均难杜绝危机。我们自然心生疑问：上述两种发行方式，孰优孰劣？当今世界，金融危机依然阴霾不散。中国正在融入世界，一旦危机爆发，很难独善其身。此时回顾传统，深入研究近代天津的金融风潮，观其起源流变，察其官民应对，可使后人深入理解两种发行方式的利弊得失，重新评估传统币制的某些特质。这对今人探索最优货币体制、规避某些金融危机，无疑启迪深长。

二、学术史回顾

结合哈耶克之论研究近代天津金融风潮，主要涉及三个领域：一是清末与北洋时期天津的金融发展，二是近代中国币制的相关问题，三是哈耶克的货币非国家化理论及其争论。这些领域或是新创园地，尚待细细耕耘；或是开发已久，早有老树浓荫。探讨近代天津的金融风潮，首先应对各个领域的相关研究做一回顾。此外，关于近代天津金融和中国币制的史料整理，是本书的研究基础，在此亦需略作回顾。

（一）关于清末与北洋时期天津的金融发展

研究清末与北洋时期天津的金融发展，属于区域金融史范畴。金融史是近年中国经济史研究的热点，区域金融史为其一端，唯其研

---

① 张五常目光如炬，曾经一语指出："哈耶克在生时极力主张的自由银行制度，在中国早已存在。这是个非常重要的研究题材，中国的学者竟然忽略了。"见张五常：《货币战略论》，北京：中信出版社，2010年，第124页。

究对象极不均匀。上海是近代中国的金融中心,其金融实力高出群伦,一骑绝尘。故对上海近代金融的研究,从民国以至今日,层出不穷,日积月累,寖成巨观。比之上海,关于近代天津金融的研究,却是瞠乎其后,远远不及。对其金融风潮的系统研究,更是冷冷清清。

20世纪二三十年代,已有论者开始研究天津金融。他们或做实地调查,或做历史总结,陆续写出若干文章和专著。1928年,淑仪撰文①,指出天津金融业弱点有四:一、放贷偏重感情,过于信任个人,对于借款者的实际状况却不重视。一旦银号②意外亏耗,无法支持信用,全市金融常被牵累。二、狃于故习,惰性较深,不能容纳新的意见。三、一切计算偏于琐细,忽视远大,常因贪图小利而受重大损失。四、同业之间,过于散漫。除了例设公会,几乎没有合办机关和互助事业。领袖行号也无控驭能力和牺牲精神,不能领袖群伦。淑仪结合协和贸易公司倒闭风潮、外国银行华账房倒账危机、银号拨码漏洞、少数"跑合"操纵津沪汇价等具体事例,说明上述缺点,建议天津金融行业与时俱进,不再迷信个人信用,遇到重大事项,破除成见,互相协作。北洋时期,天津金融风潮频发。淑仪有感于此,振笔为文,重在指出天津金融的种种不足,对其发展则略而不写。

1929年,《工商半月刊》刊发《天津钱业之调查》③。该文对天津钱业的历史、内部组织、各类业务、账目管理、钱商公会详细总结。近代天津的货币危机,该文已有论及。文中提到:天津钱业大小各号皆发钱帖,流通本地,种类繁杂。常有钱号发帖过多,准备不足,最后周转不灵,以至倒闭。倒闭者多,往往酿成金融风潮。洋元兴起之后,钱帖渐废。大小各号又发洋元钞票。而通行日久,重蹈覆辙。天津商会针对此弊,召集钱商开会,议定各号如若倒闭,所有财产应先用于收回钞票,其次用于偿还同业川换,最后才能清理其他债务。

1930年,《杨著中国金融论》出版④。该书专辟一章,论述近代天津金融市场的沿革、银号、本国银行、外国银行、金融界的团结、通货

---

① 淑仪:《天津内国金融业之观察》,《银行周报》1928年第12卷第3期。
② 天津钱业名称不一,如钱铺、钱庄、钱局、钱号等,都是钱业组织。民国初年,这些组织大都改称"银号"。本书在行文过程中,根据时人称谓,或用"钱庄",或用"银号",并无严格区分。
③ 《天津钱业之调查》,《工商半月刊》1929年第1卷第12期。
④ 杨荫溥:《中国金融论》,上海:商务印书馆,1930年。

及其行市、票据及其清算、金融行市的涨落等。杨荫溥认为近代中国币制绝无条理,两元并用,辅币紊乱,纸币复杂。这与国外大不相同。处于这种币制之下,天津金融风潮迭起。杨氏对天津金融界的团结非常推崇,曾从三个方面论述:天津各个银号的团结、银行界的团结以及金融界的合作。杨氏论各个银号的团结,重在银号同业维护、电汇与银元等各项行市的设置、同业争执的调解三点;论银行界的团结,重在银行公会联络同业一点;论金融界的合作,重在银号与同业或银行的靠家关系、银钱两业互相合作的公约、金融维持会的设立、金融恐慌之中准备金的筹设四点。1931年,吴本景也撰文叙述天津的金融状况①。其时天津各行发钞有多有少,流通区域亦广狭不同。吴氏指出这一重要现象,并对各行发钞数额及其流通区域进行估计。此外,吴氏对天津本地硬币的行使情形、银行银号当店的状况、华商银行、银号与外商银行的主营业务、本地金融市价情形、需要现金的季节性、老头票的大略情形、华商银行公会、洋商银行、钱业公会等内容也有总结。大体而言,吴氏之文平铺直叙,对于某些重要现象的前因后果,缺少深入分析。

1931年、1933年和1934年,何育禧、王培和中央银行分别调查天津金融,并且发表相关调研文章②。清末和北洋时期,各地银两的重量标准,千差万别。何氏将天津与上海、北平、济南、开封、奉天、营口、成都等地的平码兑换比率详细列出。王氏对天津银号与银行资本的调查尤其详尽。基于这些调查,王氏整体评价天津金融,指出天津金融劣于上海,但是优于国内其他各埠,较少惊风骇浪。国民政府初期,尤称稳定。唯就天津银号而言,资本微弱,规模狭小,守成有余,进取不足。至于银行,则是均将资金投入商业,分类徒有虚名,垦务、农工缺少援助。王氏认为这是天津金融的不足。中央银行的调查,没有评价天津金融,而是对其金融市场、金融机关、资金实力、票据与货币概况客观叙述。该文论及铜元和银币时,指出津埠工资与物价多以银元标价,但有若干行业和物品仍以铜元标价。某些银币在天津行使,需要贴水。这些货币现象非常重要,发人深省。总之,

---

① 吴本景:《天津之金融状况与商业情形》,《中央银行旬刊》1931年第3卷第17—19期。
② 何育禧:《天津金融概略》,《钱业月报》1931年第11卷第1期。王培:《天津金融市场之调查》,《实业金融》1933年第2卷第2期。

上述三种调查均在国民政府初期,从中能够推知北洋时期天津金融的某些状况。若干数据更是非常珍贵。后人基于这些数据,可以适度进行量化研究。

1935年,吴石城围绕天津金融业与金融市场,发表系列文章①。这些文章对近代天津的金融状况做了系统介绍。关于天津的货币流通,吴氏主要介绍银两、银元、辅币和纸币。介绍辅币之时,吴氏曾经述及铜元贬值危机,论其原因与影响,并且提出补救办法。介绍纸币之时,吴氏指出,天津纸币因其发行银行不同,流通范围大小有别。纸币挤兑风潮频发,吴氏对此也曾论及。不过对于上述现象,吴氏所论均是蜻蜓点水,没有展开。吴氏与杨荫溥相同,也很重视天津金融界的团结,故而专文论述。其文主要围绕银号之间、华商银行之间以及银钱两业之间的团结,视角与杨氏相似。

1936年,王子建、赵履谦调查天津银号,对这个行业的发展演变深入探讨②。其内容主要包括:天津银号的沿革、派别、现状、主营业务、组织与管理、钱业公共组织、银号与外界的联系。两人认为银号资本小于银行,清末为其颠沛时期,民国建立之后,则是挣扎图存时期,尽管如此,银号仍能继续发展。二人将其原因归为三点:一是天津为北方经济中心,金融需求巨大,单靠银行供不应求。二是银行贷款侧重抵押,不重人情,而银号则多开展信用放款,更加符合商业习惯。三是银号财东负有无限责任,经营管理,颇有特长。凡此诸端,均使银号处身激烈竞争之中,终能岿然不倒。

总体言之,对近代天津金融业的研究,在20世纪二三十年代刚刚起步。这些研究主要围绕天津银号、银行、货币状况、公会组织、金融季节等问题。或是整体观察,面面俱到;或是选择专题,论其一点。某些研究已经涉及金融风潮,不过都未将其拈出,专门研究,深入分析。近代天津的金融风潮,很多都是货币危机。上述研究论及天津货币问题时,也都很少结合整个国家的货币体制。就行文风格而言,

---

① 吴石城:《天津之货币流通概况》,《银行周报》1935年第2、5期;《天津之银号》,《银行周报》1935年第16期;《天津之华商银行》,《银行周报》1935年第19期;《天津之外商银行》,《银行周报》1935年第29期;《天津金融业之团结》,《银行周报》1935年第32期;《天津典当业之研究》,《银行周报》1935年第36期;《天津之票据与其清算》,《银行周报》1935年第38期;《天津金融季节之研究》,《银行周报》1935年第42期;《天津之平民金融组织》,《银行周报》1935年第46期。

② 王子建、赵履谦:《天津之银号》,永兴洋纸行,1940年。

上述研究多是客观叙述,较少主观评论。能用经济理论分析各种金融现象,将理论分析与实证调查相互结合者,更不多见。虽然如此,上述研究对于近代天津金融的很多方面如实记载,留下大量材料和数据。这些材料和数据弥足珍贵。后人只有基于这些记载,才能继续深入分析,探讨前因后果,对于很多现象提出解释。

从全面抗战开始到改革开放,四十多年之中,政治变动接连不断。这段时期,很少有人研究近代天津金融,形成学术史上的一个空白。改革开放之后,相关研究从无到有,渐渐增长。唯就近代天津的金融地位而言,研究成果远不相称。1979年,陈宗彝回顾了建国之前天津金融市场的变迁①。陈氏于1917年开始在天津钱业工作,前后三十余年,历任多种职务,对其十分了解。关于清末与北洋时期天津的金融市场,陈氏主要叙述各种货币交易、证券花纱粮食皮毛交易所以及日本人操纵天津金融市场的若干活动。陈氏论津市货币交易,主要包括如下内容:庚子之前的货币流通和钱局活动、庚子之后钱业的变化、跑合铺②的出现、钱商公会成为金融市场中心、"五四"运动对老头票的冲击、华俄道胜银行地下室的羌帖市场。很多金融活动和金融业务,陈氏都是亲历者,耳闻目见,素稔其事,故而总结比较细致。

20世纪80年代初,杨固之、谈在唐、张章翔发表长文,总结天津钱业发展史③。该文所涉时段很长,从乾隆年间天津钱业发轫谈起,直到1952年天津钱业清理为止,中间共有几百年。三人认为天津钱业共有四种类型:钱庄、票号、汇兑庄与银钱兑换号。汇兑庄是外地钱庄的驻津机构,办理解付汇票和申汇事务。银钱兑换号专门经营各种货币兑换业务。每种类型钱业的起源、演变与消亡,该文均有概述。该文指出庚子事变之后,天津钱业变革很多,诸如天津官银号创立、钱庄改进经营方式、与洋商银行华账房建立关系等,俱是新兴之事。北洋时期,天津钱庄快速发展。该文对其帮派、资本来源、主营

---

① 陈宗彝:《解放前天津金融市场的变迁》,中国人民政治协商会议天津市委员会文史资料研究委员会编:《天津文史资料选辑(第5辑)》,天津:天津人民出版社,1979年。
② 跑合铺就是说合货币交易的中间机构。庚子之前,天津银行和工商户买卖银元,均是委托银号代办,银号再委托跑合人相互交易,取得平衡。庚子之后,某些跑合人组织跑合铺,以买卖银元和羌帖为主要业务。
③ 杨固之、谈在唐、张章翔:《天津钱业史略》,中国人民政治协商会议天津市委员会文史资料研究委员会编:《天津文史资料选辑(第20辑)》,天津:天津人民出版社,1982年。

业务、经营管理、与商业银行的关系等问题详细总结。

同一时期，刘嘉琛也对天津钱业进行了总结①。刘氏从资本来源、帮派背景与经营特点三个方面入手，指出投资天津钱业者主要来自盐商资本、一般商业资本、地主资本、银行界资本、高利贷资本与军政界资本。天津钱业的帮派，主要包括天津帮、北京帮和山西帮。按照经营特点，钱业分为西街银号、东街银号与租界银号。1987年，刘氏又与谢鹤声共同撰文，回顾近代天津的货币演变②。两人指出：民国建立以后，多种货币流通津市。特别是各种银行兑换券，五花八门，最为混乱。发钞银行既有国家银行，又有私营银行；既有中国银行，又有外国银行。不过两人对此没有分析评论，仅是指出这一现象。此外，天津钱业实施拨码制度四十余年，直到20世纪40年代初期天津票据交换所成立，拨码制度方告终结。这种制度的定义、产生、内容以及具体运作，两人也有回顾③。

1987年，英夫、朱继珊撰文论述天津钱业和钱业同业公会④。两人指出满清入关两百余年，一直沿用明朝白银与制钱，并无统一的货币制度。因此，当时货币兑换非常频繁。经营此类业务的机构，称为"兑钱摊"。此即天津钱业之始。此后，经济日益发展，金属货币使用不便，"银帖"、"钱帖"等纸币遂应需而出。迨外国势力东来，金镑、美金、法郎、马克、卢布、日元等外国货币又先后流入天津。市面货币愈为复杂，兑换业务愈为发达。尽管如此，天津钱业却很分散，机构名称不一，经营多样，行业情况极其复杂。英、朱二人指出民国成立之后，钱业经营方趋正规，公会组织也日益重要。关于天津钱业公会的沿革、章程、人员组织，特别是清末与北洋时期公会的主要活动，诸如规定元宝含银量、设立公估局、制定申汇交易规则、规复旧章开议各项行市、制定银条银帖与铜元票的发行规则、整顿纸票、应对危机接济市面等等，英、朱二人详细介绍。

---

① 刘嘉琛：《解放前天津钱业述析》，中国人民政治协商会议天津市委员会文史资料研究委员会编：《天津文史资料选辑（第20辑）》，天津：天津人民出版社，1982年。
② 谢鹤声、刘嘉琛：《天津近代货币演变概述》，中国人民政治协商会议天津市委员会文史资料研究委员会编：《天津文史资料选辑（第40辑）》，天津：天津人民出版社，1987年。
③ 刘嘉琛、谢鹤声：《浅谈天津钱业的拨码》，中国人民政治协商会议天津市委员会文史资料研究委员会编：《天津文史资料选辑（第40辑）》。
④ 英夫、朱继珊：《天津钱业和钱业同业公会》，中国民主建国会天津市委员会、天津市工商业联合会文史资料委员会编：《天津工商史料丛刊（第7辑）》，1987年。

1988年，沈大年主编《天津金融简史》①。该书论述天津金融，重在建国以后的四十年。关于清末与北洋时期的发展情况，只在第一章简要介绍。天津早期的金融机构，主要是指钱铺、票号和典当业。清末民初，这些机构有兴有衰。天津银号与本地工商业联系密切，社会基础深厚，又从中外银行获得资金支持，故在民初发展迅速。外国银行财力雄厚，控制天津外汇市场，掌握天津海关和国库，兜揽存款、掠夺资金、发行纸币、扰乱金融。该书对于上述内容均有总结。清末与北洋时期，国人在津自办银行，发展颇快。该书认为，当时银行与产业发展关联不大，本国银行一时兴盛，主要缘于三个原因：一是官僚、军阀与地主大量来津，投资银行；二是工商萧条、农业不振，富人为保安全，多将资金存入银行；三是银行投机公债，大获其利。总之，建国以前，天津金融存在很多问题。该书对此重点论述。不过该书同时肯定，天津金融也有优点，比如金融机构众多、活动范围广阔、货币资金集中、调拨使用灵活、管理经验丰富等。

20世纪七八十年代的研究，和建国之前有些相似，主要就是叙述近代天津金融的方方面面，包括货币、钱业经营、钱业公会、钱业与银行等。能够选择专题进行深入理论分析者不多。90年代之后，这种情况有所改观。1993年，《近代天津城市史》出版②。该书是一部天津通史，对数千年间天津的政治、经济、社会与文化发展，均有总结。天津开埠之后，商业发展迅速。该书指出商业发展需要货币调节，与信用活动密切相关，了解一个地方商业贸易的发达程度，可从该地金融见微知著。天津早期的金融组织，主要就是钱铺和票号。清末外国银行络绎来津，开设分行。国人也起而模仿，现代银行由此兴起。这些都与商贸发展有关。20世纪初期，天津贸易和金融业发展尤速，对腹地影响日大。该书对此深入探析，其内容包括商业的近代化倾向、商业规模的扩大、促使天津成为北方经济中心的诸多因素、天津与腹地商品联系的发展、银行业的兴盛、银行业务范围的确立、旧式钱业的转变、天津与腹地的金融联系等。这种分析重视天津经济社会变迁的宏大背景，在此背景之下观察天津金融，特别强调金融发展与贸易消长的密切联系，视野开阔，立论平实。

---

① 沈大年编:《天津金融简史》，天津:南开大学出版社,1988年。
② 罗澍伟主编:《近代天津城市史》，北京:中国社会科学出版社,1993年。

1995年,赵洪宝对清末天津铜元危机做了研究①。铜元危机几乎影响天津各行各业,带来各种恶果。天津商会为此采取很多举措,包括:禁止外地铜元入津;杜绝私铸私贩,摒弃劣质通货;要求津埠商民一体行用铜元;听任本埠铜元出口出境;创设北洋官钱局,行使铜元纸币。这些举措的具体做法,赵氏均有详述,并且加以肯定。不过铜元危机还有深层原因,比如国际银价上涨,中国经济发展,白银需求随之增加,外贸逆差与巨额赔款造成白银外流等,均会导致银价上涨,铜价下跌。赵氏认为天津商会缺少近代货币金融理论知识,对于上述原因没有认识。为了应对铜元滥发,天津商会曾经建议,各省铸钱归于商办。赵氏对此不以为然,指出中央掌握货币铸造权,尚且不能禁绝滥铸;倘若改由商办,商人唯利是图,不计其他,岂不更为混乱?此论显然只是一种直观感受,认为货币一定要由中央垄断。事实是否果真如此?商办是否毫无可能?具体存在哪些困难?这是一个绝大题目,赵氏没有深耕细耘。

同年,吴必龙论述20世纪初期天津的金融风潮,也曾涉及铜元危机②。清末,进口商品以银标价。铜元贬值,该商品的铜元价格大涨,进口随之减少。铜元危机之外,天津贴水风潮与上海股市风潮也对津埠外贸影响很大。吴氏指出,天津开埠以来,贸易一直平稳发展。金融风潮将此平稳打破,外贸因之起伏不定。吴氏认为清政府不明货币理论,面对风潮,因应失策,使得问题愈发严重。金融与贸易密切相关。吴氏从该角度探讨天津金融风潮,思考领域更为开阔。

近代天津铜元市价变动,商民生活深受影响。熊亚平和安宝对此深入研究③。两人分析统计数据,指出铜元波动具有周期性。波动之因既有造币厂滥铸、民间私铸、银铜比价变动、铜元供过于求、币制不一、商人囤积居奇,又有军阀混战,钱摊与换钱局借机操纵。铜元变动如何影响工商企业主、小商贩、工厂工人、人力车夫以及苦力等群体,两人做了细致分析,最后得出结论:就长期而言,民众生活指数所受影响不大;但就短期而言,广大商民特别是工人等中下层人

---

① 赵洪宝:《清末铜元危机与天津商会的对策》,《近代史研究》1995年第4期。
② 吴必龙:《二十世纪初期天津金融风潮及其对对外贸易的影响》,《南开经济研究》1995年第1期。
③ 熊亚平、安宝:《近现代天津铜元市价变动对商民经济生活的影响》,《天津财经大学学报》2011年第9期。

民,确实深受其害。为了应对危机,天津官民采取了很多对策。两人认为此皆治标之策,并未探得本源。治本之策应是划一币制,维持十进之制。国民政府初期,当局希望采取治本之策,但是效果不佳。商民对法币并无信心,反而纷纷收藏铜元。这种现象涉及不同货币之间的竞争。熊、安二人对此没有分析。

2000年前后,韩国学者林地焕围绕20世纪初期的金融风潮与天津钱庄、天津金融市场的帮派等内容,发表了若干文章①。林氏所论的金融风潮,主要包括贴水风潮、上海橡皮风潮。两次风潮对于天津钱庄影响至大。林氏将其分为三个方面:一是天津钱庄迭遭打击之后,改变经营方式,扩大资金规模,实力大增。外商和华商银行兴起之后,钱庄仍有发展。二是天津票号损失巨大,最后逐渐没落。三是银行势力如日初升,逐渐兴起。林氏论述金融风潮,着眼所在乃是天津钱庄,并非货币问题。所论两次风潮,只有前者与货币密切相关。关于天津金融市场的帮派,林氏主要论及天津帮、北京帮、山西帮、南宫帮、深县与冀县帮。通过分析每个帮派的经营方式、业务重点、活动区域以及资本分布,林氏指出天津钱业主要是由本地帮派控制。这与上海夐然有异。上海钱业主要是由宁、绍人士控制。其中原因在于江南市镇远比华北发达,市镇商人涌往上海,故能称雄一方。而华北地区则不具备这种条件。

关于民国时期天津的货币、银行以及政府—社会关系,美国学者史翰波(Brett Sheehan)撰有专著,做了深入研究②。研究所涉时段为1916至1937年。史著共分六章,其中四章都是探讨清末与北洋时期的天津金融。第一章简要介绍辛亥前后天津金融业的初步发展,强调西方银行制度的影响。第二章主要探讨1916年天津中、交停兑风潮,分析政府官员、银行家与地方精英的应对行为。1916年之后,天津银行业继续发展,众多私立新型银行纷纷设立。1921年,天津再现挤兑风潮。第三章主要总结上述内容。第四章主要论述1922至1928年天津银行业的发展,重点分析政府官员与银行家如何提高公

---

① 林地焕:《20世纪初金融风潮与天津钱庄》,《城市史研究》1998年Z1期;《清末民初天津金融市场的帮派》,《城市史研究》2000年Z1期;《论20世纪前期天津钱庄业的繁荣》,《史学月刊》2000年第1期。

② Brett Sheehan. *Trust in Troubled Times: Money, Banks, and State-Society Relations in Republican Tianjin*. Massachusetts: Harvard University Press, 2003.

众信任。1928年前后,直隶省行出现危机。本章对此也有讨论。史氏研究这些问题,运用"信任"这个核心概念,指出这段历史时期,金融制度日益复杂。在提升公众对于银行的"信任"时,政府作用日渐增大,地方精英作用日趋减小。政府与社会的关系,逐渐重构。史氏分析上述问题,主要都以当时中行天津分行总经理卞白眉为例,开展个案研究。这种理论框架和研究视角充满新意。此外,该书旁征博引,运用大量原始档案,并且结合口述史料,颇多创解。

民国时期,中行发行流通天津地名券。刘仲直对其相关状况做有总结①。刘氏将该券发行分为两个阶段:1912至1916年,天津地名券处于推行阶段。当时外钞银洋、各种银两、银元充斥津埠市面,种类繁多,市价不一。许多商家习而用之,普通百姓则多使用铜元、铜钱。所以该券推行之初,并不顺利。中行天津分行为此采取多种措施,大力推行。1917至1930年,天津银行地名券推行已广,地位日重。中行天津分行成为发行区域行,北京分行也要领用该券。在民国时期,中行天津分行协助政府整理币制,所发钞票流通全国,发钞数额也是名列前茅。刘氏认为这些都可说明该券的历史地位。当然,该券在流通过程中,也曾遭遇挤兑风潮。刘氏对1916年停兑风潮做了重点论述。这次风潮影响全国,历来研究者众。这些研究或是偏重全国,或是偏重上海,很少重视天津。刘仲直填补空白,将当时天津的相关情况、事件本末做了详细总结。

宋美云分析清末民初天津的历次金融风潮,将其原因归为三点:金融业发展滞后,货币制度混乱,传统信用制度扭曲②。风潮发生之后,天津商会奔走于中央政府与地方政府、政府与商人之间,做了大量工作。这些工作包括调查商情、搜集信息、反映问题、提出建议、协调商人关系、化解各种纠纷等。另一方面,官方同样做了很多工作,包括取舍决策、协调中外关系、筹资接济市面等。官商合作、共同应对,这是解决危机的基本模式。宋氏总结上述内容,肯定商会策略得当、表现超凡,对天津金融业大有维持之功。宋氏的研究,重在天津商会,而非金融风潮。因此,近代天津金融的很多问题,宋氏都未

---

① 刘仲直:《民国时期中国银行天津地名券的发行与流通》,中国人民政治协商会议天津市委员会文史资料研究委员会编:《天津文史资料选辑(第101辑)》,天津:天津人民出版社,2004年。

② 宋美云:《近代商会化解金融风潮之探析》,《历史教学》2005年第3期。

涉及。

近些年来,龚关发表了系列文章,并且出版专著,对近代天津金融做了系统研究①。这些研究内容丰富。关于区域经济发展与天津金融业,产业发展与金融,货币资金的区域流动,公债、军阀投资与金融市场,政府、商人与金融风潮,金融机构与金融市场,龚氏皆有深入探讨。近代天津金融有所发展,其因有二:一是区域经济的需求,二是政府的作用。区域经济若要增长,需有中心城市提供金融服务,满足其融资与汇兑需求。龚氏围绕上述需求,对近代天津金融业务扩大的过程、其间经济关系的变化、金融制度的变迁各有述论。北洋时期,大量军阀、官僚来津投资金融业。同时,政府大发公债,要求银行垫款。天津金融深受政府影响。这些影响或积极、或消极,不能一概而论,龚氏对此特别强调。清末和北洋时期,天津先后发生贴水风潮、铜元危机、银色风潮、布商债务风潮、盐商债务风潮、钱庄倒闭风潮、中交停兑风潮、直隶省行停兑风潮、铜元与铜元票危机、银号与商号倒闭等多次金融风潮。龚氏将其根源归为天津金融基础脆弱、货币制度混乱和制度变迁滞后。政府不仅没有推动改革,反有种种不当行为,对于风潮责任很大。与之相比,天津商人积极应对危机,对金融很有建设之功。总之,龚氏从发展与不发展、动力与阻力、传统与现代这些层面,审视近代天津金融的演进历程。所做研究视角恢宏,包罗丰富,很有学术价值。

龚关讨论贴水风潮之时,曾经提到天津外贸畸形发展,逆差逐年扩大,金银不断外流,这使天津金融基础十分薄弱,最后导致金融风潮。陈卓、姚旸对此存在异议,指出所谓天津贸易逆差,应指天津及其腹地,就天津一城而言,不仅没有逆差,反从腹地获得盈余②。因此以贸易逆差解释贴水风潮,难以成立。陈、姚二人认为风潮的真实原因在于:庚子兵燹之后,天津市场陡然增大。联军统治期间,复推多项经济政策,鼓励外商倾销商品。这些因素促使贸易虚热,金融业

---

① 龚关:《20世纪初天津的金融风潮及其应对机制》,《史学月刊》2005年第2期;《商业贸易与民国前期天津和腹地间的资金流动》,《中国经济史研究》2007年第2期;《1920年代中后期天津银行挤兑风潮》,《历史教学(高校版)》2007年第6期;《清末至民国前期银企关系探究——以天津恒源纱厂与银行的关系为中心》,《南开经济研究》2007年第6期;《近代天津金融业研究:1861—1936》,天津:天津人民出版社,2007年。

② 陈卓、姚旸:《20世纪初天津金融危机发生原因探析——以"贴水风潮"为中心的考察》,《华北金融》2009年第7期。

投资热情高涨。一时之间,钱庄遍地开花,纷纷扩展信用。迨贸易形势由热转冷,金融泡沫随之破裂。此外,天津开埠之后,贸易发展迅速,而金融运作体制却变革缓慢。严格的"拆借""拆息"制度,久未建立。殷实商户多不愿意借款。同时,钱庄又与银行联系不密。天津金融存在这些不足,微风细浪都易变成轩然大波。陈、姚两人以贸易虚热解释贴水风潮,重新审视某些成说,自成一家之言。

近代京、津两地的金融业,联系十分密切。王元周从货币与行市、人员与机构、汇兑与放款三个方面,对此做了探讨①。就货币与行市而言,光绪朝以来,天津渐成北方造币中心,所铸铜元流通北京者很多。北京钱铺发行的钱票,也在天津流通。北洋时期,中行天津分行发行兑换券,也是同时流通两地。就人员与机构而言,同一票号多在两地开设分号,京津每个城市的银号,常在另一城市开设分号,两地银行的联系,也很密切。就汇兑与放款而言,其时北京为政治中心,达官显宦存款很多;而天津为北方经济中心,工商各业需款孔殷。故而北京金融机构常以天津商民为汇兑放款对象。除了以上三个方面,北京的政治、经济变动,也常影响天津金融,特别是金融风潮。王氏对此没有论及。

总体观之,改革开放之后,近代天津金融的相关研究,有所增多。20世纪90年代之后,相关研究越来越有理论深度。其中某些研究涉及近代天津的金融风潮。个别研究还以此为题,或是论其原因,或是论其影响,或是论其官民应对,做了专门探讨。但从货币发行角度对此系统总结、深入分析者,尚未见到。清末与北洋时期的金融风潮,是否有所不同?风潮背后的货币发行问题,应该如何评价?天津官民应对风潮,具体存在哪些困境?能否从历次风潮着眼,重新审视中国传统币制的某些特质?对于这些问题,上述研究大多没有注意。即使偶有涉及,也未潜研深探,所待挖掘之处,还有很多。

(二) 关于近代中国币制的相关问题

从货币角度研究天津金融风潮,自然涉及近代中国的币制。这个问题非常重要。有关研究从清末就已开始,此后愈来愈多,指不胜屈。下文仅选具有代表性者,略作回顾。1915年,章宗元出版《中国

---

① 王元周:《近代北京金融业与天津的关系》,《城市史研究》2011年第27辑。

泉币沿革》①。民国初期,章氏先后担任财政部次长、审计处总办与币制局副总裁,故对币制问题深有研究。此书主要内容包括:历代泉货沿革大略、制钱沿革、铜元沿革、银元沿革、铸造币局厂沿革、金银铜换算价格及银铜币统计、金银进出口及国际贸易的差额、国家纸币及银元兑换券、币制本位及单位问题、银主币定价问题及铸费问题、推行新辅币及收回各种旧辅币问题、预备改用金本位问题等。章氏撰写此书,以户部、度支部、财政部档案及前人著述为据,旁及欧美官书、近人著述,详于近今而略于古昔,注重制度及其原因、效果,叙述客观,很少主观评价。

1924年,徐沧水发表《民国钞券史》②。该书所论包括:钞券沿革及银行兑换券的起源、户部银行与大清银行发券的始末、中国银行与交通银行发券的梗概、中交钞票停兑风潮始末、一般银行的发券情况、发券事项的监督机关、相关法规等。同年,胡乃瓒探讨当时金融扰攘之因,归为内外两种因素③。内部因素包括:国人投机心勃发、金银比价动摇、财政当局聚敛、货币滥发、同业倾轧与工商业变迁。外部因素包括内乱频仍、政潮起伏、盗匪影响、天灾流行、倒把操纵与外交变动。其中金银比价动摇和货币滥发均是货币问题。胡氏认为金银比价动摇,缘于欧战爆发之后,经济变动,金价大跌,银价大涨。加之墨西哥内乱频仍,银矿停采,供给愈少,银价愈贵。至于货币滥发,胡氏主要强调各省滥发铜元,恶币横溢,良币消退,最后币值日落,物价日升。上述两大问题,均与中国货币制度有关。胡氏对此没有详论。关于解决之道,胡氏仅是建议金融界吸取教训,巩固同业利益,防止投机倒把,一言带过,没有深入。

1925年,张家骧出版《中华币制史》④。该书共有六编:历代货币、现代货币、现代币制问题、币制行政、金银铜统计与附录。张氏论现代货币,主要是指民初的银元、银角、铜元、银两、制钱、纸币。其中纸币的发行主体,既有中央银行,又有特种银行、普通商业银行、地方银行、中外合办银行、在华外国银行等,非常多元。张氏分门别类,俱

---

① 章宗元:《中国泉币沿革》,北京:经济学会,1915年。
② 徐沧水:《民国钞券史》,民国文存编辑委员会:《中国货币史研究二种》,北京:知识产权出版社,2013年。
③ 胡乃瓒:《论近年金融扰攘之原因》,《银行周报》1924年第8卷第47期。
④ 张家骧:《中华币制史》,北京:知识产权出版社,2013年。

有总结。张氏指出汉文帝取消盗铸令,造币权归于民间,这在历史上独一无二。而在大多数时间,铸币权都为国家独占。唯君权旁落之时,民间私铸不断;鼎革祚移之秋,私铸尤多。此论已经涉及货币发行的垄断问题,不过张氏没有展开讨论。总之,张书内容丰富,叙述周详,堪称近代币制通史研究的奠基之作。

1929年,耿爱德(E.Kann)《中国货币论》翻译出版①。耿氏在中国从事金融行业多年,故对中国货币问题观察甚明。耿书主要研究金属货币,对币材、国外汇兑与造币厂等问题皆有论述。20世纪30年代,耿氏又撰文探讨中国纸币问题,指出中国发行纸币,渊源甚古,但都无法解决滥发问题②。民众对其没有信心,政府也不重视。直到19世纪末期,情况都是如此。从清末到国民政府前期,中国纸币发行逐渐革新,废两改元与推行法币是其重大举措。耿氏目光如炬,指出中国币制的历史巨变。唯其是非得失,耿氏没有太多评价。耿作之中,统计很多,特别是反映国外情况的统计,诸如北洋时期美国现金的输出情况、1909年以后各国的银产额、欧洲各主要银行近年所存金银数额等,十分详细。这说明耿氏观察中国币制问题,没有限于一隅,而是放眼四海。近代中国已经开始融入世界,中国币制问题深受外国影响。耿作注重内外联系,很多解释更为圆融。

另一外国学者吉田虎雄也对中国货币问题做有研究③。吉田氏认为中国币制存在重大缺陷。铸币权不由中央政府独揽,而由各省分享。各种货币重量、成色不等。尤其银角、铜元,根本无法按照面额流通。至于纸币发行,更是弊病百出。很多纸币只限一地使用,难以通行全国。经济发展因之受阻,对外贸易受害尤大。吉田氏指出,对于中国而言,统一货币十分急切。清末赫德、精琦,民初卫斯林、曹汝霖都曾提出这个问题。吉田氏对此做了总结。

1940年,朱偰出版专著《中国货币问题》,其中专辟一章,探讨民国的自由发行问题④。朱氏指出:中国发行纸币,自民国以来,一直采用自由发行制度。当时中国政治分裂,金融难以集中,政府往往以

---

① 耿爱德:《中国货币论》,蔡受百译,上海:商务印书馆,1929年。
② 耿爱德:《最近中国纸币发行之沿革》,《中行月刊》1938年第15卷第6期至第17卷第5、6期。
③ 吉田虎雄:《中国货币史纲》,周伯棣译,上海:中华书局,1934年。
④ 朱偰:《中国货币问题》,重庆:青年书店,1940年。

借款为条件,赋予私家银行发行权。同时,中国政府和银行界的人士,多是留学英美,受其旧式经济学教育,以自由发行为先入之见。然而民国关于发行兑换券的法规,又受日本、德国影响,多采集中发行之制。最后纸上法规与实际情形产生矛盾,形同具文。朱氏认为自由发行影响恶劣:一是纸币不统一,阻碍工商业发展;二是现银不集中,妨碍国家运用金融政策;三是银行倒闭相寻,时时发生挤兑,引起信用恐慌。显然,朱氏反对自由发行,赞成统一发行。20世纪30年代美国大危机之后,自由经济理论受到打击,政府管控之论渐占上风。在上述背景下,朱氏同样主张国家垄断货币。至于垄断发行是否也有弊端,朱氏没有论及①。

总而言之,民初研究中国币制者,多是将其发生演变记录下来,原原本本,总结叙述,对其利弊得失较少主观评价和理论分析。到了国民政府后期,相关研究开始跳出传统窠臼,自觉借鉴西方最新的货币理论,以之评价中国传统币制,越来越有理论深度。这些研究之中,很多都是批评中国传统币制的混乱不一。明确说出货币发行滥用国权、流毒社会者,很少见到。

1949年之后,关于中国传统币制的研究较多。20世纪50年代,魏建猷《中国近代货币史》出版②。魏氏指出中国银元、铜元与纸币制度皆有缺点。银元制度缺点有二:一是铸币权分散,各省铸币十分混乱,银元重量成色不一,银元本位久未确立;二是清廷围绕银元单位问题,争论不休,没有定论。至于铜元制度的缺点,魏氏归为六条:增铸无所限制,币制没有健全,政府自坏信用,交通阻碍,投机盛行,私铸充斥。关于纸币制度,魏氏指出官私银号、国家银行、地方银行都有滥发问题。外国银行是否也有这类问题,魏氏没有论及。多元发行有无合理之处?如何解决滥发问题?魏氏对此都无讨论。

彭信威《中国货币史》也在20世纪50年代出版。此后迭经修订,日益完善,成为货币史研究的经典之作③。彭书以货币制度、货

---

① 1949年之前,关于中国货币史的著作还有:刘映岚《中国货币沿革史》,东京:砥斋,1911年;侯培仁:《中国货币沿革史》,上海:世界书局,1929年;戴铭礼:《中国货币史》,上海:商务印书馆,1934年;李骏耀:《中国纸币发行史》,重庆:中央银行经济研究处,1944年。
② 魏建猷:《中国近代货币史》,上海:群联出版社,1955年。
③ 彭信威:《中国货币史》,上海:上海人民出版社,2007年。

币购买力、货币研究、信用机关为基本框架,研究所涉时段从三皇五帝直至清末,横贯数千年,研究重在白银、黄金、铜元、制钱等金属货币,对于纸币则涉及不多。清末开始铸造铜元,彭氏认为这是中国货币制度的一次巨变。此前,政府多次发行大钱,但经人民抵制,都未推行开来。政府发行大钱,物价上涨。人民变而使用制钱,物价随之复原。而清末铜元发行之后,一种新的货币单位自此产生。物价随之不断上涨,引起物价革命。因此彭氏将其称为一次巨变。当时,世界其他国家相继改为金本位,白银大量流入中国。彭氏分析清末白银的购买力,并与欧洲对比,指出物价上涨与此也有关联。彭氏研究上述问题,既做古今对比,又做中西对比,深具历史意识和世界眼光。故对清末中国货币制度的某些独特之处,彭氏常能一针见血,点出要害。

同一时期,献可对近百年来外国银行在华发行的纸币做了总结①。其中有大量数据统计,是后人继续研究相关问题的宝贵资料。60 年代,杨端六对整个清代的货币金融深入研究②。杨氏认为清朝币制是银铜平行本位制,这种制度并不完整。制钱具有法定标准,铸币权属于政府;而纹银则漫无标准,民间自由铸造,其成色、重量各地皆有不同。这种制度到清末时弊端日重。杨氏对当时银元、铜元、纸币发行的紊乱,银钱比价的波动,均有叙述总结。

改革开放之初,张振鹍论清末十年间的币制问题,指出这一时期币制混乱,货币芜杂,比价无定,货币发行与流通数量均难满足客观需要③。围绕整顿币制,中央与地方矛盾重重,不断斗争。张氏对此详细描述。晚清民间私铸货币,民初政府滥发纸币。两者均有严重问题。20 世纪 90 年代,郑起东分别撰文探讨上述问题④。不过郑氏未将两者合而观之,比较民间发行与政府发行的得失。贺水金也对当时的币制紊乱总结回顾⑤,将其归为四点:一是传统货币与近代货币并存;二是发行主体既有中央、地方政府,又有民间机构;三是本国

---

① 献可:《近百年来帝国主义在华银行发行纸币概况》,上海:上海人民出版社,1958 年。
② 杨端六:《清代货币金融史稿》,北京:三联书店,1962 年。
③ 张振鹍:《清末十年间的币制问题》,《近代史研究》1979 年第 1 期。
④ 郑起东:《晚清私铸及其社会经济影响》,《近代史研究》1995 年第 4 期;《北洋政权与通货膨胀》,《近代史研究》1995 年第 1 期。
⑤ 贺水金:《论 20 世纪 30 年代前中国币制紊乱的特征与弊端》,《史林》1998 年第 4 期。

货币与外国货币并存;四是不同货币各有特定流通区域,不同区域流通不畅。总之,上述三人之论代表一种传统看法,即清末与北洋时期,中国币制杂乱无章,需要统一。

王业键也对中国近代货币与银行的演进细致梳理①。前人研究这个问题,只重解释制度的形式结构,而对货币供给如何变动、如何影响其他经济部门、货币制度如何演变等问题,大都重视不够。王氏有感于此,遂对这些问题重点论述。清末中国内外贸易继续扩张,机器工业兴起,轮船、铁路逐步推广。市场对于统一支付工具的需求,日益迫切。王氏认为,当时货币部门虽然紊乱,但是仍有两大进步现象:一是银元逐渐普及,二是现代银行纸币信用逐步建立推广。王氏强调,完善币制需要统一货币,建立强大超然的中央银行。中央银行变动重贴现率、存款准备率,运用公开市场业务,调整货币供应量。显然,这是一种凯恩斯主义的观点。

中国近代币制改革发轫于清末,到抗战爆发大体完成。卓遵宏运用中国台湾"国史馆"所藏的国民政府档案、财政部档案与人物专档等,结合当时财经专家的相关论著,分类编次,广征博引,对于这段时期币制改革的始末,做有详细总结②。其内容包括近代币制问题的发生、清季货币制度的改革、民初的币制改革及演进、国民政府的币制建设、法币政策的制定与实施、法币政策的推进与检讨六个方面。卓氏同意王业键之论,认为中国传统的银铜复本位制缺乏弹性,货币供应不能满足市场需求。不过卓氏又指出:政府无法控制货币流通量,自也无法发行巨额通货以弥补财政赤字,因此可以免除恶性通货膨胀。自此角度而论,这种币制亦不无优点。大体言之,卓氏支持国家统一货币,讨论如上优点时只是蜻蜓点水,着墨不多。

近十几年来,汪敬虞总结外国资本在近代中国的金融活动,指出早在五口通商之前,外国银元已入中国,此后越来越多。这使外国银行如虎添翼,更有能力操纵中国金融市场,牟取暴利③。外国银行在华所发纸币,以 19 世纪 80 年代为界,之前尚未获得充分信任,流通

---

① 王业键:《中国近代货币与银行的演进(1644—1937)》,台北:"中央研究院"经济研究所,1981 年。
② 卓遵宏:《中国近代币制改革史(1887—1937)》,台北:"国史馆"印行,1986 年。
③ 汪敬虞:《外国资本在近代中国的金融活动》,北京:人民出版社,1999 年。

范围不广；之后则迅速膨胀。汪氏认为外国银元和纸币损害中国货币主权。不过这种流通是否一无是处，有无积极意义？汪氏没有论及。

杜恂诚将近代中国的金融制度分为两种类型：1927年之前为自由市场型，之后则为垄断型①。在自由金融制度下，没有中央银行，政府所起作用很小。金融市场自发产生、自主发展，内外市场连为一体，政府发钞得到制约，滥发纸币只是局部和阶段现象。而在垄断金融制度下，中央银行建立，商业银行转向官办，政府具有决定作用。自由市场受到管制、限制或取缔，内外市场分裂，政府发钞不受制约，滥发纸币成为全局现象。以往学者研究这段时期的金融制度，多是意存批判，而杜氏则别具只眼，指出自由金融制度有其优点。这种观察值得深思。此外，杜氏还从自由与管制角度，运用"诱致性制度变迁"和"强制性制度变迁"的概念，对金融制度变迁与政府的关系做了深入探讨②。这种研究注重结合理论解释历史因果，首尾照应，贯穿始终，较之以往偏重叙述历史现象者，无疑更为深刻。

戴建兵对白银与近代中国经济深入研究，指出当时中国的货币体系，以银两与银元作为核心，其次则是银角、银行券、铜元、铜元票、商业或金融票据、军用票与各种无准备纸币。货币没有主辅关系，发行放任自由，行业和地域色彩非常强烈③。在这种货币体系下，价值尺度失衡，社会生产成本加大；同时白银供给深受国外影响，中国经济因之常受外部冲击。戴氏认为近代中国币制改革存在三个死结：一是内无资金，外少支持，难以追随世界潮流，建立金本位；二是银本位受制于人；三是政治混乱，军阀割据，改革外部环境不佳。而当时国人探讨币制改革，又多存在畸轻畸重之处：就货币作用而言，重交易媒介而轻价值尺度；就货币稳定而言，重对外汇价而轻对内价值；就影响对象而言，重政府财政而轻社会经济。戴氏所论与杜恂诚不同，重在近代中国币制的缺点和困境，对其评价不高。

---

① 杜恂诚：《中国近代两种金融制度的比较》，《中国社会科学》2000年第2期。
② 杜恂诚：《金融制度变迁史的中外比较》，上海：上海社会科学院出版社，2004年。
③ 戴建兵：《白银与近代中国经济：1890—1935》，上海：复旦大学出版社，2005年；《中国近代的白银核心型货币体系(1890—1935)》，《中国社会科学》2012年第9期。

日本学者黑田明伸探讨货币制度的世界史,对于中国币制也有论及①。黑田氏认为中国货币史存在两种倾向:一种是各个地区接连出现本地通货,多种多样;一种是王朝自上而下,不断努力,希望统一币制。两种倾向抗衡博弈,历时两千年之久。黑田氏称一国只有一种货币,为时较短,不是历史常态;在很长历史时期里,一国同时存在多种货币,不同货币服务于不同层次的市场,这才是历史常态。黑田氏将中国清代的货币分为两种:"地域内货币"与"地域间货币"。"地域间货币"的供求,常有季节性紧张;而"地域内货币"则不存在这个问题,能够实现某种平衡。19世纪以来,各国货币渐趋统一,国际金本位制逐步成型。在此过程中,"地域内货币"日益萎缩,稳定功能日渐减弱。黑田氏认为世界金融恐慌或是由此而生。循此分析思路,黑田氏称货币多元有其合理之处。这种看法与货币统一之论截然相反。黑田氏放眼世界,格局开阔,试图建立一种新的历史—货币理论,诚属难能可贵!

陈晓荣研究的民国小区域流通货币,与黑田氏所论的"地域内货币"大体近似②。其发行主体或为钱铺、钱庄、商铺和工矿企业等工商业部门,或为社会团体等准权力部门。陈氏对其发行、职能、不平衡性、监管等问题均有深入探析。陈氏认为这类货币能够增加社会通货总量,缓解官方通货不足,对于商品市场作用至大。清末新式银行兴起,国家货币日渐壮大;同时地方政府大发货币,地方票日益增多。在两类官方货币压缩之下,民间私票逐渐萎缩。从清末到国民政府时期,货币集权化监管不断增强。陈氏借鉴黑田明伸的货币理论,指出政府主宰货币发行之后,常常迫使银行附属政治,发行钞票弥补财政空虚。这与经济发展背道而驰。国家货币固然有其不足,而民间私票也非尽善尽美,同样存在滥发现象。围绕货币制度,陈氏建议应在计划与市场、监管与自由之间寻找平衡点。

朱嘉明以"自由—垄断"为主线,对中国两千年的货币经济系统回顾③。在西方经济学家之中,哈耶克与凯恩斯双峰并峙,前者主张自由放任,后者主张政府管控。朱氏结合二人的经济理论,将中国货

---

① 黑田明伸:《货币制度的世界史——解读"非对称性"》,何平译,北京:中国人民大学出版社,2007年。
② 陈晓荣:《民国小区域流通货币研究》,北京:中国社会科学出版社,2012年。
③ 朱嘉明:《从自由到垄断——中国货币经济两千年》,台北:远流出版事业股份有限公司,2012年。

币经济划为两个阶段:前一阶段为传统货币经济,后一阶段为现代货币经济。朱氏认为,在传统货币经济中,货币发行并不依赖国家,民间也能发行。各种货币同时流通,可以支撑远距离区域贸易。哈耶克的自发秩序和货币非国家化思想,可从中国传统货币史得到印证。国民政府建立之后,深受日本和苏联影响,国家渐渐主导经济。法币改革是上述两个阶段的分水岭。此后现代货币经济建立,凯恩斯理论在中国大行其道。朱氏认为这种演变未必是中国之福,对此深刻反思。前人多因中国传统币制混乱不一,对其评价不高。而朱氏则别标新解,肯定传统币制。就研究范式而言,朱书也有很多突破,比如注重货币经济制度的演变、外部因素的影响,对于货币经济部门整体分析、宏观研究,运用当代货币理论解释中国货币史等。这些都对本书启发很大。

总体而言,近代以来,欧美各国逐渐统一货币,国家垄断货币发行。与之相比,晚清时期,中国仍是多元发行货币,各种货币同时流通市面。中国朝野大都认为这种币制原始落后,主张学习西方,希望统一货币。从清末到国民政府初期,币制改革不断推进。最后新的币制终于建立,国家完全垄断货币的新型形态,横空出世。统一货币的思路,既支配前人推动币制改革,也支配后人研究货币历史。对于中国清末和北洋时期的自由币制,后世学人多持批判态度,认为这种币制杂乱无章,损害交易,主张应由政府统一货币。近些年来,也有研究对此展开反思。杜恂诚、黑田明伸、陈晓荣、朱嘉明等各从不同角度,做了初步探讨。货币发行的统一与多元,是一绝大问题。先贤与今人对此众说纷纭,迄无定论,后人依然应该继续研究。

(三) 关于近代天津金融和中国币制的史料整理

关于近代天津金融的史料,十分丰富。这些史料包括报刊、档案、公牍、日记、方志、调查、文史资料等等。《银行周报》《银行月刊》《钱业月报》《东方杂志》《国闻周报》《经济杂志》等围绕近代天津金融,曾经发表很多文章和报道。《大公报》和《益世报》是近代天津的重要报纸,也有很多相关报道。天津市地方志编委会、天津图书馆将《益世报》涉津资料汇集成册[1]。所选内容包括政治、经济、文化等很

---

[1] 天津市地方志编修委员会办公室、天津图书馆编:《〈益世报〉天津资料点校汇编》,天津:天津社会科学院出版社,1999年。

多方面,其中财政金融部分收有金融风潮的很多报道,史料价值极高。

近代天津商会的各种档案,浩如烟海。天津市档案馆、天津社会科学院历史研究所、天津市工商联合会将其分门别类,择要编纂,以清末、北洋时期、国民政府前期、抗日战争时期、国民政府后期为序,分为煌煌十卷①。其中大量档案都与近代天津金融风潮有关。特别是官民如何应对,档案记载尤详。唯已出版者仅为其中一小部分,其余则存于天津档案馆。除了商会档案,天津档案馆还有很多银行档案,银行公会、钱业公会档案以及部分企业档案。研究近代天津金融,这些档案都是一手资料。此外,《金城银行档案史料选编》《盐业银行档案史料选编》《大陆银行档案史料选编》《交通银行史料》《中国银行行史资料汇编上编(1912—1949)》《美国花旗银行在华史料》《山西票号史料》等银行票号史料相继出版,也是研究近代天津金融的重要参考资料②。

《北洋公牍类纂》《袁世凯天津档案史料选编》《北洋军阀天津档案史料选编》收有大量公文涉及天津金融③。北洋时期,卞白眉长期担任中国银行天津分行经理,是近代天津金融巨子。《卞白眉日记》对于当时天津的金融事件记载很多④。清末与北洋时期,关于天津的方志资料,层出迭现。这些方志包含一些金融资料。近些年来,各种天津专志先后出版。其中《天津通志·金融志》对近代天津的货币、金融机构、银钱银行和保险业务、金融市场、金融人物均有详细记

---

① 天津市档案馆、天津社科院历史研究所、天津工商业联合会编:《天津商会档案汇编》,天津:天津人民出版社,1987、1992、1996、1997、1998年。
② 蒙秀芳主编:《金城银行档案史料选编》,天津:天津人民出版社,2010年。黑广菊主编:《盐业银行档案史料选编》,天津:天津人民出版社,2012年。黑广菊、刘茜主编:《大陆银行档案史料选编》,天津:天津人民出版社,2010年。交通银行总行、第二历史档案馆合编:《交通银行史料》,北京:中国金融出版社,1995年。中国银行总行、第二历史档案馆合编:《中国银行行史资料汇编上编(1912—1949)》,北京:档案出版社,1991年。中国人民银行金融研究所编:《美国花旗银行在华史料》,北京:中国金融出版社,1990年。中国人民银行山西省分行、山西财经学院《山西票号史料》编写组:《山西票号史料》,太原:山西人民出版社,1990年。
③ 甘厚慈辑:《北洋公牍类纂》,收于沈云龙主编:《近代中国史料丛刊三编》,台北:文海出版社,1999年。天津市档案馆编:《袁世凯天津档案史料选编》,天津:天津古籍出版社,1990年。天津市档案馆编:《北洋军阀天津档案史料选编》,天津:天津古籍出版社,1990年。
④ 方兆麟整理:《卞白眉日记》,天津:天津古籍出版社,2008年。

载,具有重要的史料价值①。《天津文史资料选辑》和《天津工商史料丛刊》收有大量资料,很多都与近代天津金融有关。这些资料或由亲历者回忆撰写,或由他人访谈整理,也是重要参考资料。金融与贸易关系密切。《天津海关一八九二——一九零一十年调查报告书》《津海关贸易年报(1865—1946)》《津海关秘档解译——天津近代历史记录》以天津海关为中心,记载不同时期的贸易状况,很多记载涉及天津金融②。20世纪初期,日本在津驻屯军曾经调查庚子之后天津的经济社会状况,其中包括天津金融调查③。

  关于中国近代币制的史料整理,民国就已开始。民初《政府公报汇编(币制国债)》出版④。该书收有一批北洋政府有关币制的法令、信函、章程等。同一时期,北洋政府财政部泉币司编有《币制汇编》⑤。该书对于清末和北洋时期关乎币制的奏折、法令、章程、议案、论著等系统总结,分为货币法规、铸造银元铜元时期币制案、铸造新币时期币制案、纸币案、造币局厂沿革案、币制论著上、币制论著下总共七编,是研究近代中国币制的重要资料。20世纪30年代,《银价与币制问题法案辑要(第一编)》将北洋时期的部分币制法案加以汇总⑥。陈度在近代档案、官书、杂志、报章、私家论著中广搜博采,择要分辑,编成《中国近代币制问题汇编》⑦。该书分为币制、银元、银两、辅币、造币、纸币六个部分,也是重要的币制史料。20世纪60年代,《中国近代货币史资料(清政府统治时期)》出版。此后《中华民国货币史资料》第一辑、第二辑分别于1986、1991年出版⑧。两部

---

  ① 天津地方志编修委员会:《天津通志·金融志》,天津:天津社会科学院出版社,1995年。
  ② (英)派伦著:《天津海关一八九二——一九零一十年调查报告书》,许逸凡译,《天津历史资料》第4期。吴弘明编译:《津海关贸易年报(1865—1946)》,天津:天津社会科学院出版社,2006年。天津市档案馆、天津海关编译:《津海关秘档解译——天津近代历史记录》,北京:中国海关出版社,2006年。
  ③ 日本驻屯军司令部编:《二十世纪初的天津概况》,侯振彤译,天津市地方史志编辑委员会总编辑室出版,1986年。
  ④ 雷瑨:《政府公报分类汇编(币制国债)》,上海:扫叶山房北号,1915年。
  ⑤ 北洋政府财政部泉币司:《币制汇编》,出版者不详,1919年。
  ⑥ 盛俊:《银价与币制问题法案辑要第一编》,日知编译社,1930年。
  ⑦ 陈度:《中国近代币制问题汇编》,上海:瑞华印务局,1932年。
  ⑧ 中国人民银行总行参事室金融史料组编:《中国近代货币史资料(清政府统治时期)》,北京:中华书局,1964年。中国人民银行总行参事室编:《中华民国货币史资料第一辑:1912—1927》,上海:上海人民出版社,1986年;《中华民国货币史资料第一辑:1924—1949》,上海:上海人民出版社,1991年。

资料汇编均以档案为主,并有部分私人著述和报刊资料。《中华民国金融法规档案资料选编》也于20世纪90年代出版①。该书个别资料从《政府公报》选录,其余均从中国第二历史档案馆馆藏档案选出,史料价值很高。《中华民国史档案资料汇编(第三辑)》以财政金融为题,收有大量北洋时期的金融法规、财政部公告和其他货币金融资料②。上述资料汇编均以货币金融为题,是了解中国近代币制的重要资料。《历史档案》《民国档案》《档案与史学》等档案类期刊,也曾刊登若干档案涉及近代货币金融。

此外,一些资料汇编虽然不以货币金融为题,却有很多内容与其相关。《中国近代外债史资料(1853—1927)》与《旧中国公债史资料(1894—1949)》系统整理外债资料③。参考这些资料,可从财政角度思考货币问题。《中国地方志经济资料汇编》从数千种地方志中披沙拣金,分为农业、副业、手工业、近代企业等十个门类,其中也有货币金融门类④。近代中国各个地区的货币使用情况,可从该书窥其一斑。

总之,关于近代天津金融和中国币制的史料整理,为时已久,成绩卓然。这些史料经过整理,纲举目张,体系分明。后人用其研究近代天津金融之时,能够左右采获,省去很多搜罗爬梳之苦,做到事半功倍。否则今天研究这些问题,势必困难重重。

(四) 关于相关货币理论

20世纪70年代,经济学家哈耶克提出货币非国家化理论⑤。亚当·斯密系统论述自由经济理论之后,竞争观念深入人心。但这主要是指商品之间的竞争。至于货币发行是否也能自由竞争,并未有人全面讨论。人们大多认为货币作为交易媒介,应该整齐划一。倘

---

① 中国第二历史档案馆,中国人民银行江苏省分行,江苏省金融志编委会编:《中华民国金融法规档案资料选编》,北京:档案出版社,1990年。
② 中国第二历史档案馆编:《中华民国史档案资料汇编(第三辑)》,南京:江苏古籍出版社,1991年。
③ 徐义生编:《中国近代外债史资料(1853—1927)》,北京:中华书局,1962年。千家驹编:《旧中国公债史资料(1894—1949)》,北京:中华书局,1984年。
④ 戴鞍钢、黄苇主编:《中国地方志经济资料汇编》,上海:汉语大辞典出版社,1999年。
⑤ 哈耶克:《货币的非国家化》,姚中秋译,北京:新星出版社,2007年。

若民间自由发行,必定混乱无序。因此货币应由国家垄断。哈耶克却异峰突起,提出石破天惊之论:货币发行也能自由竞争。

政府统一货币有其优点,比如便于人们比较价格,促进竞争深化和市场发育等。不过这种做法弊大于利。哈耶克指出政府一旦垄断货币,总是倾向过度发行,从而获取巨额收益。在金属货币时代,政府只靠降低成色追求铸币收益,问题尚不严重。而在纸币时代,政府发钞几乎不受制约,滥发必然导致通货膨胀。此外,政府实施货币政策,通过多发货币调控经济,增加就业,也有很多问题。哈耶克对此痛加批判,指出多发货币犹如饮鸩止渴,短期之内虽能增加就业,而从长期来看,币值不断变化,价格体系为之扰乱,反为更大危机埋下隐患。综上所论,哈耶克提出应该打破垄断,任由民间自由发行,甚至一国之内可以流通外国货币。货币也和其他商品一样,经过自由竞争,最优货币自会脱颖而出。在哈耶克看来,最优货币应该币值稳定。所谓币值稳定,就是不同时期单位货币所能购买的一揽子商品,大体不变。民众会用这种货币进行商品标价、合同缔结、债务偿还等。

哈耶克强调若要实施货币竞争,民间所发货币不能相同。每种货币应有发行机构的标志。这种标志与商标十分类似,可将不同货币加以区分。发行货币能够获利。发行愈多,获利愈多。发行机构为了追求利益,自然倾向多发。然而货币一旦多发贬值,在自由竞争环境下,民众必会抛出贬值货币,换取其他货币。此时发行机构的市场份额,就会不断萎缩,竞争对手乘虚而入,不断扩张。发行机构若想保住份额,必须随时调整发钞数量,保持币值稳定,决然不能超发滥发。

不同银行各发货币,币值稳定者属于"良币",币值下降者属于"劣币"。在自由竞争中,民众必会选择前者而抛弃后者。这是"良币驱逐劣币",与"格雷欣法则"正好相反。格雷欣是英国金融学家,他最早论及货币流通中良币退藏、劣币充斥的现象,人称"格雷欣法则"。哈耶克对该法则提出补充,强调"劣币驱逐良币"有其前提。其前提是不同货币的兑换率受到法律规定,不能自由变动。此时,货币被低估者就会退出流通,被高估者就会四处充斥。否则不同货币的兑换率能够自由调整,人们总会抛出劣币,保存良币。最后,良币脱颖而出,劣币退出流通,恰与"格雷欣法则"相反。

哈耶克货币非国家化的经济思想,有其哲学基础。他将知识分为两类:一类属于特定时空之下的知识,一类属于完整而理性的知识。个人所能掌握者,只是第一类知识。至于第二类知识,则无人能够完全掌握。从知识分工论出发,哈耶克将社会秩序分为两类:自发秩序与组织秩序。两种秩序截然不同。在自发秩序下,本人行动与他人行动互相结合后会产生什么整体后果,个人无需关注。只要属于合法领域,个人就有行动自由。而在组织秩序下,个人需要协调一致,遵从命令与服从的等级关系,实现集体目标。比之前者,组织秩序下的个人自由,远远不及。哈耶克支持自发秩序,反对组织秩序。他认为人类知识日益积累,分工日益深化,个人无知的领域也日益扩展。个人虽然只能掌握某种特定知识,但经自发秩序整合之后,能够取长补短,互相协调,最终推动社会进步。市场机制正是这样一种自发秩序。它以价格体系配置资源,深化分工,其中充满竞争与试错。人们通过价格体系捕捉相关信号,发现自己能够提供或需要什么产品和服务。在做决策之时,人们只需依照价格行事,不需关注事实背后的原因。价格体系使人只需运用第一类知识,即可采取正确行动。哈耶克将价格机制视为确保知识有效利用的最佳机制。与之相比,组织秩序只能使人利用有限知识。而社会信息浩浩无涯,千变万化。依赖经济工程师的思维,远不足以掌握各种信息。从长期来看,组织秩序的效率,大大低于自发秩序。在哈耶克看来,人类近现代的社会结构如此复杂,这是自发秩序演化而成,而非组织程序建构而成[1]。本此哲学观念,哈耶克将国家垄断货币视为组织秩序,将货币多元发行、自由竞争视为自发秩序。他强烈反对国家操纵货币调控经济,认为其中充满组织秩序的各种弊端,最后不能解决问题,反使问题恶化。

国家垄断货币是近代世界的潮流。哈耶克逆流而起,提出货币非国家化理论。然而人们狃于故习,大都难以接受。即使另一自由主义经济学家弗里德曼,也称经验和历史证据表明,哈耶克之论无法实现,私人货币不大可能驱逐政府货币[2]。国内对哈耶克之论并无

---

[1] 欧阳卫民:《二十世纪重要金融学家货币金融思想》,北京:中国金融出版社,2009年,第123—126页。

[2] 哈耶克:《货币的非国家化》,姚中秋译,北京:新星出版社,第95页。

太多探讨。即使有所讨论,也多抱以怀疑态度。孟援认为从史实、货币理论和可行性来看,哈耶克之论均是完全错误①。从史实来看,在19世纪很多资本主义国家,私营银行还在发行银行券,可是经济依然迭起危机。从货币理论来看,哈耶克未能理解货币本质,混淆金属货币与纸币的流通规律,其论仍是一种货币数量论。从可行性来看,金本位取消之后,一般银行不再能发行银行券,银行券也不再能兑换金币或金块,历史难以倒转。孟氏从以上三个角度否定哈耶克之论,但他承认,哈耶克批评凯恩斯国家干预主义的种种弊病,具有一定积极意义。

富景筠肯定哈耶克之论恢弘壮大,气势磅礴,不过也有"致命的自负"②。在富氏看来,哈耶克主张货币非国家化,是希望政府无为而治,仅仅提供产权保护,保证契约执行,处理法律纠纷。然而这种政府根本不会出现,没有哪国政府允许尝试上述制度。至于货币跨国流动,更是非常困难。观之当今世界,贸易自由尚且不能实现,遑论货币自由?这是富氏从可行性批评哈耶克之论。哈耶克很早就曾遭遇这种批评,他以斯密为例,指出自由贸易理论产生将近百年,才在欧洲化为现实。貌似不可行者,未必真不可行。所以从可行性上,未必能够驳倒哈耶克。可行性之外,富氏还对理论本身进行质疑。他说在多元发行制度下,没有机构履行"最后贷款人"角色。一旦私人发钞机构破产,民众仍会受损。这与政府垄断相比,只是五十步笑百步而已。多元货币在记账、换算方面十分不便,带来巨额交易成本。哈耶克对此轻描淡写,过于低估。与可行性相比,富氏上述质疑确有见地。在这些问题上,哈耶克之论应该深入探讨。

欧阳卫民编写著作,探讨20世纪四位经济学家的货币金融思想,其中就有哈耶克③。哈耶克货币思想的哲学基础,包括知识分工、进化理性与自发秩序。该书对此先作分析,随后结合中国、美国和苏格兰的货币竞争史实,继续深入探讨。该书认为哈耶克之论存在不足,将其归为六点:一、中央银行作为最后贷款人,对于支持民众信心作用极大。短期之内,私人信用难以取代国家信用。二、多种货

---

① 孟援:《评哈耶克著〈货币的非国家化〉》,《世界经济》1980年第9期。
② 富景筠:《货币与权力——读哈耶克〈货币的非国家化〉》,《读书》2008年第4期。
③ 欧阳卫民编:《二十世纪重要经济学家货币金融思想》,北京:中国金融出版社,2009年。

币竞争虽能带来收益,却也带来交易成本,并且成本可能更大。三、现实世界没有完全信息和理性经济人,民众未必能够选出最优货币。四、劣币虽经竞争而被淘汰,但是持有者已然遭受损失,这种损失是否需要补偿?五、私人银行也有滥发倾向,市场未必能够约束。六、自由银行曾经存在,但因存在问题,终被中央银行取代。大体言之,该书认为哈耶克之论具有道义感召力;至于能否实行,则不得而知。这种看法在国内学界很有代表性。

货币的多元发行,史有先例。哈耶克对此论述很少。中外学人分别结合具体史实,继续深入探讨。劳伦斯·H.怀特曾经围绕英国自由银行制度撰写专著。1716到1844年,苏格兰与英格兰的货币管理体系,完全相反①。苏格兰银行业几乎放任自流,民间银行可以自由发行货币。英格兰却有种种法令限制各种小银行,支持政府银行英格兰银行。最后苏格兰银行业基本稳定,英格兰银行业则破产不断。1844年,皮尔银行法案(Peel Bank Acts)颁布,推动中央银行垄断货币。在该法案颁布前后,围绕货币应否垄断,思想界意见不同,形成三大派别。怀特详述上述内容之后,断定银行业与零售百货业并无不同。无需政府管理,只要存在自由进入和竞争,优质银行就能驱逐劣质银行,货币体系就能实现稳定。

怀特不仅研究史实,而且深入探讨自由银行的理论。举凡货币制度演变、商品货币、自由银行的货币发行、中央银行的演化及基本原理、政府是否应在货币上与银行业中发挥作用、铸币税、不兑现货币的竞争性供给等问题,怀特皆有深入讨论。哈耶克主张货币非国家化,只是一个初步设想,很多思考尚未深入。怀特则思深虑远,对于很多问题都有突破。怀特主张自由货币制度,但与哈耶克观点不同。哈耶克主张的自由货币,是不兑现货币。这种不兑现货币以一揽子商品为锚。怀特主张的自由货币,则是可兑现货币。各个银行自由发钞,但以金属货币为锚,可以自由兑换②。中国近代的货币实践,与怀特之论更为相似。

西汉文景时期,国家曾经允许民间自由铸币,而在武帝时期,铸

---

① Lawrence H. White. *Free Banking in Britain: Theory, Experience, and Debate, 1800-1845.* New York:Cambridge University Press, 1984.
② 劳伦斯·H.怀特:《货币制度原理》,李杨、周素芳、姚枝仲译,北京:中国人民大学出版社,2004年。

币权则被收归国有。管汉晖与陈博凯对两个时期的货币质量仔细比较，最后发现前者明显高于后者，只要交易双方对于铸币质量具有充分信息，私铸良币就会广泛流通①。二人通过实证研究证明，货币非国家化理论完全有效。此外，哈耶克认为检验金属货币非常复杂，普通人无此能力，因而需要政府鉴定。两人所做的研究，可以修正上述看法：金属货币与纸币并无二致，根本不需政府居中鉴定。自由竞争会使良币驱逐劣币。迄今为止，对于哈耶克之论的实证研究，主要都是针对欧美自由银行制度。而管、陈二人的研究，则是针对私人铸币，其私有属性与自由程度更为明显，这使相关实证研究再进一步。

中国不仅古代曾有自由货币，近代也有②。民国时期的上海、抗战时期的中共陕甘宁边区，均曾存在竞争性货币体系。刘愿围绕上述史实分别撰文，探讨货币非国家化理论③。刘氏指出：民国货币体系以1935年法币改革为界，之前是竞争货币体系，之后则是垄断货币体系。法币改革之前，上海货币市场受1929年世界大危机影响，波诡云谲。但中行上海分行相机行事，或增发钞票，或减发钞票，上海市面并未出现严重的通货膨胀或通货紧缩。法币改革之后，货币竞争机制遭到破坏。政府操控银行滥发货币，上海物价持续上涨。国民政府后期的恶性通胀，从此埋下隐患。中共陕甘宁边区也有同类现象。当时流通边区的货币，既有中共发行的边币，又有国民政府发行的法币。一旦边区银行超发货币，边币贬值，民众就会抛出边币，使用法币。最后边区银行只能控制边币发行，以此稳定边币币值，提高边币币信。刘氏通过实证研究意在证明：比之实施金本位或统一货币，竞争性货币体系更能约束政府滥发，更有利于终结经济的周期性波动。货币非国家化理论并非异想天开，而是切实可行。

综上所论，自哈耶克提出货币非国家化理论以来，中外学人或从理论出发，认为难以实行；或论具体史实，断言可以实施。相关研究

---

① 管汉晖、陈博凯：《货币的非国家化：汉代中国的经历（前175年—前144年）》，《经济学季刊》2015年第4期。

② 西汉时期是否存在自由铸币，学界看法不同。管、陈二人的研究，不无可商之处。中国人民大学财政金融学院何平教授对此持有不同看法，并曾当面提醒笔者。

③ 刘愿：《哈耶克货币非国家化理论的自然实验：以民国时期上海竞争性货币体系为例》未刊稿，《哈耶克货币非国家化理论的自然实验——以抗战时期陕甘宁边区国共政权货币竞争为例》，邓正来主编：《中国社会科学论丛（夏季卷）》，上海：复旦大学出版社，2011年。

陆续出现,已有初步成果。但该理论牵涉广泛,很多问题还需深思明辨。简而言之,货币非国家化与国家化均有问题。孰优孰劣,很难一言论定。我们应该结合具体史实,观察相关细节,继续深入探讨。

三、研究思路、方法与创新点

经济学家杨小凯反对"述而不作"的治史方法,认为每本历史著作都有理论框架,或隐或现。这些理论框架针对相关历史现象之间的关系,做出各种假定。实证的研究态度应是:写史之前,明确说出这些框架假设。这样读者可以自行判断假设与史实之间的关系。只要假设框架足够之多,并且彼此能够充分竞争,则对理解历史最有助益者终会胜出,渐成学界共识。若不言明框架假设,会使读者误以为存在纯客观史学,失去识别和批判能力,最后反而轻易相信没有竞争力的解释框架。历史记录因此变得非常主观①。受到杨氏启发,本书结合哈耶克之论,将民间与政府发行货币问题作为理论框架。行文布局,均是围绕上述框架展开,重点讨论货币滥发问题。清末和北洋时期,天津还曾发生其他金融风潮,比如布商债务风潮、盐商债务风潮、辛亥前后钱庄倒闭风潮、协和贸易公司倒闭危机等②。这些风潮属于另一类型,与货币问题关系不大,本书置之不论。

在研究过程中,本书注重历史学方法与经济学方法相结合。经济史大家吴承明曾说③:

> 经济史是研究过去的、我们还不认识或认识不清楚的经济实践(如果已认识清楚就不要研究了),因而它只能以经过考证、你认为可信的史料为根据,其余一切理论、原则都应视为方法——思维方法或分析方法。经济学理论是从历史的和现实的经济实践中抽象出来的原理和原则,但不能从这种抽象中还原出具体的实践,就像不能从'义利论'还原出一个君子国一样。

---

① 杨小凯:《百年中国经济史笔记》,未刊稿。
② 龚关:《近代天津金融业研究:1861—1936》,天津:天津人民出版社,2007年,第200—214页。
③ 吴承明:《经济史:历史观与方法论》,上海:上海财经大学出版社,2006年,第209页。

本书坚持吴老所提出的原则，借鉴哈耶克之论，只是将其作为参照，并非以中国史实论证这个理论。货币发行的自由与垄断问题，千头万绪。泛泛而论，总是令人将信将疑。自由发行货币有何问题？政府发行货币有何问题？二者孰优孰劣？前人撰文探讨清末和北洋时期中国的金融风潮，很少从该角度综合对比，本书对此空白有所填补。并且金融风潮是问题的总爆发，从金融风潮入手，更有利于探讨两种币制的优劣短长。

在货币危机之下，人们如何选择货币？劣币与良币怎样竞争？不同群体如何获利或者受损？前人虽有若干文章加以讨论，但是很多细节还未涉及。本书选取天津一城，尽量深入微观层面，运用一手档案和其他史料，是者是之，非者非之，探讨这个问题的复杂性。

四、本书结构

除绪论外，本书主要分为四个部分。第一部分介绍近代天津金融概况。天津在开埠以后，内外贸易迅速发展，金融需求大增。天津银号、票号、本国银行、外国银行应此需求，纷纷开设相关业务。民国建立之后，票号逐渐没落。天津银号、本国银行、外国银行鼎足三分，成为天津金融市场的重要力量。金融行业需要公会组织，以制定行业规则，维护行业利益。清末和北洋时期，钱业公会和银行公会先后在津成立。此外，天津商会也在清末建立。在应对近代历次金融风潮时，三个公会组织都曾发挥重要作用。近代天津的货币，可分两类：一类属于金属货币，如银两、银元、银角、制钱、铜元等。一类属于纸币，如银两票、银元票、铜元票等。当时民间银号、官办银行、外商银行都能发行纸币，同时流通津埠市面。研究近代天津金融风潮，首先应对这些内容加以回顾。故而本书第一部分简要梳理上述内容。

本书第二部分主要探讨清末天津的金融风潮。当时风潮因货币危机而起者，主要是贴水风潮、铜元危机和银色风潮。贴水风潮由民间滥发纸币而起，铜元危机由政府滥发金属货币而起，银色风潮由民间熔铸低潮宝银而起。贴水风潮属于纸币危机，铜元危机和银色风潮属于金属货币危机。贴水风潮与银色风潮缘于民间贪图铸币利益，铜元危机则因政府贪图铸币利益。为了应对三次风潮，天津官府、商会、钱业公会、银号、普通百姓相互合作,做了大量工作。这些工作有对有错,效果不一。本书第二部分对上述内容做了总结。

北洋时期,天津金融依然风潮迭起。当时风潮货币危机而起者,主要就是中交挤兑风潮、直隶省行挤兑风潮以及铜元和铜元票危机。中交挤兑风潮由北洋政府不断借款、两行滥发纸币而起。直隶省行挤兑风潮由直隶官方不断借款、直隶省行滥发纸币而起。铜元和铜元票危机由政府滥发而起。除了铜元危机,其他风潮皆是纸币危机。为了应对风潮,天津官方、商会、钱业公会、银行公会等,同样做了很多工作。但与清末不同,北洋时期,政府对于货币的主导权,日益增强。民间发行货币不断受到挤压。这个时期的历次风潮,全都缘于政府贪图铸币利益。由于民间难以制约政府,北洋时期天津应对风潮的很多工作,效果不佳。本书第三部分主要总结这些内容。

统观清末和北洋时期天津的六次金融风潮,两次直接责任在于民间,四次直接责任在于政府。本书第四部分对此整体审视。发行货币可以获得铸币收益。无论民间发行还是政府发行,如无有效机制制约,都易导致滥发,酿成危机。哈耶克认为民间发行货币,可以建立有效机制,防止货币滥发,这种机制就是货币竞争。在竞争环境下,货币之间没有固定比价,劣币不能驱逐良币,反被良币驱逐。如若政府强令货币比价固定,货币无法自由竞争,格雷欣法则就会发生作用。近代天津的货币危机,与哈耶克所论者存在某些相通之处。其间既有劣币驱逐良币,又有良币驱逐劣币。本书第四部分总结上述内容,并且做出了评价。

第二章　近代天津金融概况

天津为海河五大支流汇合之处,东临渤海,水运便捷。第二次鸦片战争之后,天津辟为通商口岸,水运发展更是欣欣向荣。其轮船航线北至大连、安东、营口等地,南至烟台、青岛、上海、香港等地,国外通于欧美、日本等地,愈伸愈长。小轮、民船通过海河支流,可以出入内地。近代天津不仅水运发达,铁路运输也从无到有,岁增月积。自天津出发,南由津浦线可达浦口,越过长江进入东南各省;北由北宁线可达辽宁,与东北各线衔接;通过丰台站可与平汉线相连,南抵汉口;中经石家庄,连接正太线,直通山西;进入河南境内,又与陇海等线相连,可达陕西等省;通过平绥线,自北平出张家口,北与内、外蒙古相接①。自天津北上、南下、西进,均有铁路贯通;而东向则海天辽阔,轮船可达境外各地。因为交通快捷,天津开埠之后,内外贸易迅速增长。国外商品海运而至,通过天津输往冀、晋、鲁、豫、奉、吉、黑、陕、甘、蒙等省。上述地区出口商品,则通过天津输往海外。天津渐成北方商业巨埠,轮舶麇集,帆樯如织,商贾辐辏,百货川流。在此过程中,天津金融也随贸易增长而日新月异。天津银号日益壮大,本国银行和外国银行从无到有,钱商公会、商会和银行公会先后建立。天津金融深受中国传统币制的影响。当时中国币制不一,天津也和其他重要商埠一样,同时流通多种金属货币和纸币。

一、近代天津的银号与银行

近代天津的金融组织,主要包括票号、银号、本国银行与外商银行。天津为票号发祥地。在票号产生之前,天津多以换钱铺和首饰

---

① 天津中国银行:《天津商业调查概略》,《银行周报》1930 年第 14 卷第 26 期,第 37 页。

店发挥某些金融职能。换钱铺主营制钱、银锭兑换,首饰店主营金银首饰。两类组织偶有存放款业务,但是比重不大。清代乾嘉年间,晋商雷履泰在天津经营"日升昌"颜料铺,因各地运送现银十分不便,遂创汇兑之法,票号于此产生。天津开埠之后,贸易渐盛,银号业务日多。同时外商银行络绎来津,开设分行。天津自此而有新型金融组织。唯外商银行初来乍到,主要服务外商贸易,华商并未获得太大支持。从咸丰到光绪时期,华商从事贸易,多从银号与票号寻求金融支持。清末中国开始自办银行。民国建立之后,本国银行开枝散叶,朝气蓬勃。而票号面临竞争,不思改革,存款纷纷流向银行,汇兑业务大不如昔。加之鼎革之际,社会不安,许多存户齐来提款。票号准备不足,大批倒闭。因为以上种种原因,票号最终光芒不再,渐渐暗淡。与票号不同,银号与时俱进,在曲折中愈挫愈勇,终与本国银行、外国银行鼎足而三,成为近代天津的重要金融组织。

(一) 近代天津的银号

从清末到北洋末期,天津银号迭遭金融风潮,但其发展犹如涓涓细流,虽曲折不断,却能汇为巨观。1908 年,天津银号资本在万元以上者,只有三十六家①。而到 1928 年,则达八十一家②,增加两倍有余。每家银号的平均资本,也大大提高。天津银号不断发展,缘于其有独特优势。银号植根本土,与天津商业联系密切,远超中外银行。因为信贷客户相对固定,银号对其信用了然于心,故而多用信用放款,无需抵押。此外,银号其他经营也很灵活,可随顾客需求便宜行事。凡此诸端,均使商民深感便捷,愿从银号借贷,或者开展各类金融业务。

天津银号的业务,主要分为存款、放款、汇兑、货币兑换与证券买卖五类。存放款业务俗称"作架子"。存款业务有活期存款、定期存款与同业存款等名目。活期存款一般没有利息,以春季居多。因为春季是交易淡季,市面资金供大于求。存户以浮记折为凭,随需随取。定期存款期限有长有短,分为一月、三月、六月、一年、三年,利息

---

① 《津商会为调查津埠银钱各业实在资本事移复直隶调查局文及统计表》,天津市档案馆、天津社科院历史研究所、天津工商业联合会编:《天津商会档案汇编(1903—1911)》,天津:天津人民出版社,1987 年,第 768、769 页。
② 《天津钱业之调查》,《工商半月刊》1929 年第 1 卷第 12 期,第 16—21 页。

每月八厘到一分不等。定期存款之人,以本地富裕之家或股东、经理的亲朋好友为主。银号吸收该项存款,多者每年可达百余万两。天津某些银号、银行之间存在"靠家"关系,银号缓急不济之时,可以依靠其他银号、银行为之挹注,以渡难关。这种存款就是同业存款。同业存款一般没有利息。但若银号倒闭,同业存款者可获优先赔偿。

银号放款有信用放款、抵押放款、同业放款、透支放款与贴现放款等名目。信用放款多因银号熟悉放款对象,相互信任,故而无需抵押。当然亦有银号要求放款对象寻找保证人。如若到期不能还款,则由保证人承担还款责任。这种放款一般不超过一万元。抵押放款与信用放款相反。银号要向放款对象收取房产契、有价证券或其他贵重物品,作为抵押,然后按照抵押品价值的半数,放出现金,利息多为一分五厘左右①。同业放款与同业存款相对而言。透支放款多是针对活期存款的商家。银号与其签订透支契约之后,商家凭折取款。支多则商家支付利息,存多则银号支付利息。透支利息多为一分二厘左右②。贴现放款就是银号购买期票或汇票,将票款付给持票人,俗称"拆条子",银号对此多不重视。上述五种放款之中,信用放款与透支放款最多,二者约占全部放款的70%。就放款对象而言,则以对商业放款最多,其金额约占全部放款的85%③。

汇兑业务分内汇和外汇两种。天津国内通汇之处,包括上海、北平、包头、石家庄、张家口、哈尔滨、营口、沈阳等地。其中津沪汇兑远超他埠。汇款方式以票汇与电汇为主。票汇一般是见票后一至七日付款。汇水视上海银根松紧而起伏涨落。20世纪20年代末期,津沪电汇金额每日可达五六十万元④。天津的外汇业务,仅有"日汇"一种。银号经营此业者,多在日本大阪和神户设有分号。天津与日本贸易繁盛,常从大阪购买棉纱、布匹,从神户购买海鲜,故与两地汇款频繁。

货币兑换就是买卖羌帖、老头票、银元与铜元等,利用价格变化获得收益。羌帖是沙俄发行的一种货币,在津流通甚多。银号收购之后,卖给道胜、汇丰、麦加利、德华等外商银行。钱业公会还曾开市

---

① 《天津钱业之调查》,《工商半月刊》1929年第1卷第12期,第4页。
② 《天津钱业之调查》,《工商半月刊》1929年第1卷第12期,第4页。
③ 吴石城:《天津之银号》,《银行周报》1935年第16期,第21、22页。
④ 杨荫溥:《中国金融论》,上海:商务印书馆,1930年,第280页。

买卖。民国初年,此业甚盛。当时羌帖价格最高,每一百元可兑华币一百三四十元①。十月革命爆发,沙俄政府崩溃,羌帖币值随之大跌。经营该业者备受打击,很多银号一蹶不振。此后羌帖行市转冷,老头票行市代之而起。老头票是一种不兑现日金纸币,由日本朝鲜银行发行。天津与日本贸易密切,故而此票在津极有势力。九一八事变之前,津埠老头票的日交易额,常在一二百万左右。事变之后,因为国人抵制,老头票交易由热转冷,日交易额约有二三十万。钱业公会内有银元市场。买卖双方根据银元供求,确定洋厘。每日或涨或跌,迄无一定②。北洋末期,津埠银元的交易,平均每日约有数十万元。经营此业者冬季获利最厚。因为秋冬之际,华北农产物品如棉花、小麦、高粱、芝麻、花生等先后收获。商人收买这些物品,需要巨额洋款。此时洋厘高涨,银号获利丰厚。夏季商业冷淡,洋厘下跌,银号获利减少③。此外,天津市面铜元流通甚广。铜元兑换也是天津银号的重要业务。天津租界、华界均有换钱铺,还有纸烟铺兼营兑换,规模不大,散布各处,通过兑换铜元、杂币,从中取利。这些中小机构常常利用金融风潮,借机煽惑,操纵行市。总之,银号由换钱铺演变而来。清末天津市面币种日杂,货币兑换业务越来越多。很多银号从中投机,反掌之间而大发其财;当然也有银号投机失败,时不旋踵而破产倒闭。

  证券主要包括股票和债券。1877年,开平矿务局成立,这是天津最早的股份制企业。庚子事变之后,天津华商纷纷办厂,其中不乏股份制企业,如济安自来水公司、天津造胰公司、启新洋灰公司、滦州矿物公司等。部分银号代客买卖公司股票,收取佣金。债券分为企业债券与政府公债。天津银号购买债券,多以后者为主。1898年,清廷发行昭信股票,这是最早在天津市面交易的政府公债。民国成立之后,北洋政府、直隶省政府以及天津地方政府都曾发行公债。清末民初,天津尚无证券交易所。银号买卖股票与公债,多是私下进行。20世纪20年代初期,天津开设证券花纱粮食皮毛交易所,营业项目以证券交易为主。旋以时局不靖、经营混乱,很快陷入停顿。此

---

① 《天津钱业之调查》,《工商半月刊》1929年第1卷第12期,第7页。
② 吴石城:《天津之银号》,《银行周报》1935年第16期,第22页。
③ 吴石城:《天津金融季节之研究》,《银行周报》1935年第42期,第21页。

后很长时间,天津没有再开证券交易所。银号经营此业,多是通过京、沪同业或分支机构从事买卖①。

天津银号经营上述各类业务,各有侧重。按其侧重之别,大体可以分为"东街派"与"西街派"。"东街派"开店,多在宫南街与宫北街一带,地在天津旧城之东。"西街派"开店,多在针市街、估衣街与竹竿巷一带,地在天津旧城之西。"东街派"与本地商界联系较浅,经营重在买卖老头票、羌帖、政府公债,收缴电汇等。此类经营具有投机性,收入大起大落。"西街派"经营稳健,大多开展存放款业务,从中赚取利息差额。即使买卖公债或其他投机物品,也是受人委托代为办理,而非直接从事。"西街派"与本地商家联系紧密,因为经营存放款业务,需要详细调查放款对象的经营状况、信用优劣。清末与北洋时期,两派经营截然有别。唯北洋末期,政局杌陧,投机风险日高。"东街派"经营亦渐趋稳健。此外,租界各处还有一些银号,兼营两派业务。这些银号与洋商联系更密,其经营多与洋商进出口贸易相关②。

(二) 近代天津的本国银行

清末,本国银行陆续在津开办。1898年,中国通商银行在津设立分行。这是天津自办银行之始。1902年,天津官银号成立,同时在北京、上海、汉口、保定、张家口、唐山等地开设分号。1910年,改为直隶省银行。天津官银号与直隶省银行对近代天津金融很有影响。1903年,志成银行在津设立,该行是官商合办。1905年,户部银行成立,在津设立分行。1908年,户部银行改为大清银行。交通银行亦于1908年建立,同年在津设立分行。大清银行与交通银行都是国家银行。1911年,殖业银行在津设立。

清末天津本国银行业只是崭露头角,各种业务还未充分展开。然而本国银行资金雄厚,组织模式、管理方法又能取法西方,故其综合实力远在银号之上。北洋时期,这种新型金融组织如日出生,气象蒸腾。当时天津所开办的主要本国银行,可见下表。

---

① 龚关:《近代天津金融业研究:1861—1936》,天津:天津人民出版社,2007年,第279、280页。
② 杨荫溥:《中国金融论》,上海:商务印书馆,1930年,第277页。

表 2.1　北洋时期天津成立的主要本国银行

银行名称	成立时间	备注
中国银行天津分行	1912年12月	中国银行由大清银行改组而成。
盐业银行	1915年3月	总行初设北京,1928年8月移至天津。
浙江兴业银行天津分行	1915年10月	
中孚银行	1916年11月	
金城银行	1917年5月	
新华信托储蓄商业银行天津分行	1917年	
大生银行	1919年3月	
东莱银行天津分行	1919年3月	
中国实业银行	1919年4月	
大陆银行	1919年	
边业银行	1919年	1926年,总行移于沈阳。
东陆银行天津分行	1921年3月	
裕津银行	1922年4月	
中南银行天津分行	1922年7月	
上海商业储蓄银行天津分行	1922年	1920年11月,在津设立分理处。
华威银行	1925年	
中国丝茶银行	1925年	
中国垦业银行	1926年	
中国农工银行天津分行	1927年2月	

资料来源:天津地方志编修委员会:《天津通志·金融志》,天津:天津社会科学院出版社,1995年,第102—145页。

北洋时期,其他商业银行如五族商业银行、北平商业银行、国民银行、丰业银行、大东银行、明华商业储蓄银行、天津兴业银行、华北银行等,也在天津或开分行,或建总行。此外,很多地方银行如山西省银行、山东工商银行、山东省银行、河南省银行、西北银行、奉天商业银行等,也在天津开设分行。总之,北洋时期,天津本国银行遍地开花。据统计,1925 年,全国共有银行 141 家,总行设在上海者 33 家,设在北京者 23 家,设在天津者 14 家①。天津列于京沪之后,位居第三。

当时本国银行快速发展,主要因为津埠内外贸易与工业建设生机勃勃,两者均需巨额资金。外国货物抵津之后,需要经过趸售机关,才能销往全国各地。本国银行即为趸售机关提供金融周转。收购土特产品出口,由出售人到零售商店这个环节,可由银号提供金融周转;由零售商店到趸买机关这个环节,因为所需资金庞大,则由本国银行提供金融周转②。北洋时期,天津民族工业逐渐兴起。特别是一战爆发之后,其发展如火如荼。纺纱、面粉、水泥、化学等工业出现兴办高潮。上述工业投资巨大,也需天津本国银行提供金融支持③。

天津本国银行的业务,主要有存款、放款、贴现、汇兑、投资金融产品等。存款有活期、定期、同业存款等名目。活期存款的周息,一般为二厘到四厘。定期存款的期限,分为三个月、半年、一年不等。周息一般为四厘到七八厘。同业存款的周息,一般为一厘至二厘半。大体言之,银行存款业务与银号差别不大,而贷款业务则迥然不同。银行较少开展信用贷款,放贷大多都要抵押④。抵押品包括厂基、货物、机器、股票及本行定期存单等。活期贷款多以股票及货物作抵。工业放款多以厂基作抵。银行常常派出代理人员,驻厂监督,参与管理。商业放款多以货物作抵,如棉花、皮毛、面粉、棉纱等。银行自建堆栈,收存货物。除了普通商业,北洋时期,政治分裂、战争不绝,各级政府经常财政告急,故而本国银行多向各级政府放款。这种放款为数不小,有时达到放款总额的一半甚至更高。

---

① 吴承禧:《中国的银行》,上海:商务印书馆,1935 年,第 13 页。
② 吴石城:《天津之华商银行》,《银行周报》1935 年第 19 期,第 7 页。
③ 龚关:《近代天津金融业研究:1861—1936》,天津:天津人民出版社,2007 年,第 259 页。
④ 银行贷款以抵押贷款为主。惟信用贷款在中国历史悠久,不少银行顺应商民习惯,自设调查处,在调查贷款对象的信用之后,若有一定把握,也适度开展信用贷款。见朱荫贵:《两次世界大战间的中国银行业》,《中国社会科学》2002 年第 6 期,第 189 页。

贴现是银行买卖票据的行为,也是一种放款。这种放款对银行与商号各有利益。贴现票据基于真实交易产生,银行放款风险较小,并且票据期限较短、转手较易,银行可以随时将其转出,减少现金呆滞。这是银行所得之利。货物结算到期之前,商号如果急需现金,可用票据随时贴现,方便快捷。这是商号所得之利。贴现业务虽有种种好处,但天津贴现市场并不发达。当时中国信用制度落后,贴现公司、贴现票据经纪人都很稀少,中央银行也未建立。环境如此,本国银行很难大力开展贴现业务。

汇兑业务分为国内汇兑与国外汇兑。天津本国银行的汇兑业务,遍及国内各大城市,其中津沪汇兑最为频繁。这与天津银号并无二致。唯银号汇兑多是顺汇,很少逆汇,而银行则两者兼做。所谓顺汇,就是付款方将款项交给本地银行,由其通过代理银行将款项支付。代理银行与收款方同在一地,或是同一银行的分行,或是存在业务关系的其他银行。所谓逆汇,就是收款方出具相关票据,先从本地银行获取现金,然后由其通过代理银行将款项收回。代理银行与付款方同在一地。采用这种方式,信用工具与资金流动方向相反,故名逆汇。汇兑方式渐渐多样,说明北洋时期本国银行不断发展。但是相比外商银行,本国银行在对外汇兑方面仍旧十分落后。

本国银行投资的金融产品,主要包括生金银、房地产与有价证券。金银比价变动容易导致外汇风险。本国银行需要买卖生金银、外币,以之调剂盈虚,从而防范这种风险。关于房地产,本国银行直接投资者不多,只有少数几家,大多只是代管,然后经理出租[①]。北洋时期,各级政府财政困难,多次发行公债。本国银行投资的有价证券,主要就是公债。

本国银行大力投资公债,原因有三:一是公债利息较高,年息一般在六厘到八厘之间,甚至更高[②]。况且这还仅是名义利率,很多公债都是折扣发行。此外,银行代理销售公债,还有回扣、手续费等收益。综合下来,总体收益率约在三分左右[③]。二是银行发行兑换券,

---

① 吴石城:《天津之华商银行》,《银行周报》1935年第19期,第11页。
② 汪敬虞编:《中国近代经济史(1895—1927)》,北京:人民出版社,2000年,第1431页。
③ 罗澍伟编:《近代天津城市史》,北京:中国社会科学出版社,1993年,第401页。

表 2.2　1927 年部分银行有价证券总额与资产总额的比较（单位：千元）

银行	有价证券总额	资产总额	所占比例
中国银行	29 972	567 700	5.28%
交通银行	11 606	186 076	6.24%
浙江兴业银行	6 946	57 501	12.08%
浙江实业银行	6 336	30 147	21.02%
上海商业储蓄银行	3 219	40 511	7.95%
金城银行	4 440	55 170	8.05%
大陆银行	2 927	32 958	8.88%
盐业银行	3 840	56 560	6.79%
中南银行	4 826	55 536	8.69%

数据来源：杨荫溥：《中国金融论》，上海：商务印书馆，1930 年，第 377、378 页。

可用公债作为发行准备。北洋时期，银行发行兑换券，一般要求现金准备六成，其他准备四成。其他准备主要就是公债。三是商家借款若以公债作抵，银行乐于接受。因为公债易于保存，变卖快捷，并且银行如若急需现金，还可使用公债再抵押，进行同业借款。上述诸多优点，都使本国银行乐于持有政府公债。

北洋时期，天津本国银行和军阀官僚之间，各种联系千丝万缕。本国银行大力购买公债，资金源源流向政府。倘若政府善而用之，发展经济，建设国家，未尝不是一件好事。然而当时群雄虎争，军阀混战。各级政府拿到资金，往往用于军政开支，不仅很少用于经济建设，反而因为财政危机，无力还款，一再导致银行挤兑风潮。几次三番之后，也有银行不再热衷公债投资，而是希望摆脱政府控制，实现独立经营。而政府财政空虚，情急之下，甚至强制摊销公债。1925 年，直隶省政府先后发行第五次公债与天津短期市政公债，就曾强制本国银行分别摊认七十万元[1]和一百二十五万元[2]。总之，北洋时

---

[1]《杨以德拟募集直隶第五次公债三百万元从中提出一百二十万元由开滦矿务局承担还本付息函并附章程》，天津市档案馆等编：《天津商会档案汇编（1912—1928）》，天津：天津人民出版社，1992 年，第 1352 页。

[2]《直隶财政厅颁发募集天津短期市政公债三百万元公文及条例》，天津市档案馆等编：《天津商会档案汇编（1912—1928）》，天津：天津人民出版社，1992 年，第 1361 页。

期,天津本国银行既因政府获得某些发展,又因政府产生很多弊病。两者之间的关系,是一重大问题。

(三) 近代天津的外商银行

清末和北洋时期,外商银行也是天津金融的重要力量。相比中国银号与银行,外商银行在很多方面都遥遥领先。外商银行最早在津开设分行者,应是汇丰银行和德华银行,时间均为1890年。此后,其他外商银行陆续来津,愈来愈多。中外合办银行亦于此时产生。

表 2.3　近代天津主要外商银行与中外合办银行基本情况(截至 1928 年)

名称	津行开设时间	国别	名称	津行开设时间	国别
汇丰银行	1890 年	英国	正隆银行	1915 年	日本
德化银行	1890 年	德国	花旗银行	1916 年	美国
麦加利银行	1895 年	英国	运通银行	1916 年	美国
华俄道胜银行	1896 年	俄国、法国	朝鲜银行	1918 年	日本
东方汇理银行	1898 年	法国	天津银行	1920 年	日本
横滨正金银行	1899 年	日本	中华懋业银行	1920 年	中国、美国
义品放款银行	1905 年	比利时	华义银行	1920 年	中国、意大利
华比银行	1905 年	比利时	美丰银行	1923 年	美国
北洋保商银行	1910 年	中国、德国、日本	中法工商银行	1923 年	法国
万国储蓄会	1912 年	法国	中华汇业银行	1924 年	中国、日本

资料来源:天津地方志编修委员会:《天津通志·金融志》,天津:天津社会科学院出版社,1995年,第 152—161 页。

外商银行初入中国,首先是为本国对华贸易提供金融服务。天津开埠之初,各大洋行如怡和、宝顺、旗昌等,资金丰裕,实力雄厚,多在经营贸易之时兼营金融。此后,对外贸易越做越大,资金需求越来越高。洋行兼营金融难以满足需求,各大外商银行遂应需而来①。外商银行与本国在津的进出口行商、电信机关、保险公司、轮船公司等皆有联络,组织完整,自成系统。清末和北洋时期,天津国际贸易操诸洋行之手。洋行通过轮船公司将本国货物运津,卖给中国趸售机关,然后由其转售零售商家,销往各处。零售商家收购中国货物,卖给趸买机构,然后由其转售洋行,装船出口。洋行掌握必买必卖之权,每能操纵津埠进出口价格,背后就有本国银行予以金融支持。而各国银行在天津金融界的地位,也视本国对华贸易的兴衰而起起伏伏。

国际汇兑是外商银行的重要业务。当时中国的外汇市价,多由汇丰银行决定。上海汇丰银行每日挂牌公布外汇牌价。天津外汇经纪人以此牌价为准,向各行兜揽外汇买卖,然后结合供需情形,最终确定津埠外汇行市。天津华商银行经营外汇,也多以此牌价为准②。民国初期,汇丰、麦加利、花旗等十二家银行组成"外商国际汇兑银行公会"。外商银行对天津外汇市场影响更大,几乎形成垄断。1920年,天津棉布业商人曾因外商银行操纵汇率,损失惨重③。由此可知,外商银行举足轻重,不只影响天津外汇市场,还能影响整个外贸市场。

外商银行有此能力,原因很多。其荦荦大端主要有三:一、外商银行先行一步,在华开办早出二三十年。华商银行设立较晚,迨其破土发芽,外商银行已是树大根深,枝繁叶茂。仅就发钞一项而言,外商银行就已获利不菲。此外,外商银行管理完善,经验丰富,分支众多,此呼彼应。这些都非华商银行短期所能追上。二、外商银行参与列强对华借款,经手中国对外赔款,保管巨额关、盐税收。又因信用良好,不受中国法律管辖,军阀官僚出于安全考虑,多将资金存入外商银行。凡此诸端,都使外商银行资力充盈。三、外商银行来华经营,有其母国作为后盾,与母国各种贸易机构、驻华外厂、租界当局声

---

① 龚关:《近代天津金融业研究:1861—1936》,天津:天津人民出版社,2007年,第254页。
② 吴石城:《天津之外商银行》,《银行周报》1935年第29期,第13、14页。
③ 雷穆森著:《天津——插图本史纲》,许凡、赵地译,天津:天津人民出版社,2009年,第175页。

气相通,结为奥援。与之相比,华商银行因为本国政治污浊,不唯不能获得政府保护,反而常常受其盘剥①。

外商银行处于租界之内,并不了解中国民情风俗。外商银行与中国银号、银行或其他商民开展业务,多需华账房居中沟通。华账房负责人就是买办,素稔中国风土人情,可为外商银行担保信用。从事该业者需与外行签订买办契约,缴纳保证金二三十万元不等,并由本埠产业、人格俱著声望之士为其担保。买办收入分为薪金、佣金及暗扣利息三项。薪金月有定额,无关轻重。佣金和利息才是买办收益的大宗。按照津埠惯例,买办经手买卖汇兑生金银时,要向卖者收取佣金;经手存放款项时,要向顾客收取报酬,或者直接暗扣利息②。华账房因与外商银行联系密切,成为全市金融业的转账机关。其账房支票称为"番纸",流通全市,影响很大。但华账房经手的很多款项,外商银行并不负责。华账房既无确实资本,又无固定组织,仅靠经理个人的信用、交谊吸收巨款,大做各种交易,一旦亏损倒闭,往往互相牵连,酿成金融风潮。1927年,天津华义、德华等银行华账房先后倒闭,亏损十多万到数十万元不等。与其关系密切的银行、银号,深受其害,损失巨大③。

二、天津金融发展中的三大组织

金融行业具有某种"外部性"。不同金融机构之间互通有无,调剂资金,各类业务彼此关联。一家金融机构发生危机,倘若处理不当,往往一传十,十传百,引起连锁反应,酿成金融风潮。为了避免这种危机,金融机构应在遭遇危机之时,互相配合,彼此支援。金融行业组织沟通各个机构,制定行业规则,规范行业管理,正可发挥这种作用。近代天津钱业建有钱商公会,银行业建有银行公会,都是这类金融组织。这些组织对天津金融发展影响很大。近代天津在各个行会组织之上,还有商会统摄总领。因为其他各业深受金融

---

① 吴石城:《天津之外商银行》,《银行周报》1935年第29期,第14页。
② 吴石城:《天津之外商银行》,《银行周报》1935年第29期,第15页。
③ 淑仪:《天津内国金融业之观察》,《银行周报》1928年第12卷第3期,第22页。

行业影响，金融风潮一起，其他各业多遭池鱼之殃，损失惨重。此时天津商会上通官府，下连众商，沟通各行，协调百业，所作所为尤显重要。

（一）天津商会

天津商会建于20世纪初期，前身为天津商务公所。其时欧美各国及日本皆有商会。诸国商人通过商会互相联络，通商情、保商利，减少倾轧，提升信义，而中国尚无新型商会。商人识见狭小，心志不齐，各怀其私，罔顾大局。清廷有鉴于此，遂于1904年初颁定商会简明章程二十六条，要求商务繁富之区设立商会。该章程对商会职能、议事规则、办公经费、董事产生办法等皆有规定，并且要求各地旧设商业公所或商务公会全都按章改为商会，以归划一①。天津为北方通商巨埠。商会章程颁定之后，商部尚书载振致函直隶总督袁世凯，希望天津速办商会②。1904年11月，天津商务公所改为天津商会。1905年5月，天津商会确定章程，规定无论何业，只要缴纳常年会费四元以上，均可入会。外省客商入津贸易，商会也应予以保护。各行商家公举本行行董，大行三四人，小行一二人。商会每月初一、十五集议一次，若有紧急事项，也可临时召集各行董事，开会商议。商家若有矛盾纠纷，可由商会评议。商会应该秉公理论，从众公断。双方如有不服，可再上诉官府核办③。清朝灭亡之时，天津社会短暂失序。街市糜烂，诸务殷繁。天津商会因时制宜，扩充组织，曾于民国初期补订暂行章程，添举股员、议董、顾问员。股员分为交际股、会计股、庶务股、评议股、调查股，各有相应职务，每日会议一次。议董每星期定议一次。顾问员预备咨问，商会正副会长、议董、股员会议之时，如有事项不能决定，顾问员可条陈意见。四者各司其职，互相配

---

① 《商部奏为劝办商会以利商战角胜洋商折》，天津市档案馆、天津社科院历史研究所、天津工商业联合会编：《天津商会档案汇编（1903—1911）》，天津：天津人民出版社，1987年，第21—28页。
② 《商部尚书载振为津沽商务繁盛宜速办天津商会事致袁世凯函》，天津市档案馆等编：《天津商会档案汇编（1903—1911）》，天津：天津人民出版社，1987年，第32、33页。
③ 《王贤宾等为禀报津商会试办便宜章程会董行董与入会商号清册事上商部文及部批》，天津市档案馆等编：《天津商会档案汇编（1903—1911）》，天津：天津人民出版社，1987年，第44—48页。

合,共同处理商业事项①。

天津商会成立之初,入会者共有五百八十一家,来自三十二个行业。此后两年,各行各业商户踊跃加入,商会组织迅速壮大。

表 2.4　1905、1906 年天津商会各行各业新增户数

行业	1905	1906	行业	1905	1906	行业	1905	1906
钱行	46	12	杂货	29		竹货	5	3
票庄	24	1	颜料	11		洋镜	29	1
汇兑		5	洋布	31	4	铁商	3	4
金店	5		木商	18	7	鞋商	20	25
金珠首饰	12	1	茶叶	26	4	油商	42	5
洋行	40	1	洋药	27	3	栈房	8	8
绸缎洋布	30	2	瓷商	8	5	药材	21	17
广货	20	12	海货	13	1	炭厂		3
粮商	7	2	南纸	8		酒商		25
粮店	6	1	书铺	8	1	染商		22
磨房	9	4	帽商	9	10	估衣		1
大米	18	1	皮货	9				
姜商	12		鲜货	27	2			

数据来源:《天津商务总会各行董及入会户数一览表》,天津市档案馆等编:《天津商会档案汇编(1903—1911)》,天津:天津人民出版社,1987 年,第 112—119 页。

从上表可以看出,天津商会创办不满一年,即有很多商号踊跃加入。1907 年,商会又有窑业商户四十家加入②。1908 年,干货行商与羊马商各有十二家加入商会③。1910 年,柴厂有商户十一家

---

① 《天津商务总会补订暂行章程》,天津市档案馆等编:《天津商会档案汇编(1912—1928)》,天津:天津人民出版社,1992 年,第 10—16 页。
② 《天津窑业四十家公举商董请入商会文》,天津市档案馆等编:《天津商会档案汇编(1903—1911)》,天津:天津人民出版社,1987 年,第 80 页。
③ 《津埠干货行商春发德等十二家公举行董并请加入商会文》,天津市档案馆等编:《天津商会档案汇编(1903—1911)》,天津:天津人民出版社,1987 年,第 82 页。《羊马商十二家为遇事保护并调解纠纷请列入商会事禀津商会文》,天津市档案馆等编:《天津商会档案汇编(1903—1911)》,天津:天津人民出版社,1987 年,第 83 页。

加入商会①。1918年,天津商会共有会员一千五百九十二家②,比清末又增加两百多家。北洋时期,金融行业在商会之中地位日重。当时,商会会费共有六个等级,分别为四元、八元、十二元、二十元、二十八元、三十六元③。入会商号按照营业规模,承担相应会费。1913至1918年,天津商会在会七十四个行业共缴会费五万一千九百四十六元。其中钱商缴纳三千八百六十元,当商缴纳两千零一十四元,银行商缴纳一千一百八十六元④。三者共缴七千零三十六元,占比13.54%,在众商之中居于前列。

天津商会成立之后,做了很多工作,如创办天津商报,传播商界信息;开设商业学校,培养商务人才;劝募巨额资金,救济本埠灾民;纠合绅商集资,公立戒烟善会;举办商品展览,招徕商民参观等⑤。其中很多工作都与金融风潮有关。清末天津金融业迭起风潮。天津商会所涉行业之广,加入商户之多,都使其在风潮之中不可缺少。商会成立之初,拟定应行办法十章,就曾论及天津金融问题⑥:

> 就津市而论,往年街面计存官民各款为数甚巨,藉资通融,尚可敷衍。庚子以后,银根空虚,钱法大坏,商务凋敝,元气未复,加以经商者扬厉铺张,浮华太甚,以致官行各款无敢寄存者。是以市面愈加滞塞,通国类然,天津尤甚。非实力整顿,大力培养,不足以联商情而挽颓风。今立商会,兴利除弊,藉得补救,诚一商务之大转机也。

当时,庚子拳乱刚刚平息,天津金融业深受打击。孰料伤痛未平,市面又起贴水风潮。钱业萧条凋敝,日甚一日。为了应对风潮,

---

① 《天津商务总会各行董及入会户数一览表》,天津市档案馆等编:《天津商会档案汇编(1903—1911)》,天津:天津人民出版社,1987年,第123页。

② 《天津商会组织状况调查表》,天津市档案馆等编:《天津商会档案汇编(1912—1928)》,天津:天津人民出版社,1992年,第83页。

③ 《天津总商会章程及办事细则》,天津市档案馆等编:《天津商会档案汇编(1912—1928)》,天津:天津人民出版社,1992年,第46页。

④ 《天津商会在会各行业交纳会费统计表》,天津市档案馆等编:《天津商会档案汇编(1912—1928)》,天津:天津人民出版社,1992年,第113、114页。

⑤ 《〈天津商会开办大事记〉载商会开办五年来劝工兴商办报纸学堂等八大功绩》,天津市档案馆等编:《天津商会档案汇编(1903—1911)》,天津:天津人民出版社,1987年,第86、87页。

⑥ 《设立天津商务总会应行办法刍(刍)议》,天津市档案馆等编:《天津商会档案汇编(1903—1911)》,天津:天津人民出版社,1987年,第37页。

天津商会焦心劳思,做了大量工作。这些工作裨益重商,影响广泛。1910年,清廷推行币制改革。天津商会总理王贤宾还被度支部聘为币制顾问,代表天津众商,参与国家金融改革①。

1915年12月,北洋政府修正公布《商会法》。翌年2月,又公布《商会法施行细则》。天津商会随即遵循《商会法》,着手筹备改组事宜。1918年8月,商会改组完成,制定《天津总商会章程及办事细则》。章程规定商会宗旨为增进工商事业,联络工商感情,调处争议,以谋巩固。其职务包括②:

一、增进及保护工商业之利益;二、收集各种图书报告之有益于工商业者;三、关于工商业之利害得发表意见于中央及地方行政长官或工商业者;四、关于工商业事项应答复中央或地方行政长官或工商业者之咨询;五、调查工商业之状况及统计,按年编辑;六、受工商业者之委托,得介绍或派员调查工商业事项并酌量答复;七、因赛会得派员征集工商物品;八、因关系人之请求,得调处工商业者之争议;九、遇市面恐慌等事,有维持及请求长官维持之责任;十、视察地方情形,得设立商品陈列所,工商学校或其他关于工商之公共事业,但须经行政长官许可。

上述十项具体职务之中,第一、三、四、五、六、八、九项职务,都与应对金融风潮直接相关。在北洋历次金融风潮之中,天津商会确能围绕上述职务,传达商情,维护公益,费心费力,功不可没。

(二)天津钱商公会

清朝嘉庆时期,"钱号公所"在津设立。这是天津钱业组织建立之始。当时市面钱号只有二十余家,金融事务很少。所以"钱号公所"建立之初,并无太多活动。天津开埠之后,工商各业日新月盛,金融事务逐渐增多。"钱号公所"随之日益活跃。1900年,"钱号公所"改名"钱业公所"。贴水风潮爆发之时,大批钱铺、银号倒闭,市面金

---

① 《芦纲商伙张鸿均恭贺王竹林荣任度支部币制顾问及芦纲首领函》,天津市档案馆等编:《天津商会档案汇编(1903—1911)》,天津:天津人民出版社,1987年,第133、134页。

② 《天津总商会章程及办事细则》,天津市档案馆等编:《天津商会档案汇编(1912—1928)》,天津:天津人民出版社,1992年,第43—45页。

融一片萧条,钱业公所停止活动①。1905年,风潮退去。天津宝丰源、永顺长、公裕厚等十九家钱铺、银号禀告商务公所,希望恢复钱业活动②:

> 窃敝行向有公所,凡有敝行一切兴革之事,齐集公所会议,嗣经理无人停办。现当商部札设商务总会以济时艰,凡属商民,同蒙利赖。唯查敝行为各行枢纽,不先整顿,无以资观感;不有公会,无以资联络。是以迭经商议,拟照从前公所章程,设立公会,并请附入商务总会之中,以便随时保护。

当时贴水风潮刚刚平息,市面金融尚未复原。十九家钱铺、银号为了联络同业、兴利除弊,提出重建本业公会。商务总会将其请求转呈天津知府,很快得到批准。1909年,钱业组织定名"钱商公会",拟定详细章程十八条。其主要内容包括:入会钱商需到公会注册,定期集会,研究本行公共事务;凡遇意外难防之事,公会合群力争,维护入会钱商的利益;创设公估局,管理公估事宜;在公会内部开议京申电汇汇票行市,规范汇兑业务;登记收市之家相关信息,以昭核实;规范银条、钱帖、银元票发行③。1928年,钱商公会修订章程,规定公会名称、地址、宗旨、职务、职员、会议、入会、出会、经费等。比之以往,更为完备。关于入会,章程规定钱商需要提交商号的资本总额、股东姓名、住址与所占股份,经理人姓名与住址等信息,写好志愿书,声明遵守公会章程,履行相关义务,再经会员介绍,由公会全体董事审查合格,方能入会享受权利④。关于公会职务,章程第四至第八条详细列出⑤:

> 第四条　本公会有维持同业之义务。同业因商事行为有必要之请求时,得函商会,陈请官府;或转函各埠商会,充分维持。

---

① 英夫、朱继珊:《天津钱业与钱业同业公会》,中国民主建国会天津市委员会、天津市工商业联合会文史资料委员会编:《天津工商史料丛刊(第7辑)》,1987年,第7页。
② 《津郡钱商宝丰源等十九家于庚子后首次提出钱商公会文及天津府批文》,天津市档案馆等编:《天津商会档案汇编(1912—1928)》,天津:天津人民出版社,1992年,第363、364页。
③ 《天津钱商公会立会缘起并章程十八条》,天津市档案馆等编:《天津商会档案汇编(1912—1928)》,天津:天津人民出版社,1992年,第368、370页。
④ 《天津钱商公会之暂行章程及办事细则》,《银行周报》1928年第12卷44期,第35、36页。
⑤ 《天津钱商公会之暂行章程及办事细则》,《银行周报》1928年第12卷44期,第34页。

但营业范围以外之行为,本公会不负维护之责。

第五条 本公会以谋金融之流通,及交易之安全,并巩固公共之信用为目的。就最小之范围言,凡同业商号,每日收受电汇及买卖银元,并有价证券等各行市,均在公会内附设市场办理,以期划一而免纷歧。

第六条 凡他业或客帮向我同业收受电汇及买卖银元,并有价证券等等,均应照交手续费及票贴转账费。若有破坏规章者,由董事召集全体会员,切实劝导,服从规章。如仍不服从,请其出会,以维会务。

第七条 本公会附设市场,依照本公会章程第五条规定之。各项生意由街友居中说合定章,以在公会之字号为限制。至于会外同业各字号,街友不得在会内市场代为办理。倘街友有私自代办者,一经查出,将该街友逐出市场以外,永不许在会内办事。

第八条 同业商号因商事行为有争执时,得由本公会董事调解之。

上述章程强调公会应该协调同业纠纷,方便同业交易,同时代表同业,下情上达,沟通官民。总之,就是维护同业特别是入会银号的共同利益。

钱商公会在津埠扩大影响,历时较久。贴水风潮之后,金融萧条不振。当时提出重建公会者,只有钱铺、银号十九家,寥寥无几。民国成立之前,天津钱业经营多样,名称不一。如钱摊、票号、钱铺、钱局、钱号、钱庄、银钱兑换号等,都属钱业。这些组织很多都未加入公会。如山西票号,因属客帮,最初就未入会。卷烟楼子与银钱兑换号也未加入公会,而是另立门户。前者组有兑换业公会,后者组有银钱兑换业公会。民国初年,山西票号开始衰落。钱铺、钱庄、钱局、钱号等一律改名,统称银号;同时增加资本,扩充业务,经营重点由货币兑换转向存贷款①。直到此时,天津钱业方才渐趋统一。加入钱商公会者也愈来愈多。1928 年,钱商公会注册银号共有六十家,资本总额约有三百三十三万两千元。会外银号共有二十一家,资本总额约

---

① 英夫、朱继珊:《天津钱业与钱业同业公会》,中国民主建国会天津市委员会、天津市工商业联合会文史资料委员会编:《天津工商史料丛刊(第 7 辑)》,1987 年,第 5 页。

有一百四十六万元①。

(三) 天津银行公会

北洋时期,中国新建银行日渐增多。1915年4月,北洋政府颁布《银行公会章程》。章程要求:各个银行如若资本总额超过两万元,并且成立已满一年,可以组织银行公会。公会受财政部或地方长官委托,办理银行公共事项、支票交换所及征信所事项、预防或救济市面恐慌事项。入会银行应从营业盈利项下提出一成,作为公积金存于公会。在其营业一时困难、资本周转不灵之时,可用担保品向公会借用公积金,利息由公会临时确定②。章程颁定之后,上海、北京、天津、蚌埠、济南、杭州、汉口、南京、南昌、苏州等地,纷纷设立银行公会。1920年,经上海银行公会发起,各地银行公会确定,每年轮流召集一次全国银行业联合会。此时国内银行业气象峥嵘,达到极盛。1924年江浙战争之后,全国风烟弥漫。各地银行首当其冲,营业进展既无可观,饷糈借款尤难负担,被迫收缩业务,甚至关门歇业。银行公会因不足法定行数,也纷纷解散。北洋末期,国内银行公会的中坚力量,唯有津沪两会③。

天津银行公会成立的具体时间为1918年2月。组织者当时曾经致函天津商务总会,说明成立缘由④:

> 窃查天津为通商大埠,银行林立,若无聚集机关随时讨论,何以谋金融之发达,袪营业之积弊。故银行等现拟创设公会,以联络同业感情,维持公共利益为宗旨,业经筹备就绪,兹择于二月十四号即阴历正月初四日开幕,地点在北门东售品所对过,定名曰天津银行公会。

---

① 《天津钱业之调查》,《工商半月刊》1929年第1卷第12期,第16—21页。部分银号注册资本为银两,银两折算银元比率为:银元1元合银两0.689 2两。该数据为1928年天津洋厘行市平均值,由每月洋厘最高、最低值平均而得出。每月洋厘最高、最低值见杨荫溥:《中国金融论》,上海:商务印书馆,1930年,第300—302页。
② 《财政部订定银行公会章程》,《中国银行业务会计通信录》1915年第9期,第78、79页。
③ 裕孙:《沪汉津平各地银行公会会员银行调查》,《银行周报》1929年第13卷第18期,第3页。
④ 《银行公会呈请创设文并附〈办事细则〉》,天津市档案馆、天津社会科学院历史研究所、天津市工商业联合会编:《天津商会档案汇编(1912—1928)》,天津:天津人民出版社,1992年,第200页。

银行公会成立之后,制订《办事细则》,规定每周末召开常会一次,交流市面情形,筹商相关事项。如遇特别事项,经值年管理行召集,或三家以上银行要求,公会可以召开临时会议。临时会议需要八家以上银行到会,才能开会。公会会员由各行正副行长或正副经理充任。经其介绍,各行重要职员也可成为会员。公会开办与常年经费由天津中国银行、交通银行及直隶省银行承担六成,其他入会银行承担四成①。

表 2.5 天津银行公会会员银行表(截至 1928 年)

银行名称	入会时间	银行名称	入会时间
中国银行	1918 年 2 月	大生银行	1919 年 4 月
交通银行	1918 年 2 月	大陆银行	1919 年 4 月
盐业银行	1918 年 2 月	中国实业银行	1919 年 5 月
金城银行	1918 年 2 月	北洋保商银行	1919 年 11 月
浙江兴业银行	1918 年 2 月	东莱银行	1921 年 9 月
中孚银行	1918 年 2 月	中华懋业银行	1921 年 9 月
新华储蓄银行	1918 年 2 月	中南银行	1923 年 10 月
殖业银行	1918 年 2 月	上海商业储蓄银行	1927 年 3 月
聚兴诚银行	1918 年 12 月		

资料来源:裕孙:《沪汉津平各地银行公会会员银行调查》,《银行周报》1929 年第 13 卷第 18 期,第 6、7 页。

天津银行公会的活动,主要包括组织同业贷款、筹款募捐、抵制军阀与官府借款等。公会组织同业贷款,大多针对天津或其他地区的重大经济项目。如 1922 年,交通部为赎回胶济铁路,要求各地银行筹集款项。天津银行公会曾经组织会员银行,认集劝募。北洋时期,天津或旱或涝,多次遭灾。每次应对灾难,天津银行公会几乎都会筹款募捐。银行公会协调各行,一致行动,抵制军阀与官府借款,在当时也屡见不鲜。如 1928 年,直隶督军褚玉璞曾以战事需款,拟用盐务协款和产销捐收入作抵,向天津各行借款一千万元。银行公

---

① 《银行公会呈请创设文并附〈办事细则〉》,天津市档案馆等编:《天津商会档案汇编(1912—1928)》,天津:天津人民出版社,1992 年,第 201、202 页。

会以借款过巨、无法承担为由,予以拒绝。同年,河北省及天津市印花税局针对银钱业所用的支票,拟以累进法贴用印花。天津银行公会也曾据理力争,以求减少本业税负①。此外,银行公会还有一项重要活动,对于天津金融尤其重要。此即组织同业,稳定金融市场,应对金融风潮。在北洋历次金融风潮中,银行公会都是多方奔走,联络同业,居间调停,所作尤多。

三、近代天津的主要货币

货币是金融的核心。其职能包括交易媒介、价值尺度、贮藏手段等。这些货币职能是否能够有效发挥,影响金融至深至大。近代天津的金融风潮,多是货币产生危机、职能无法发挥所致。当时市面货币主要分为两类:一类属于金属货币,一类属于纸币。研究近代天津的金融风潮,应对上述两类货币深入了解。

(一) 主要金属货币

近代天津的金属货币,主要是指银两、银元、银角、制钱和铜元。清朝灭亡之前,银两和制钱是主要货币。制钱被官府垄断,民间不能私铸;而银两则无官府垄断,民间可以自由熔铸。职此之故,各地银两多种多样,重量、成色都不相同。其重量标准大致分为四类:一是库平,亦称官平,为国库收支标准;二是关平,为关税征收标准;三是漕平,为漕银征收标准;四是市平,为各地市场通用标准。各地市平又有差别,分为砝平、公估平、钱平、司马平、行平等②。清末以来,天津市面银两的重量标准,分为行平与津公砝平。行平1两约为库平1.034两,约为公砝平1.005两。

清代银两成色多在93%—96%之间。因成色各异,各地又有纹银、十足银、纯银等不同名称。其中纹银是银两成色的重要标准,其

---

① 天津地方志编修委员会:《天津通志·金融志》,天津:天津社会科学院出版社,1995年,第256—258页。
② 谢鹤声、刘嘉琛:《天津近代货币演变概述》,中国人民政治协商会议天津市委员会文史资料研究委员会编:《天津文史资料选辑(第40辑)》,天津:天津人民出版社,1987年,第176、177页。

成色为93.5374%。各地白银以此为准,成色高者申(升)水,成色低者补(贴)水。若一元宝重五十两,申水二两四钱,则称该元宝为二四宝。以此类推,又有二五宝、二六宝、二七宝、二八宝之称。如果申水三两,则称该元宝为"足宝""足色""十足色"①。天津市面的白宝银,成色为98.775%。还有一种老盐课银,成色比白宝银略高,但是使用范围远远不如白宝银广泛。

使用上述银两开展商品交易,因其重量、成色各不相同,需要反复换算,繁琐复杂,耗费精力。为了减少换算,一个地区的商民,往往使用一种标准银两计账,其重量、成色均归统一。在现实之中,这种银两未必存在,只是作为一种记账单位,故称"虚银两"。与之相对,市面形形色色的真实银两,则称"实银两"。天津市面的"虚银两"是行化银,以行平为重量标准,合称行平化宝银,简称行化②。行化银为二四宝银,白宝银为二八宝银。每一千两行化银约为白宝银九百九十二两,因此行化银又称九九二色行平化宝。

与上海规元、汉口洋例不同,天津行化银并非自始即为"虚银两",而是由实转虚,经过了一个演变过程。同治年间,白宝银与化宝银同时流通津市。此后直至清末,除去个别时期,天津炉房均在熔铸化宝银,流通不息。清末天津开始铸造银币。银币式样统一,使用方便,因而流通日广。从此开始,化宝银慢慢退出流通,到北洋时期变成"虚银两",成为一种计账单位。国民政府废两改元之后,化宝银在天津市面彻底绝迹③。

清末天津市面的各种交易,多以行平化宝为计算单位。大宗交易如棉花、棉纱、疋头、皮毛、五金、糖类等,均以行平化宝定价。国内外汇兑、房租、租界房捐、公用事业收费等,也以行平化宝计算。商民乐于使用,在华洋行对之尤其信任。1914年《国币条例》颁布之后,商民依然使用行化标价,只有零星交易才以银元标价④。

银两流通中国市面,年深日久;与之相比,银元流通则为时较晚。

---

① 戴建兵:《中国近代银两史》,北京:中国社会科学出版社,2007年,第72、73页。
② 天津地方志编修委员会:《天津通志·金融志》,天津:天津社会科学院出版社,1995年,第44页。
③ 刘燕武:《天津行化银由宝银转为"虚银两"的过程》,《中国钱币》2011年第2期,第60—63页。
④ 吴石城:《天津货币流通之概况(一)》,《银行周报》1935年第19卷第5期,第15、16页。

银元初入中国,当在明朝万历年间,由西班牙商人自菲律宾群岛输入。乾嘉年间,沿海地区银元流通日多,计有墨西哥银元(俗称鹰洋)、荷兰马剑银元(俗称马钱)、西班牙银元(俗称本洋)、英国在香港和印度所铸的银元(俗称人洋)、美国银元(俗称美国洋)、日本银元(俗称龙洋)等。其中鹰洋占据主导①。天津开埠之后,中外贸易快速发展,外国银元大量流入。据估计,自1898至1908年,天津口岸进口各国银元约有三百六十万元②。这些银元以鹰洋和人洋为主。

银元重量、成色统一,不像白银散而无统,故而流入中国之后,深受商民喜爱。乾隆年间,中国民间已经有人起而效仿,鼓铸银元。光绪年间,清廷为保利权、抵制外币,在广东设局铸造"光绪元宝",重量同于外国银元,为七钱二分,成色为九成足银。以其背面铸有蟠龙图案,故名"龙洋"③。此后各省群起仿效。天津亦于1897年开始铸造。铸造机构为北洋机器局。庚子拳乱之中,北洋机器局遭到破坏。乱后清廷在津先后建造北洋银元局与户部造币总厂,鼓铸银元。此后数年,围绕银元单位问题,清廷内部意见纷纭。上述机构曾经试铸两种大清银元,面值分别定为一两与一元。1910年,《币制则例》颁定,正式确立银元作为本位,每元重量定为库平七钱二分,成色定为纯银九成。

《币制则例》颁定之后,北洋银元局停铸,造币总厂则继续铸造。民初造币总厂遭受兵燹,为之一空。当局遂在北洋银元局旧址西窑洼建造分厂。1914年,又在原来总厂厂址大经路兴筑新厂。竣工之后,两厂合称造币总厂。西窑洼之厂称西厂,专铸铜币。大经路之厂称东厂,专铸银币④。同年,北洋政府颁定《国币条例》,确定每元银币重库平七钱二分,成色为纯银89%。因为表面铸有总统袁世凯头像,新铸银元俗称"袁大头"。1915年,上海中、交两行与钱业公会协商,取消龙洋行市,只设新币行市,银元市价随之统一。加之新币整

---

① 谢鹤声、刘嘉琛:《天津近代货币演变概述》,中国人民政治协商会议天津市委员会文史资料研究委员会编:《天津文史资料选辑(第40辑)》,天津:天津人民出版社,1987年,第179页。
② 天津地方志编修委员会:《天津通志·金融志》,天津:天津社会科学院出版社,1995年,第46页。
③ 千家驹、郭彦岗:《中国货币史纲要》,上海:上海人民出版社,1986年,第195页。
④ 张家骧:《中华币制史(下)》,北京:知识产权出版社,2013年,第9、10页。

齐划一,花纹精致,故在天津市面流通甚广,而龙洋与其他杂币则日渐减少。1917年10月,新币流通天津市面者约有八百五十万元。截至1918年3月,天津造币厂铸造新币八千四百六十九万元左右,周流全国。1922年,天津造币厂铸造新币约有六百七十七万元。1923年,又铸新币约有四百五十四万元。1927年北伐胜利之后,国民政府禁铸"袁大头"。天津造币厂改铸新银元,上有孙中山头像①。

银元与行化银、白宝银可自由兑换。在天津市面,每一银元可兑行化银的数量,称为洋厘。洋即银元,厘即厘价。天津钱业公会设有市场。每日银号同业在市场内,根据银元供求状况,确定洋厘。"袁大头"一元约合行化银0.6825两②。长期之内,洋厘不能大幅偏离上述平价。因为若不考虑熔铸成本,洋厘高于平价之时,造币厂会将行化银熔为银元,增加供给;洋厘低于平价之时,造币厂会将银元熔为行化银,减少供给。但在短期之内,由于季节需求、时局不安、人为操纵等因素,洋厘可能剧烈波动,为商民交易带来风险。

银角、制钱与铜元主要用于小额交易。银角就是银辅币,最早在广东铸造,时为1890年。此后各省陆续铸造,唯其重量、成色各地不一。清末《币制则例》曾经规定银角的面值、重量与成色,希望确立十进制,旋因鼎革而无落实。民初北洋政府颁定《国币条例》,也曾对此作出规定。但各地并不严格执行,铸造更为混乱,银角成色每况愈下。北洋银元局与天津造币总厂都曾铸造银角。1907年,北洋银元局铸造二角和一角银币。前者含银80.97%,重库平0.1409两;后者含银81.27%,重库平0.0715两。天津造币总厂铸造二角和一角银币。前者含银80.45%,重库平0.1433两;后者含银82.57%,重库平0.0725两③。1917年,天津造币厂鼓铸新式银角,上有袁世凯头像。按照《国币条例》,五角银币重库平0.36两,二角银币重库平0.144两,一角银币重库平0.072两。三种银角含银均为70%。1925年,天津造币厂为纪念溥仪结婚,铸造一角、二角辅币。这种角币成色较低,上有一龙一凤图案,称为"龙凤银角"。20世纪20年代后期,"龙

---

① 天津地方志编修委员会:《天津通志·金融志》,天津:天津社会科学院出版社,1995年,第47页。
② 吴石城:《天津货币流通之概况(一)》,《银行周报》1935年第19卷第5期,第18页。
③ 张家骧:《中华币制史(上)》,北京:知识产权出版社,2013年,第49、50页。

凤银角"大量流通天津市面。清末和北洋时期,天津造币厂究竟铸造多少银角,没有确切统计。据估计,截至 1916 年底,天津造币厂共铸造五角、二角五分、二角及一角银辅币三亿枚以上。1917 年,共铸各种银角约三百七十七万枚。1922 年,又铸银角四百万枚。20 世纪 30 年代后,国民政府发行角分票和镍质辅币,银角渐被取代①。

清代大部分时期,制钱与白银双峰并峙,作为主要货币用于交易。清末制钱渐渐式微。1896 年,北洋机器局曾铸制钱"光绪通宝",最初重为八分,翌年改为七分。但因铜价上涨,铸造不断亏本,最后只好停铸。清末天津开始铸造铜元,旧有制钱多被收回熔铸。1908 年以后,在天津金融市场,制钱已经销声匿迹②。只在僻壤遐州,尚残存一二。清末天津造币厂所铸的铜元,主要有二十文、十文、五文、一文四种面值。北洋时期,所铸铜元以二十文、十文为多。1917 年,天津造币厂曾经铸发一分、五厘大洋铜元,拟按大洋行使,但未广泛流通③。

(二) 主要纸币

清末天津纸币的发行主体,分散不一。国内官方机构、民间银号与外国银行都可发行纸币。关于民间发票,政府当时并无明确法律规范,而是听之任之。民间银号经常罔顾自身资本实力,超额发行银钱票。一旦市面银根紧张,银号无法兑现,就易酿成风潮。清末"贴水风潮"之后,天津官府开始规范民间发票。发票银号需经官府与商会审查,迨符合相应条件,才可发行。自此民间银号发钞数量大减,官方机构发钞数量大增。袁世凯督直期间,曾令天津官银号发行银元票与银两票。1904 至 1909 年,官银号先后共发银两票六十八万余两,银元票七十三万余元④。1909 年,清廷度支部整顿币制,要求各省官商行号限期停发银钱票,已经发行者逐步收回。此后纸币的发

---

① 天津地方志编修委员会:《天津通志·金融志》,天津:天津社会科学院出版社,1995 年,第 49 页。
② 《清末津埠银钱比价表》,天津市档案馆等编:《天津商会档案汇编(1903—1911)》,天津:天津人民出版社,1987 年,第 482 页。
③ 吴石城:《天津货币流通之概况(二)》,《银行周报》1935 年第 19 卷第 5 期,第 11 页。
④ 天津地方志编修委员会:《天津通志·金融志》,天津:天津社会科学院出版社,1995 年,第 57 页。

行主体,逐渐转为银行。1908年之前,户部银行天津分行曾发银两票。1908年,户部银行改为大清银行,开始发行银两票与银元票。因各地银两成色不同、银元种类多样,所发纸币需按分行所在地的习惯,变通使用。银元票上注明本地通用的银元数字,即可等同本地银元;银两票上注明本地通用的平色,即可等同本地白银①。度支部当时还曾规定:使用银两票、银元票缴纳税厘、钱粮、各项官款,与现银无异,一律通用。大清银行天津分行历年的发行数额,列表如下。

表2.6 大清银行天津分行历年发行数额(厘)

	1908	1909	1910	1911（截至6月底）
银两票	5 471 942	5 085 380	13 594 560	21 563 250
银元票	58 943 694	71 815 620	62 778 890	55 057 060

数据来源:张家骧:《中华币制史(上)》,北京:知识产权出版社,2013年,第139页。

北洋时期,天津发行纸币的银行,主要包括本国银行、外商银行和中外合办银行。本国银行分为中央银行与其他银行。中央银行是指中国银行与交通银行。其他银行包括劝业银行、直隶省银行、边业银行、中南银行、农商银行、中国实业银行、河南省银行、中国丝茶银行、山东省银行、中国农工银行等。中外合办银行是指华俄道胜银行、中法实业银行、中华汇业银行、中华懋业银行。这些银行在津发行纸币的大体情况,可以参见下表。

表2.7 1916—1928年在津主要本国银行与中外合办银行发钞情况

银行名称	面额	发行时间
中法实业银行	1、5、10、100、500元	1916年
天津交通银行	1、5、10、50、100元	1918年
	1、5、10元	1927年
	5、10元	1928年

① 徐沧水:《民国钞券史》,民国文存编辑委员会:《中国货币史研究二种》,北京:知识产权出版社,2013年,第116页。

(续表)

银行名称	面额	发行时间
天津中国银行	1、5、10 元	1917 年
	1、5、10、100 元	1918 年
	1、5、10、100 元	1921 年
天津劝业银行	1、5、10、50、100 元	1921 年
	1、2 角	1927 年
	2 角	1928 年
天津直隶省银行	1、5、10 元	1920 年
	1、2 角,1、5、10 元	1926 年
天津边业银行	1、5、10 元	1919、1921 年
	1、2、5 角,1、5、10 元	1925 年
天津中南银行	1、5、10、50、100 元	1921 年
	5、10 元	1924 年
	1、5、10 元	1927 年
天津农商银行	1、5 元	1922、1926 年
天津中国实业银行	1、5、10、50、100 元	1922、1924 年
天津河南省银行	1、5、10 元	1923、1926 年
天津中国丝茶银行	1、5、10 元	1925 年
	1、2 角	1927 年
天津山东省银行	1、2、5 角,1、5、10 元,50、100 元	1925 年
	1 角	1926 年
天津中国农工银行	1、2、5 角,1、5、10 元	1927 年
天津中华汇业银行	1、5、10、50、100 元	1920 年
	1、2 角,5、10、50、100 元	1928 年

数据来源:天津地方志编修委员会:《天津通志·金融志》,天津:天津社会科学院出版社,1995 年,第 62 页;天津市钱币学会编:《天津近代钱币》,北京:中国金融出版社,2004 年,第 115—171 页。

表 2.8 外商银行在津发钞情况

银行名称	发行种类	发行年代	发行面额
麦加利银行	银元券	1917—1930	5、25、50、100、500 元
汇丰银行	银元券	1901—1920	5、10 元
花旗银行	银元券	1918、1919	1、5、10、50、100 元
美丰银行	银元券	1924	1、5、10 元
横滨正金银行	银元券	1902—1928	1、5、10 元
横滨正金银行	银两券(行平化宝)	1902	5、10、50、100 两
朝鲜银行	银元券	1914—1915	1、5、10、50、100、500 元
华比银行	银元券	1902—1921	1、5、10、50、100 元
德华银行	银元券	1907	1、5、10、25、50 元
德华银行	银两券	1907	1、5、10、20 两

数据来源:天津地方志编修委员会:《天津通志·金融志》,天津:天津社会科学院出版社,1995 年,第 66 页;天津市钱币学会编:《天津近代钱币》,北京:中国金融出版社,2004 年,第 174—185 页。

清末和北洋时期,外商银行处于租界,自由发行纸币,中国政府无法管控。本国银行虽有法令约束,而其在津发行纸币的数额,多与发行总数合并公布,并无单独统计。所以各行在津究竟发行多少纸币,缺少记录,难以稽考。1931 年,国民政府中央银行的吴本景,曾对天津各行的发钞数目加以估测,列表如下。

表 2.9 天津各行所发钞券大体数目(1931 年估测)

银行名称	发钞数目	银行名称	发钞数目
中国银行	3 000 余万元	中国农工银行	不过 10 万元
交通银行	2 500 余万元	浙江兴业银行	20 万元
中南银行	600 余万元	麦加利银行	20 余万两(银两券)
中国实业银行	300 余万元	正金银行	20 余万两(银两券)
边业银行	60 余万元	花旗银行	200 余万元
东三省官银号	30 余万元	美丰银行	200 余万元

(续表)

银行名称	发钞数目	银行名称	发钞数目
北洋保商银行	50余万元	正金银行	
大中银行	10万元左右	华比银行	
河北省银行	不超10万元	汇丰银行	完全收回，久未发行。

数据来源：吴本景：《天津之金融状况与商业情形（一）》，《中央银行旬报》1931年第3卷第17期，第43、44页。

从上表可以看出，国民政府前期，本国银行在津发钞的数额，远超外商银行。外商银行所发行的纸币，曾经大行其道，特别是在清末到一战结束这段时期。北洋末期，这类纸币日薄西山，而本国银行纸币则后来居上。出现这种转变，原因主要有三：一是外商银行处于租界之内，很少在内地开设分行，纸币推广因之受限。二是本国银行迭经金融风潮之后，多将发行数额与储备状况公之于众，因而信用日隆，而外国银行对此则讳莫如深，导致国人信任下降。三是外商银行发钞面额偏大，普通民众使用不便①。

北洋时期，中交两行天津分行所发行的钞票，流通广泛，数额巨大。中行所发行的钞票，票面印有"天津"字样，不仅流通京、津市面，还能通行华北各埠，甚至远及豫、鲁、晋、陕、奉等省，深入东北、西北地区。交行所发行的纸币，同样印有"天津"字样，流通范围稍小，但也可达京、冀、豫、鲁、奉各地，畅行东北、华北地区。其他各行钞票如有"天津"字样，大多通行京、津两地。直隶省行所发行的钞票，则能深入本省所辖各县②。

从发行数额与流通范围来看，中交两行纸币对于天津金融影响更大，其他各行远不能比。因此两行发钞的缘起流变，需要我们详细回顾。辛亥革命之后，各地大清银行纷纷改为中国银行。其时纸币则例尚未确定，财政部先向总统袁世凯提议③：

---

① 吴石城：《天津货币流通之概况（二）》，《银行周报》1935年第19卷第5期，第17页。
② 吴石城：《天津货币流通之概况（二）》，《银行周报》1935年第19卷第5期，第17页。
③ 徐沧水：《民国钞券史》，民国文存编辑委员会：《中国货币史研究二种》，北京：知识产权出版社，2013年，第129、130页。

窃唯一国纸币之流通,全恃银行纸币为其枢纽。自去秋以来,金融机关一切停滞,公私出纳,皆以现金,遂至周转无方,商民交困,非有大宗钞票流行国内,不足以救济恐慌。现在中国政府所设之中国银行,已经筹备组织,次第设立,应请在纸币则例未定以前,即以该银行所发之兑换券,暂时通行全国。所有官款出纳、商民交易,均准一律行用。并由该银行多储准备金,以供兑换。多设兑换所,以便取携。总期信用渐孚,藉以维持市面。

财政部为此拟定《中国银行兑换券章程》五条。袁世凯批准实施,并且强调中国银行组织方新,应照各国中央银行通例,宽筹现金储备,严杜一切流弊。1913 年,中国银行则例公布,规定中行遵照兑换券章程,发行兑换券。发行之初,其推广并不顺利。当时,外国银行、各省银行、商业银行大多都在发行钞券,各据一方。中行钞券面临激烈竞争。全国金库、币制均未统一,事权分散,牵制尤多。民间狃于积习,多用银洋。凡此诸多因素,皆使兑换券推广不顺。面对这些问题,中国银行积极采取各种措施,包括利用发行特权与代理金库、收解赋税之便,竭力推广;收回大清银行钞票与各省所发杂色跌价兑换券;深入民间推行中钞等[1]。这些举措之中,银钱两业领用中行兑换券,对其推广贡献尤大。当时规定银行同业领取中行钞票,需要准备现金七成、公债三成。而现实操作则灵活多样,并未拘泥于此。1915 年,浙江兴业银行领用中行兑换券三百万元,是以现金五成、公债票二成五、期票二成五作为准备。中行还对兴业银行所交现金支付利息[2]。北洋时期,天津也有银行参照上述做法,向中行领取兑换券。1920 年 12 月,天津金城银行曾与中行天津分行订立合同,领用中行兑换券,以五十万元为限[3]。上述领钞办法最初仅限于银行同业。1923 年,上海发生金融恐慌。钱庄周转不灵,也想援照银行领钞之法,向中行领用。翌年,经过反复磋商,钱庄与中行确定协

---

[1] 邓先宏:《中国银行与北洋政府的关系》,中国社会科学院经济研究所学术委员会编:《中国社会科学院经济研究所集刊(第十一集)》,北京:中国社会科学出版社,1988 年,第 289、290 页。
[2] 张家骧:《中华币制史》,北京:知识产权出版社,2013 年,第 159 页。
[3] 天津地方志编修委员会:《天津通志·金融志》,天津:天津社会科学院出版社,1995 年,第 62 页。

议,正式实施①。此后,中行天津分行也作出规定:各个钱庄如愿领用钞票代为发行,可与中行订立合同,要求在钞票上加印代号,以资区别。领用钱庄提交十足现金,作为准备。中行对此支付利息,年息四厘②。采取上述做法,领钞银行与钱庄未在中行存款,却可坐享存款利息。厚利之下,他们自然踊跃推广。

清末,邮传部奏设交通银行。所定章程明确规定:交行仿照其他中外各行,印刷通行银纸;并且仿照其他银号,遵循市面通用平色,印刷各种银票。1914年,北洋政府公布交通银行则例。则例规定:交行拥有兑换券发行权。兑换券的式样、数目及期限,均由财政部核定。纸币条例未定之前,交行兑换券暂按《中国银行兑换券章程》行使。公款出入、官俸支付、军饷发放、完纳税项、市面交易等,均可使用。1915年,北洋政府明令:中交两行均为中央银行,享有发券特权③。交行为推广兑换券,也曾实施"领用券"制度。1927年,上海商业储蓄银行烟台分行就曾向交行天津分行领用交行券十万元④。

关于纸币发行,中交两行于20年代初期都曾划定区域,将现金集中于区域商业中心。区域之内,各行互相联系,依托区域中心发展业务。中国银行共有四大区域行,分别为上海分行、天津分行、汉口分行、香港分行。其中津、鲁、晋三地分行及所属支行,以天津分行为区域行,使用津钞⑤。交通银行划有五大发行区域。其中心分别为天津、上海、汉口、奉天、哈尔滨。举凡北京、天津、济南、张家口、归绥等地的兑换券,皆由天津总库负责发行、调拨、整理⑥。

北洋时期,天津市面的纸币,除了银两票、银元券与银角券,还有铜元票。铜元票最早由黑龙江官银号发行,时间约在光绪二十年至

---

① 徐沧水:《民国钞券史》,民国文存编辑委员会:《中国货币史研究二种》,北京:知识产权出版社,2013年,第135页。

② 天津地方志编修委员会:《天津通志·金融志》,天津:天津社会科学院出版社,1995年,第62、63页。

③ 张家骧:《中华币制史》,北京:知识产权出版社,2013年,第163、164页。

④ 天津地方志编修委员会:《天津通志·金融志》,天津:天津社会科学院出版社,1995年,第62页。

⑤ 邓先宏:《中国银行与北洋政府的关系》,中国社会科学院经济研究所学术委员会编:《中国社会科学院经济研究所集刊(第十一集)》,北京:中国社会科学出版社,1988年,第368页。

⑥ 徐沧水:《民国钞券史》,民国文存编辑委员会:《中国货币史研究二种》,北京:知识产权出版社,2013年,第142、143页。

三十年之间。此后,其他各地官银号纷起效仿。1915年,直隶平市官钱局设于保定,发行当十、二十、四十、五十、一百五种面额的铜元票。1920年,又发行当十、二十铜元票,流通天津。1921年之后,直隶省银行连续发行多种铜元票。1922年,发行当二十铜元票。1923年,发行当十、四十、五十铜元票。1926年,发行当十、四十、五十、一百铜元票。1927年,因官钱局铜元票票版复杂、难于核算、流通阻滞,直隶省银行与官钱局又发行新铜元票。1928年,中国农工银行也曾发行铜元票,面额分为当十、二十两种,主要流通京津一带①。北洋时期,直隶官钱局、直隶省银行和其他金融机构究竟发行多少铜元票,其中多少流通津埠市面,都无确切数据。国民政府初期,有人曾对天津市面铜元票的数额加以估测,认为约合银元十三四万元②。唯铜元票出入津埠没有定数,不同年份变动很大。故而上述数字对于推测此前天津铜元票的流动状况,并无多大意义。

四、小结

天津在开埠之后,内外贸易迅速发展,金融业随之逐步发展。天津银号作为传统金融组织,积极开展各类业务。其组织方式与经营方式都在转变。银行是新兴金融组织。外商银行首先来津开设分行。中国人起而模仿,先后建立各种本国银行。银号、本国银行和外商银行是近代天津金融市场的三大力量。三者既有竞争,又有合作。在天津金融的发展过程中,钱商公会、商会与银行公会先后成立。三个公会组织对于天津金融行业的发展,贡献很多。近代中国币制不一。中央政府、地方政府、银号、本国银行、外商银行均能发行货币。天津处于这种大环境下,亦有多种货币同时流通市面。总之,近代天津金融处于转型之中。新生元素不断涌现,传统元素亦所在多有。新旧杂陈,不断变化。清末风潮迭起之前,天津的金融状况,大体如此。了解这些金融状况,我们才能深入理解近代天津的金融风潮。

---

① 天津地方志编修委员会:《天津通志·金融志》,天津:天津社会科学院出版社,1995年,第64、65页。
② 《天津金融调查》,《中央银行月报》1934年第3卷第9期,第1952页。

第三章　清末天津的金融风潮及相关应对

　　清末天津金融风潮频发。这与天津金融的自身不足有关,也与外在环境的扰攘不安有关。其中庚子拳乱影响尤大。拳乱期间,社会失控,秩序大坏。义和团、官兵与八国联军在京津地区破坏屠杀,掠走大量现银。天津金融业遭遇重创。从此直至清朝灭亡,短短十年之内,天津金融先后发生多起危机。这些危机首推贴水风潮。1902年爆发,1904年渐渐平息。孰料喘息未定,天津又生铜元危机。1905年铜元大幅贬值,1908年日行严重。市面商民深受其害。一波未平,一波又起。铜元危机尚未结束,又有银色风潮滚滚而来。金融风潮连续发生。天津的经济发展、社会民生,全都大受影响。贴水风潮、铜元危机与银色风潮均由货币贬值而起。货币贬值之后,发行主体可获更多铸币收益。三次风潮均是发行主体贪图铸币收益导致。贴水风潮和银色风潮的主要获益者,是民间力量;铜元危机的主要获益者,则是政府。主要获益者不同,危机应对亦随之而异。

一、贴水风潮

　　天津贴水风潮与银号发行银帖、钱帖密切相关。道光年间,天津银号已在发行钱帖。钱帖以制钱为本位。天津开埠以后,银号又开始发行银帖。银帖以白银为本位①。银帖与钱帖都是银号所发行的本票。银帖应与现银等值兑换。但若发行过多,银帖必定贬值,兑换现银需要折扣,于是产生贴水问题。贴水就是调换票据或兑换货币时,因为二者比价不同,比价低者要向比价高者补充差额。张焘《津

---

　　① 杨固之、谈在唐、张章翔:《天津钱业史略》,中国人民政治协商会议天津市委员会文史资料研究委员会编:《天津文史资料选辑(第20辑)》,天津:天津人民出版社,1982年,第97、98页。

门杂记》曾记"钱帖"云①：

> 天津市面盛行钱帖,彼此往来,无非一纸流通。除殷实钱铺以外,俱谓之外行帖,诸多滞碍难行。更有等名换钱局者,资本无多,全靠出帖以资周转,既无以偿,便以闭门羹谢客,谓之荒钱铺。坑人财帛累万盈千,相习成风,殊为可恶。所以市道常有戒心,不敢久藏钱票。如取现钱,又掺和小钱无算,每串有数十之多,民间吃亏甚重。前经宪示每开一铺,必着殷实钱铺五家联保,法良意美,无奈商定多时,未见议覆,不过徒托诸空言耳。

《津门杂记》初刻于光绪十年(1884年)。由上述记载可知:在光绪朝早期,天津钱铺所发行的钱帖,就有贴水问题;并且钱铺资本薄弱,常有超额发行、无法兑现之事。当时官府有意整顿,惜未付诸实施。如果市面银根宽松、贸易平稳,即使少数店铺出现贴水,也不至于酿成金融风潮。金融风潮之起,往往缘于多种因素。清末天津的贴水风潮,就是多种因素综合而成。

(一) 贴水风潮缘起及其危害

天津城市因贸易而兴起。贸易变动关乎天津经济的兴衰。金融业为内外贸易融通资金,更是深受贸易行业的影响。天津金融产生贴水风潮,贸易变动为其重要原因。清末天津贸易业深受庚子拳乱之害。拳乱期间,一位天津工人对比今昔,讲述天津贸易的凋零②：

> 呜呼义和拳匪之祸,何若此其甚哉！……向者,春冰既泮,轮声帆影,相属于烟波浩渺之间。货物之来,高入山积。操奇计赢之子,夜以继日,握算持筹,各矜其长袖善舞之能,以有易无,获利可操左券。今岁新春时节,以拳匪潜伏,萌蘖渐滋,圜圚中如豫为之地,以致开河之后,来货寥若晨星。至目前而叛象显呈,毁电竿、断车轨、戕西士、焚教堂、斩木揭竿……商贾遂不复放胆营运。六街三市,几绝人迹。

贸易开展无法离开稳定的社会秩序。社会失序,各种风险纷至

---

① 张焘：《津门杂记》,丁绵孙、王黎雅点校,天津：天津古籍出版社,1986年,第107页。
② 《拳匪作乱有关上海市景说》,《申报》1900年6月20日。

沓来,行旅不通,商贾止步,就会出现"六街三市,几绝人迹"的局面。1900年7月14日,八国联军攻陷天津城。各国军队司令官联席会经过讨论,决定成立天津临时政府,名曰"都统衙门",后复改称"天津中国城区临时政府委员会"(Provisional Government of the District of Tientsin)。在管辖区内,临时政府委员会建立巡捕队,整顿秩序,恢复治安;采取措施预防饥馑、瘟疫;组建消防队,控制火灾等,逐步将西方城市管理制度引入天津。同时公布城市税收制度,征收入市税、码头税和所得税等,使得征税有章可循,减少各业牙行和大小官吏征税之时的假公济私①。在此背景下,天津贸易迅速恢复,贸易货值总数大幅攀升。

庚子之后,天津贸易飞速增长。但是贸易陡然暴涨,并非经济长期发展所致,而是兵燹之后经济恢复产生的虚热。拳乱期间,天津贸易萎缩。迨秩序恢复,市场空间极大,各种商品大量涌入。贸易需要金融行业提供资金支持。贸易暴涨之时,资本流动加速,资金需求扩大。而天津钱业在拳乱中损失不赀,乱后市面银根奇紧。贸易开展需银孔亟,钱业却无足够现银予以支持,两者构成尖锐矛盾。

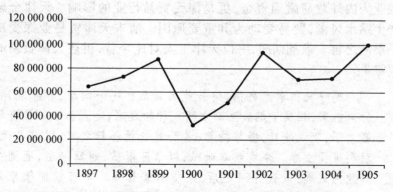

图 3.1 天津庚子前后历年贸易货值总数(海关两)②

---

① 罗澍伟编:《近代天津城市史》,北京:中国社会科学出版社,1993年,第314—320页。

② 数据来源为1897至1905年《津海关贸易统计年刊》。转引自姚洪卓主编:《近代天津对外贸易(1861—1948年)》,天津:天津社会科学院出版社,1993年,第255、256页。

在此局面之下,银帖发行遂日益膨胀。庚子乱前,天津钱行所开银帖约有两千万两;而到1902年,所开银帖达到三千万两①。短短几年时间,增幅高达百分之五十。很多银号资本不足,却仍大量发行银钱帖。八国联军占领天津期间,都统衙门对此并无严格监管。一时之间,银号蜂起,鱼龙混杂。庚子之前,天津银号仅有一百余家。乱后两年时间,银号骤增,竟达三百家之多②。这些银号实力并不雄厚,核其资本,多者不过数万,少则数千数百。与上海银号动辄数万、数十万相比,远远不及。并且上海银号分支广泛,彼此相顾,缓急相济,抗风险能力远非天津银号所可望其项背③。

表 3.1 天津商银钱号营业资本分布统计表(1907—1908 年)

营业资本额	4 万两以上（含 4 万）	4 万两至 3 万两（含 3 万）	3 万两至 2 万两（含 2 万）	2 万两至 1 万两（含 1 万）	1 万两以下
钱号数量	4 家	3 家	18 家	7 家	6 家

数据来源:根据《直隶省商银钱号资本营业统计表》整理,见天津市档案馆等编:《天津商会档案汇编(1903—1911)》,天津:天津人民出版社,1987年,第768、769页。

天津商银钱号分支不广、资本不足,而洋行、银行和票号则资金雄厚、实力强大。据估计,当时天津本地市场资金约有六千万两,其中山西票号两千万两,外国银行与政府款项一千万两,富商与官宦所持现金一千万两,钱票一千万两,从上海赊购货物所得授信一千万两④。天津商银钱号多从外国银行、山西票号获得贷款。

总之,庚子之后,津埠钱业日益膨胀。因为贸易虚热,市场机会众多,商银钱号纷纷设立。商银钱号资本不足,于是既从银行、票号大量贷款;又以发行银帖、钱帖的方式,大力扩张信用。这种

---

① 天津市档案馆、天津社会科学院历史所编:《津海关年报档案汇编(下)》,吴弘明译,内部印行本,1993年,第120页,转引自龚关:《20世纪初天津的金融风潮及其应对机制》,《史学月刊》2005年第2期,第111页。

② 《户部奏为部库匮乏至极碍难拨银解救天津钱业疲困折》,天津市档案馆等编:《天津商会档案汇编(1903—1911)》,天津:天津人民出版社,1987年,第328页。

③ 《直隶满城知县禀陈挽救天津市面金融危机办法十二条及直督袁世凯札文》,天津市档案馆等编:《天津商会档案汇编(1903—1911)》,天津:天津人民出版社,1987年,第340页。

④ (英)派伦著:《天津海关一八九二——九零一十年调查报告书》,许逸凡译,《天津历史资料》第4期,第61页。

发行数目庞大,远超资金准备。贸易虚热、大量借款、狂发银帖,以津埠银号的实力,上述三种因素只要一种发生变化,即有可能酿成危机。如果三者叠加,同时变动,则危机将会加倍严重。天津产生贴水风潮,起因恰恰就是上述三种因素同时变动,导致银号经营空前恶化。

1902年6月,袁世凯担任直隶总督兼北洋大臣。同年8月,袁氏率官赴任,裁撤都统衙门,接管天津。当时天津贴水日益严重,每银千两,贴水高达三百余两。商旅裹足,百物腾涌,中外各商纷纷请求禁止贴水①。袁氏耳闻目睹贴水之弊,认为唯有严禁痛绝,才能挽救市面、振兴实业,遂于翌年1月下令:钱帖、银帖与现钱、现银等值使用,严禁贴水。当时钱铺华丰锦、恒祥庆两号违章贴水,分别被罚白银四千五百两和五千二百五十两,并且被迫认捐行平化宝银一万五千两,作为商务学堂经费②。贴水禁令之严,由此可见一斑。商银钱号滥发钱帖、银帖,数额远超现钱、现银储备。现在官府明令禁止贴水,要求二者等值使用。商银钱号根本无法兑现③。

袁世凯以官府命令禁止贴水,已令天津商银钱号举步维艰;而天津贸易虚热之后,急转直下,对于商银钱号更是雪上加霜。商银钱号滥发银帖、买空卖空,在商品购销两旺、贸易畅通之时,或可勉强维持。一旦商品滞销、市场紧缩,商人急欲兑换现银,商银钱号必然没有足银兑付。并且贸易扩张之时,商人从商银钱号大量进行信用借款,投资贸易;而贸易衰退之后,货物无法变现,所借款项难以偿还,将使形势愈发恶化。1904年,天津银号义盛号被迫关张歇业。当时铺东曾向官府陈述遭遇④:

---

① 《户部奏为部库匮乏至极碍难拨银解救天津钱业疲困折》,天津市档案馆等编:《天津商会档案汇编(1903—1911)》,天津:天津人民出版社,1987年,第328、329页。

② 《天津府县禀钱铺华丰锦等号违章贴水现已罚款认捐请示并批》,甘厚慈辑:《北洋公牍类纂》,收于沈云龙主编:《近代中国史料丛刊三编》,台北:文海出版社,1999年,第1593、1594页。

③ 贴水问题在其他地区同样存在,并且持续很长时间。1928年,四川还有这种问题。当时有人主张禁止贴水,最后"群以现洋贴水之发生,由来已久,且原因复杂,主张不能操之过急,其事遂寝"。就此观之,袁氏此举是否操之过急,值得深思。见重庆中国银行编:《四川金融风潮史略》,重庆加新印刷局,1933年,第52页。

④ 《天津县బ为义盛号钱铺铺东曹符珍申述庚子后津埠钱业困乏情形事照会商务公所》,天津市档案馆等编:《天津商会档案汇编(1903—1911)》,天津:天津人民出版社,1987年,第332页。

> 自庚子兵燹以后，疮痍满目，民不聊生，迄今元气未复。市井之萧条，商贾之疲困，实数十年来所罕有。……职先人由同治元年自备资本开设义盛号钱铺生理，迄今四十余载。……钱行之中虽不敢谓之上户，亦可与中户相并。唯自昔徂今，既未借用洋款，亦不该欠官款。于今处此凋敝之秋，顿觉欠内较巨，周转为艰。查核账目，则川换欠内之款计钱十九万余吊，除抵还欠外之项，颇有盈余。无如欠内之款，一时难以索进，而欠外之款，目下不能支延。辗转焦思，必须将生意暂行停止。

在贸易过热之时，银号贷出之款过多；贸易转冷之后，资金无法收回。银号经营随即陷入困境。银号义盛号的遭际，在贴水风潮之中非常普遍。不宁唯是，银行、票号等原向商银钱号提供贷款，遭遇拳乱之后，一改故常，大幅收回贷款，其金额约有一千一百万至两千万两①，市面现银更为枯竭。这对津埠商银钱号又是一番打击。总之，官府禁令、贸易恶化、票号惜贷，种种不利因素犹如风刀霜剑，交相逼迫。在此不利境况之下，津埠商银钱号辗转牵连，大量倒闭。普通商号受其影响，亦纷纷倒闭。1904年，天津救荒总局董事赵兴堂痛陈风潮惨状②：

> 津郡由去岁至今，各行歇业荒闭者二千余家。唯钱行为各行行运银钱之源根，钱行共计二百余家，由去岁至今歇业荒闭者，一百数十家。要账还账不能通运者，约五六十家。南北巨富在津开设钱行者，有一二十家。素性一家川换数十万或百万，至今行运不过十成之一二。在山西票号、南绅银行将津郡通换银款提归原主者，不下数千万金。津郡钱行钱票银票行运数百万金。现因银钱源根滞塞，各行所欠官商各款催讨归还，或禀送成案，或株连倒闭，甚至逃身殒命，种种扰累，糜费间过于正款。凡有血气者，莫不伤之。

赵氏所述的"川换"，是指银号之间关系密切，互相融通资金、调

---

① （英）派伦著：《天津海关一八九二——九零一十年调查报告书》，许逸凡译，《天津历史资料》第4期，第61页。
② 《救荒总局董事赵兴堂痛陈津埠贴水风潮冲击下钱业倒闭过半文》，天津市档案馆等编：《天津商会档案汇编（1903—1911）》，天津：天津人民出版社，1987年，第333、334页。

剂有无，以求营业之便①。按照赵氏的陈述，贴水风潮爆发之后，同业川换资金减少十分之九，信用大幅萎缩。钱行由二百余家减至几十家，倒闭半数以上，其他各业荒闭二千余家。各种债务纠纷错综复杂，难以理清②。贴水风潮对于天津经济的破坏之大，于此可见。

贴水风潮发生之后，津埠商银钱号所发行的银钱帖，信用大跌。外商银行得此良机，大发纸币。一时之间，盛行津埠，几乎无人不用，无人不存。特别是日本正金银行与华俄道胜银行，发行纸币数目尤大。不特如此，外商银行所发行的纸币，完全等同现银。以中国银号所发银钱帖进行兑换，每一千两需要升水二三百两③。外商银行所出之票愈推愈广，而中国银号所出之票反而渐渐萎缩，中国利权外溢。1908年，此种局面仍未改观。其时天津商会曾称④：

> 正金、麦加利、汇丰、道胜、德华各银行纸币盛行，利权尽为外人所得，又兼市面银根奇滞，蒙前宪台劝谕各华商出行洋元票，原为疏通市面挽回利权起见。当奉谕之初，各商仍意存观望，不敢遽行。嗣经职会谆谆劝导，始各遵办。仅止行运天津本埠，亦不过随出随取，碍难停留。至外运之款，无论数目多寡，仍以现洋为重，津市借资周转。

天津商会所言确系实情。津埠银号在贴水风潮之后，几成惊弓之鸟，久久不敢发行银钱各票。即使勉强发行，也是随出随取，数量很少，并且无法流通外埠。武昌起义之后，津埠中国银号因为市面秩序未复，恐失信用，更是纷纷收缩纸币，不敢再发；而外国银行正好相反，借机大发银两、银元纸币，有加无已。当时天津商会曾奉直隶都

---

① 满铁调查部：《天津的银号》，1942年，第389、390页。转引自林地焕：《论20世纪前期天津钱庄业的繁荣》，《史学月刊》2000年第1期，第125页。

② 1903年12月3号《大公报》曾经报道一起债务纠纷："庆源钱铺王潽控同康钱铺张仁圃等欠银二万之谱一案，又同康钱铺张仁圃等控天合洋货铺等欠银一案，又瑞茂钱铺王绶臣控同康钱铺欠银三千余两一案，均蒙邑侯唐大令批饬，照会商务公所绅董等核办议结。该绅等奉照会后，于日前传集各该号原被两造人等，各带账簿以凭查核，澈（彻）底根究，俾得分别本秉公议办云。"这种连锁债务纠纷，在贴水风潮爆发后非常普遍。

③ 《美最时洋行买办屠宪章陈述庚子后天津贴水风潮时番纸与现银等值每千两升水达二三百两文》，天津市档案馆等编：《天津商会档案汇编（1903—1911）》，天津：天津人民出版社，1987年，第703页。

④ 《津商会申述外国银行在津发行纸币华商银行流通困难情形并扶植办法文》，天津市档案馆等编：《天津商会档案汇编（1903—1911）》，天津：天津人民出版社，1987年，第664页。

督之命,调查中国银号、外国银行在津发钞情形。两相对比,差距昭然。

表 3.2　清末民初津埠中国银号、外国银行发行纸币大概情形

银业种类	银两纸币	银元纸币
华俄道胜银行	约一、二百万两	约一百余万元
日本正金银行	约百万两	约一百余万元
德国德华银行	无	约二三十万元
英国汇丰银行	无	约二三十万元
英国麦加利银行	无	约一二十万元
敦庆长、永生、永昌、德庆恒、敦昌厚、万丰、瑞蚨祥、瑞林祥、洽源、瑞生祥、义恒、天义恒银号	昔有今无①	昔有今无

数据来源:天津市档案馆等编:《天津商会档案汇编(1903—1911)》,天津:天津人民出版社,1987 年,第 684 页。数据系天津商会 1912 年调查所得。

天津中国银号相继倒闭,所发纸币不断收缩;外商银行蒸蒸日上,所发纸币不断扩张。这种差距与多种因素有关。其中贴水风潮震动津埠,中国银号大伤元气尤为重要原因。面对这些问题,天津官、商互相合作,做了大量工作。而危机之后,津埠钱庄穷则思变,也在逐步转变经营方式,以求适应时代的发展。

(二) 官、商应对与银号变革

贴水风潮直接导致三大问题:市面银根奇紧,大量银号倒闭;各种债务纠纷互相牵缠;本国银号所发票据信用大降。1902 年,针对白银短缺问题,天津官府曾经禁止现银出境,希望以此减少白银漏卮,保持白银存量。孰料禁令一出,各地客商不敢运货来津,反而阻碍商业复苏,于是天津官方只得解除禁令。1904 年,袁世凯得知天津银号大量运银出津,又令津海关道与铁路总局设法禁止。津海关道唐绍仪认为天津虽然缺乏现银,但若禁止运银出关,市面商业反而难以流通。经过再三商讨,最终确定银号运银出关,每次不得超过五

---

① 此后,又有银号发行纸币,惟数目不大。见戴建兵:《中国钱票》,北京:中华书局,2001 年,第 156、157 页。

千两,以示限制。1905年,天津南段巡警总局照会天津商会,指出当时票庄使用大车运银出境,每日不下二三十万,长此以往,津埠市面益难周转。天津商会召集本埠票庄、金店、炉房,详加询问,反复权衡之后,依然坚持不禁现银出境,以资流通①。

危机爆发之后,天津银号接连荒闭。存户惶恐不安,纷纷提取存款,这使危机更加严重。1904年初,时值旧历年底,天津官府为此特发告示②:

> 天津市面,乱后不能如前,仰蒙督宪关怀民瘼,设法维持,业已日有起色。现年关在即,若各富商因恒昌等号倒闭,纷纷向各号迫提存储票项,势必不能周转,银根愈紧,牵连日多,商号一经倒闭,转至存项无着,非特于人有损,抑且于己无益。自应分别缓急,酌量提取,以维全局而保商富。除批示外,合行出示晓谕,为此示谕商民人等知悉:本年岁暮,所有商民浮存各款,仍照向例随时提取,至富商票项,巨款存储生息者,一律照常存本清息。其票期已满,如非急需待用之款,仍应由各号向原人妥商换票存储,分期提取,庶可周转流通,不至拥挤倒闭。本府是为统筹全局,保商即以保富起见,尔等务宜体谅苦心,一体遵照办理,毋违特示!

在金融风潮中,个人最优选择合在一起,往往无法达到整体最优。天津官府发布告示,对消除金融恐慌、改变个人预期不无作用,有利于实现整体最优。不过这种作用究竟能有多强,大可存疑。因为告示要求商民如非急用,不得全部提取存款,但是商民需款是否急切,官府根本无从得知。官府发布告示,更多只是一种倡议而已。总之,以禁止现银出境、限制存户取款来缓解银根紧张,只是权宜之计,而且常常弊大于利,终究不是良策。

当时天津大小官员纷纷建言献策,提出其他建议。直隶满城知县雷天衢提出挽救危机办法十二条,主要包括:筹款二百万两,建立官办银行,发行银票。其他机构未经官方允许,不准私发银票。组建官办银行之后,再联合五十家经营稳健的银号,借与资本现银三万

---

① 《津海关道唐为津埠现银奇缺禁止银洋外流事致商务公所札文》,天津市档案馆等编:《天津商会档案汇编(1903—1911)》,天津:天津人民出版社,1987年,第347、348页。
② 《天津府示》,《大公报》1904年2月6号,第587号,第4版。

两,银票三万两,按月取息。五十家银号连环作保,一家有亏,其余四十九家给予赔偿。银号发行钱票,要经官办银行加盖戳记,不准多出分文,以示限制。执票人支取现银时,不得混杂。票系银行所出,则向银行支取;票系银号所出,则向银号支取。适当限制现银支取,只能支取一半,另外一半则给小票。官办银行在五年内逐步收回所借现银,收回额度随年增加。五年之后,再视市面的恢复情况,决定是否收回所借银票。新设商号应将股东、经理、地址等信息详报商务公所,以备将来追索欠款。银号一旦资本充足,即应迅速清算债务,不能缓期。如有歇业,也应迅速清理。如果三月之内不能完结,则由官府强行清理①。

雷氏的建议,林林总总。其主要思路是由官府出资,建立官办银行,然后发放贷款,救济银号。天津候选知县田荫霖与雷氏相似,亦主官府出资救济,唯救济对象不仅包括银号,还包括其他行业。田氏建议拨发官款,由商务局支领或创立银行筹拨,对于其他各业商号,只要以货抵债尚有盈余或者差额不大,均可借与官款,令其盘活经营。商号如欠银号款项,借到官款之后,应该首先归还银号,不准移作他用②。

雷、田二人对于贴水风潮中的政府作用,高度重视。政府类似于"最后贷款人"。金融机构若有偿债能力而又暂时周转不灵,可从政府获得贷款,以渡难关。危机爆发之初,天津官府确实在这方面大做工作。1902年,袁世凯委托周学熙督办天津官银号,向各银号借出白银七十余万两,取息五厘,订明分期归还本利。1903年,袁世凯复上书清廷,请求拨款数百万两,接济天津钱商。户部声称中央财政左支右绌,顾此失彼,指出天津钱商疲困,应由总督就地筹款接济,设法补救,户部对此难以援手③。中央救济无从指望,只能自力更生。所以津埠银号主要是从天津官银号获得贷款。唯银号遭受重击之后,复苏缓慢。1903年底,借款到期。众银号能够如数按期归还欠款

① 《直隶满城知县雷天衢禀陈挽救天津市面金融危机办法十二条及直督袁世凯札文》,天津市档案馆等编:《天津商会档案汇编(1903—1911)》,天津:天津人民出版社,1987年,第340—342页。
② 《候选知县田荫霖挽救津埠市面条陈及直督袁札文》,天津市档案馆等编:《天津商会档案汇编(1903—1911)》,天津:天津人民出版社,1987年,第338、339页。
③ 《户部奏为部库匮乏至极碍难拨银解救天津钱业疲困折》,天津市档案馆等编:《天津商会档案汇编(1903—1911)》,天津:天津人民出版社,1987年,第330页。

者,不过数家。其余多未如约,只好禀请展期。天津官银号所借出者,均是各局库的财政款项。当时各局库需款孔殷,异常支绌。受助银号一再拖欠,必将影响财政用款。为此天津官银号特别强调:所借款项原为接济市面一时之急,并非存放生息。银号推缓欠款,倘有公用急需,官银号又将何以应拨?久借不还,未来能否收回?有无风险?因为存在上述顾虑,借款到期之后,天津官银号一再催促,不愿展缓①。欠款银号对此亦有苦衷:市面商业复苏缓慢,要求短期之内归还欠款,银号实在有心无力,并且银号所欠款项既有官款,亦有川换商款。官款不能推缓,商款亦将有所借口,不能缓期。两者交相催促,欠款银号更难起死回生②。他们指出咸丰年间,南京遭乱,市面元气大伤,当时曾将官商各款推期缓办二十年。甲午战争之后,奉天亦曾仿照南京成案,推缓还款。他们希望天津亦能效仿③。最后天津官银号加以折中,建议借款银号不需等待凑足全额再行还款,而是根据自身情况,不拘多寡,随时归还④。天津官银号希望尽快收回官款,一是因为财政用款紧张,不容银号一拖再拖;二是因为少数银号本有偿还能力,但是贪图贷款利息低廉,故意拖欠,官银号对此难以甄别。在金融风潮之中,由政府充当"最后贷款人",出资救助银号,总难避免"道德风险"问题。

限于财力不足与信息混乱,官府不能发放长期贷款,救助银号几乎半途而废。这是官府放款应对风潮的困境。对此问题,当时就曾有人指出⑤:

> 津郡地面庚子以后,各铺无力支持。前经袁宫保设立平市银号,诚乃保全铺商之大道。岂知津郡受病已深,碍难求治。如钱庄之家,已经亏赔若干,比如航海之大,撮土岂能填满?若令有力之家将本报明,开张做事;无力之家任其荒闭,即便统统荒

---

① 《为各钱铺到期之款归法致天津商务公所的函》,天津市档案馆藏,档号:401206800-J0128-3-000082-032。

② 《救荒总局董事赵兴堂痛陈津埠贴水风潮冲击下钱业倒闭过半文》,天津市档案馆等编:《天津商会档案汇编(1903—1911)》,天津:天津人民出版社,1987年,第333页。

③ 《为官借款延缓还期禀宫保大人府宪大人》,天津市档案馆藏,档号:401206800-J0128-3-000033-001。

④ 《天津银号为各商号如期归还官款七十余万两事至商务公所函》,天津市档案馆等编:《天津商会档案汇编(1903—1911)》,天津:天津人民出版社,1987年,第342、343页。

⑤ 《清平津郡市面》,《大公报(附张)》,1903年12月30号,第549号。

倒,也与市面无害,不过一时街市显些掣肘,久则有力之家自必重新开设,若前弊不了,有财力者也不敢开设……恐怕被人牵挂也。……莫若出示晓谕,众商遂其自便,殷实人家可以享其安利,亏赔衰弱之家也即任其荒闭。弊累之家即去,地面清矣。

这种论述指出官府救助银号,存在两点不足:一是银号亏赔太大,官府财政力量有限,杯水车薪,无济于事;二是各个银号情况不同,官府盲目救助,本应关闭的银号,也得以苟延残喘;市场反而无法澄清。因此这种观点强调官府应该放任自然,有力之家任其开张,无力之家任其荒闭。久而久之,市面自然复苏。

对于金融风潮之下接连倒闭的银号,官府是否应该予以救助?后人对此见仁见智,看法不一。而在清末天津,官府没有撒手不管、听之任之。当时银号哀哀求助,再三呼吁。直隶总督袁世凯劝令洋商银行、晋商票号增加放款,为之挹注。无奈中外各商均有戒心,虽经官府再三劝令,终是观望迟疑,收而不放。而以官款进行救助,又有上述种种不足。因此袁氏又从商人入手,饬令天津知府延访绅商杨俊元、石元士、卞煜光等,会同筹划,拟由绅商集股百余万两,官方复筹百余万两,创立官商合办银行。由杨俊元担任银行总董,石元士、卞煜光、王文郁、李士铭担任银行董事①。杨俊元、王文郁、李士铭是长芦盐商,兼营银号或典当。石元士是地主兼富商,经营银号、典当、洋布棉纱、灰厂、酱园等。卞煜光也是富商,经营土产杂货和药店②。上述诸人均是天津商界精英,资产雄厚,影响巨大。由其号召津埠群商,积股十五万两。官方复出二十万两作为护本,组建银行③。此即天津志成总银行。通过官府出资,调动商人资本,官、商合力,共同应对贴水风潮,这是天津官府的另一举措。

贴水风潮发生之后,大量银号倒闭。在银号之间、银号与官银号之间、银号与存款人和借款人之间,各种债权、债务关系互相牵扯,亟

---

① 《直隶总督袁为解救津埠金融危机招集商股设立官商合办银行事札饬津商务公所》,天津市档案馆等编:《天津商会档案汇编(1903—1911)》,天津:天津人民出版社,1987年,第335、336页。

② 胡光明:《论早期天津商会的性质与作用》,《近代史研究》1986年第4期,第196—199页。

③ 《天津志成银行禀陈开办注册经过及资本额并附直隶省官商银行类别统计表》,天津市档案馆等编:《天津商会档案汇编(1903—1911)》,天津:天津人民出版社,1987年,第756页。

须尽快清理。大量债务纠纷无法私下解决,涉事各方只有对簿公堂。1904年,因为欠款涉讼,很多银号商人被押在案。后经商务公所禀请,天津知县发布牌示①:

> 照得本县现审词讼,凡控告钱债或乱前旧欠或款项较巨,其中牵扯纠缠,情伪百出,或倾骗侵吞有钱不偿者有之;或因市面窘滞一时无力筹还者有之。现届年终,所有因钱债被控在押人证,兹特酌定清理办法,以示矜恤。除欠数至万金上下及在押至七八个月之久分毫不还,并奉各宪发押讯追,暨有心诳骗,侵盗肥己,如案情既可恶,罪难稍宽,亟应押候严追概不准其释放外,其余为数无多,情节可原各案,在押被证人等即着赶紧依限措钱交案,以凭给领核结,开释度岁。倘或实在力有未逮,年内未能清偿者,亦即遵限凑交若干,下剩欠项,准取连环妥保,一律暂释,仍俟来年开印后听候换票传追。如敢藉此逃避,即属串通坑害,则所欠之款,定着落该保人赔偿,仍严拿该被告究治,决不宽贷。

上述牌示说明:当时欠款不还者情况各异。欺骗侵吞、故意不还者有之,生意惨淡、力不从心者有之。清理债务,需要借助官府之力,由其强制执行。天津官府为此拟定严惩办法:凡有亏折倒闭迹近卷骗者,由商务公所指名交与地方官,勒令严追。查明财产若干,如果逾期不还,则将财产查封备抵。无论官款、洋款、商款,一律认真追缴。此外,本人亏欠他人之款,在五千两以上者监禁三年,在一万两以上者监禁十年②。这些规定虽很严格,然而真正实施困难甚多。因为官府难以甄别债务人的真实信息,无法区别对待。最后官府强力追讨,无辜银号或受株连歇业。号主或被禀送成案,甚至逃身殒命。种种扰累的糜费,甚至超过需要追讨的正款。

由官银号向民间银号贷款,同时由政府强力清理各类债务纠纷,这是应对贴水风潮的必要举措。而贴水风潮的根源,乃是监管缺失,商银钱号滥发银帖、钱帖,买空卖空,最终无法兑付。若要正本清源,

---

① 《天津县正堂唐则瑀发布缓追官款释放在押人证的牌示》,天津市档案馆等编:《天津商会档案汇编(1903—1911)》,天津:天津人民出版社,1987年,第345页。
② 《天津府凌守请严禁奸商通欠累民以维市面禀并批》,甘厚慈辑:《北洋公牍类纂》,收于沈云龙主编:《近代中国史料丛刊三编》,台北:文海出版社,1999年,第1605页。

必须规范钱票发行、加强官府监管。1903年,袁世凯令商务公所选定殷实钱商四十家,造具清册,分送官府备查。这些钱商开写整零钱帖,需经商务公所加盖戳记,之后才可对外发行。除此四十家以外,其他银号非经商务公所议允,禀明遵照盖戳章程,不准擅自出票,违者严惩不贷①。袁氏实施上述举措,意在整顿钱票发行,设置发行门槛,恢复市场对于钱票的信心。1904年,此举粗获成效,津市钱票稍有转机。此外,官府针对发票银号的资本状况,也开始增强检查。1908年,直隶总督杨士骧②鉴于北京钱票架空为害,担心津埠钱庄资本不足,曾令天津道、巡警总局参照北京查禁章程,督饬府县商会查验银号资本③。

官府之外,天津商务公所针对危机,也做了很多工作。1904年,商务公所绅董宁世福、卞煜光、王贤宾、么联元四人先行公备巨款,倡写银钱各帖,接济铺商,疏通市面。商务公所鉴于市面太大,非经合群以赴,难以获得成效,于是又令各行殷商合力,集合股银二十万两,按照周年八厘生息,救济银号④。他们目睹外商银行大发纸币,利权外流,提出唯有通力合作,才能重振本埠银号所发纸币的信用。通力合作之法,就是选择殷实银号炉房三十家,开写银票。银票可以连环支付。所谓连环支付,就是甲家所出之票,乙家支付;乙家所出之票,丙家支付。以此类推,三十家如同一家。通过互相联合,提高发票银号的整体实力,振起市场信心,以使银钱纸币得到推广。天津商务公所为此特定章程⑤:

> 一、请官府出示,切实保护此种支票。若遇照付之家荒闭,准照官款查抄备抵。应视其银数之多寡,以定其罪之轻重。二、出支票需报明商务公所盖戳,以便存档节制。其票纸亦由商务

---

① 《直督袁为维持纸币信用选择殷实钱商四十家并写钱票事批饬津商务公所》,天津市档案馆等编:《天津商会档案汇编(1903—1911)》,天津:天津人民出版社,1987年,第652页。
② 1907年,袁世凯赴京担任军机大臣兼外务部尚书,杨士骧接任直隶总督。
③ 《为调查津埠各钱商所出银元纸币是否备足资本事照会天津商务总会》,天津市档案馆藏,档号:401206800-J0128-2-000765-002。
④ 《疏通市面》,《大公报》1904年1月3号,第553号,第4版。
⑤ 《天津商务公所为选择殷实钱商三十家倡行银元票事禀直督文及直督天津府批文》,天津市档案馆等编:《天津商会档案汇编(1903—1911)》,天津:天津人民出版社,1987年,第655、656页。

公所发给,仿照番纸,要十分精工,以杜假冒而归划一。三、支票到照付之家亦准兑付外票,如用现款,即行照付。四、支票既行,不准仍用拨码乱拨,以杜架空、贴水等弊。五、三十家各出资本,连环互存,票到即行照付。六、票纸由商务公所领去,由本字号书好,并彼此各号盖用"遵付"字据,讫,呈交商务公所查实,始行盖戳,发给各号。

天津银号开写银钱票,限于股本太小、实力不足,一有风吹草动,难免摇摆不稳。贴水风潮与此密切相关。天津商务公所拟由三十家银号互相联合,一来可以增强银号资本、壮大实力,二来可以扩大票据的流通范围,三来可以通过鉴定,淘汰实力不足的银号。并且规定银号一旦倒闭,所出支票准照官款追讨,可以获得官府的强力保护。凡此诸端,对于恢复市场信心均有莫大好处。天津商务公所不仅联合本埠殷实银号,还与上海、北京商会积极联系,拟由商董公举殷实银号数十家,连环互保,开写期票。期票纸式由商部统一确定,颁发各埠商会。期票可在上海、北京、天津互相兑付,联络一气。银号领用期票,每张需交印费一两或者八钱。如果银号破产,可用印费余款酌量抵补①。此举具有某些"存款保险"的作用。

显而易见,应对贴水风潮,银号个体独木难支。唯有互相联合,彼此援手,才有可能获得良效。商务公所所提的各种建议,主要针对部分殷实银号。如要联合更多银号,则需重建钱业组织。1905年,宝丰源等十九家钱商禀告商务总会,提出规复钱业公会。天津府正堂凌福彭很快予以批准。1909年,钱业公会改组,名称定为"钱商公会",详议章程十八条。其中四条对于避免风潮大有助益②:

> 一、各号倘有一切意外难防之事,或遇有交往之家倒骗等事,可径到公会公同筹办,合群力争,应由公众列名具禀追偿,由本会盖戳呈递,以期于事有益。其不入公会之家,遇事概不闻问。二、已蒙商会俯准立案,如遇有钱商公会盖戳禀词,毋庸候

---

① 《津商务公所为沟通南北金融往来必倡行期票事致函上海商会并附章程四条》,天津市档案馆等编:《天津商会档案汇编(1903—1911)》,天津:天津人民出版社,1987年,第653、654页。
② 《天津钱商公会立会缘起并章程十八条》,天津市档案馆等编:《天津商会档案汇编(1903—1911)》,天津:天津人民出版社,1987年,第368、370页。

批,立即传议,以期迅速。三、倘有收市之家,应到公会声明,将底册注销,仍应注明何年月日收市,以昭核实。四、……此次规复钱商公会,所有入公会之家,所出银条、钱帖、银元票,准其一体通用。其偏僻之地,开设无根基之小钱铺,不得滥入公会。倘有开写银条、钱帖、银元票,一概不准使用。仍将已在公会之钱号、银号,刊印分布各商号周知,以资信用。

上述四条章程,前两条强调银号如遇债务或者其他纠纷,可以求助钱商公会。通过公会合群力争,尽力维护自身利益。第三条可使公会迅速掌握钱商歇业信息,减少欺诈。第四条则是通过行业自身管理、自我约束,规范纸币发行。比之官府,钱商公会了解钱业更深,掌握相关信息更全,并且利害相关,更有动力维持钱业平稳。因此由钱商公会参与管理,对于规避危机无疑更为有效。1909 年,天津钱商公会声明:五十四家会员银号所发的纸币,准其一提通用,其余禁止流通①。

贴水风潮爆发,也将银号自身的缺陷充分暴露。庚子之前,天津银号多为独资经营,规模较小,难以有效抵抗各类风险。风潮之后,天津银号扩大规模,渐有采取合资经营者。1907 年,天津商民张玉珍创立洽源银号,即拟招股千份,每股洋银百元,合股股本十万元②。此外,汇康元银号合股股本三万六千两,中裕厚银号、汇恒同银号、永利银号合股股本均达两万两③。通过合股经营,可使银号积小成大,逐渐扩张经营范围,有效应对市场风险。民国建立之后,天津银号采用合股经营者愈来愈多。据民国二十三年调查,五十九家较有实力的银号之中,独资经营者有二十九家,合股经营者有三十家④。合股经营已经驾而上之,渐成天津银号的主要组织方式。

庚子乱前,天津银号多从票号获得巨额贷款。如果不计银行新款,乱前津埠外帮存款约有两千万两。其中票号存款一千万两⑤,占

---

① 戴建兵:《中国钱票》,北京:中华书局,2001 年,第 156 页。
② 《商民张玉珍集资十万元开办洽源银号有限公司请予注册文并部批》,天津市档案馆等编:《天津商会档案汇编(1903—1911)》,天津:天津人民出版社,1987 年,第 747、748 页。
③ 《直隶省商银钱号资本营业统计表 光绪三十三、四两年》,天津市档案馆等编:《天津商会档案汇编(1903—1911)》,天津:天津人民出版社,1987 年,第 768、769 页。
④ 吴石城:《天津之银号》,《银行周报》1935 年第 16 期,第 20 页。
⑤ 《天津宋君寿恒上凌太守救治市面条文》,《大公报》1903 年 6 月 14 号。

据半壁江山。唯票号经营保守,风潮来临之时,纷纷抽款自保,难与天津银号风雨同舟。外国银行与票号相似,乱前对于天津银号放款很多;风潮爆发之后,同样停止放款①。天津银号与票号、外国银行之间,没有真正密切的协济关系。而要扩大经营、应对风险,协济关系必不可少。于是在天津银号之间,逐渐产生"靠家"关系。银号资本有限,若要放出巨款博取厚利,极易周转不灵。银号设有"靠家",则可降低这种风险。危急之时,一纸通电即能浮借款项,十分快捷。这种浮借多不付息。即使付息,也仅二三厘而已②。清末民初,中国新式银行从无到有,逐渐增多。新式银行产生之后,天津银号又多与其结成"靠家"关系。银行大多资金雄厚、头寸宽裕。如遇金融恐慌,银号多向"靠家"银行浮借款项,以济燃眉。

总而言之,面对贴水风潮,天津官、商殚精竭虑,做出很多工作。天津银号顺应时代之变,也在革故鼎新。1905年,贴水风潮终于渐渐平息。民国建立之后,天津票号日薄西山,逐渐没落。而天津银号却骎骎日长,飞速发展,渐与本国银行、外国银行三足鼎立,成为天津金融的重要力量。天津银号横遭打击之后,仍能东山再起,自然缘于众多因素。其中天津官、商的种种工作、天津银号的自身变革,未尝不是因素之一。只是天津银号虽能经霜弥茂,天津金融却未否极泰来。惊魂甫定,又有更大危机潮涌而至,此即铜元危机。

二、铜元危机

中国原来只有制钱而无铜元。近代铜价日涨,铸造制钱不仅没有余利,甚至还会亏损。太平天国战争之后,各省财政困难,官钱局纷纷停铸制钱。清末百姓在日常生活之中,多以制钱作为交易媒介。官钱局停铸制钱,遂有"钱荒"问题。加之铜价腾贵,制钱多被销毁贩

---

① 东亚同文会:《清国商业总览》第四卷,明治四十年,第425、426页。转引自林原文子:《清末天津工商业者的觉醒及夺回国内洋布市场的斗争》,许慈惠译,中国人民政治协商会议天津市委员会文史资料研究委员会编:《天津文史资料选辑(第四十一辑)》,天津:天津人民出版社,1987年,第110页。

② 杨荫溥:《中国金融论》,上海:商务印书馆,1930年,第292页。

卖,"钱荒"问题更形严重。商民日常交易非常不便①。1900年,广东钱局率先铸造铜元。此后福建、江苏、吉林、安徽、浙江、江西、湖北、直隶、河南、山东、奉天、湖南、广西、云南、贵州等省纷纷奏报,设局开铸铜元②。起初,铸造铜元对于缓解钱荒、促进交易不无益处。然而铸造铜元获利不菲,各省群相鼓铸。一时之间,大量铜元充斥繁盛之区。银、铜货币比价剧烈波动,最终反而扰乱交易,产生各种问题。清末天津的铜元危机,即是由此而生。

(一) 津埠铜元危机之起

1902年,袁世凯委托周学熙创办北洋银元局铸币厂,开始鼓铸铜元,希望以之应对贴水风潮,调剂天津金融。1903年,户部拨给开铸成本银四百万两,在津兴建新厂,名为户部造币总厂。1905年竣工,先行试铸大清铜元。造币总厂成立之后,银元局铸币厂并未停工,而是一仍其旧③。两局鼓铸同时进行,天津成为铜元铸造与流通的重要区域。梁启超论及天津鼓铸铜元,曾称④:

> 光绪二十八年冬间,天津市面因银根紧而起恐慌,其时袁世凯为直隶总督,谓此由钱荒所致,于是始铸铜元以救之。……当时国人既苦于流通之乏制钱,又见夫铜元式样新颖,携带便利,咸乐用之,需求日盛,官局所铸,几于应接不暇。仅阅两三月,而铸出者数千万枚,获利百数十万两。世凯骤获此意外之利,喜不自胜,以为此源可以挹之不竭,益日夜鼓铸,不遗余力。

表3.3 1903—1904年北洋银元局铸造铜元数量

年份	20文	10文	5文
1903	1 288 725	51 109 757	2 594 020
1904	3 997 710	81 946 060	1 077 120

数据来源:(英)派伦著:《天津海关一八九二——九零一十年调查报告书》,许逸凡译,《天津历史资料》第4期,第63页。

---

① 陈友琴:《中国之铜元问题》,《东方杂志》1925年第13期,第44页。
② 《币制汇编》,中国货币史银行史丛书编委会编:《民国小丛书(第一册)》,北京:书目文献出版社,1996年,第727页。
③ 周启邦:《中国造币厂之沿革》,《中央银行月报》1936年第5卷,第87页。
④ 梁启超:《各省滥铸铜元小史》,张品兴主编:《梁启超全集》,北京:北京出版社,1999年,第1916页。

清末在国际市场上,铜块每担价格约为关平银三十两。按此价格,再适当考虑工本费用,每关平银一两,应得当十铜元二百七十枚;银元一枚,应得当十铜元一百九十枚①。而按官方兑换价格,银元一枚只兑当十铜元一百枚。甚至铜元投放市场之初,因其制造精美,使用便捷,深受商民喜爱,一枚银元只兑当十铜元八十余枚。由此可见,铸造铜元,余利至大。当时政府财政紧张,铸造铜元,如同久旱甘霖。袁世凯为此专上奏折②:

> 臣自接收天津时,满市沙钱,商民交困,曾遴委道员周学熙赶速筹铸铜元,俾资补救。……每日现出铜元三十万枚,发商行用,群称便利。户部亦时来提取,其余利所入,即以拨供工艺局、考工厂、工艺学堂、蒙小学堂之需。二年以来,渐臻成效。第制钱奇绌,铜元行销日广,所出仅足以供给津埠,尚未通行外邑。叠拟大加推广,以期铸数增多。且以北洋兴办各项要政,所在需款。虽经臣多方筹划,时若无米为炊。若多铸铜元,则计增盈余,亦可协济要需。

袁氏强调铸造铜元,利益有二:一是缓解钱荒,便利市面交易;二是获得铸币余利,协济新政需款。上述两种利益,其实存在内部矛盾。缓解钱荒、便利交易,需要稳定铜元币值。如果铜元币值不稳,忽高忽低,反会扰乱交易。获得铸币余利,需要多铸铜元。而铜元铸造过多,币值必定不稳。因此清末官府甫铸铜元,即已步入歧途。袁氏最初非常乐观,认为即使全力铸造铜元,三五年内也不够用。实则不足三年,上述矛盾即已渐露端倪。此后愈演愈烈,终于酿成铜元危机。

北洋银元局鼓铸铜元,原为接济市面,补充制钱不足,缓解钱荒问题。为此铜元与制钱的比价必须固定,不能随意低昂。鼓铸铜元之初,袁世凯曾立行使章程五条:一、铜元分为三等,分别当制钱二十文、十文与五文。无论何等铜元,均需按照面值,一律同于制钱计算,不准互有参差。二、铜元兑换银洋,皆按市价,与制钱一律抵用,不准稍有低昂。三、以铜元购买物件,皆与制钱同等行使。如有因用铜元

---

① 王宏斌:《晚清货币比价研究》,开封:河南大学出版社,1990年,第137页。
② 《直隶总督袁奏推广鼓铸以资周转折》,《东方杂志》1904年第9期,第232页。

而高抬物价或折扣铜元者,从重罚办。四、铜元行用既广,凡完纳钱粮、厘税等事,皆准一律抵用。如有抑勒情事,查出严办。五、如有私铸伪造铜元者,一经察觉,按照私铸制钱例治罪①。

官府要求铜元与制钱一律抵用,不得参差。而在现实之中,这种规定却难实施。官府自己首先就未遵守。1905年,天津阖邑酒商恳请直隶筹款总局,望其允许酒商按照铜元面值纳捐。直隶筹款总局严词拒绝,指出天津酒商历来交捐,从未按照铜元面值。当时一两白银兑换天津制钱,最多不过两吊二百,而兑换铜元,最少也在两吊七百。为此直隶筹款总局要求缴纳酒捐,应按制钱价格确定②。直隶筹款总局之所以不愿遵守章程,是因铜元数量急剧增大,实际币值随之下降。如按铜元面值收税,收入将会减少。因此铜元根本不能按其面值,与制钱等值使用。

铜元相对制钱贬值,不仅为官府征税带来问题,也为民间交易带来麻烦。天津县民控告葛沽当铺天锡当、广昌当,即是一个典型。1904年初,县民刘志诚控诉:开铸铜元以来,无论是何用项,皆应一律通用,不准稍有违滞。宪谕煌煌,远近周知。然而两铺却不遵守,普通百姓使用铜元赎取当物时,两铺竟然不让回赎。刘氏认为两铺损人利己,殊失公平,希望官府重申宪谕,禁止此举。天锡当、广昌当对此辩称③:

> 葛沽市价不齐,即如银洋一元可换铜元津钱一千八百余文,若清净制钱不过一千四百有奇。是换银一元,铜元制钱相较已差四百之多……其旧当制钱者,既系制钱与铜元有差,自应分别仍以制钱取赎,方昭公允。乃狡黠之徒往往赎以铜元,希图取巧,一经辩论,辄谓不收铜元。不知商等不收,专因旧当制钱,并非概不收用,如谓违禁两歧,弊在市价参差,职等亦不任其咎。

---

① 《银元局遵谕试行铜元请发章程告示饬司及保定府县出示晓谕详文并批》,甘厚慈辑:《北洋公牍类纂》,收于沈云龙主编:《近代中国史料丛刊三编》,台北:文海出版社,1999年,第1642页。
② 《直隶筹款总局复函阖邑酒商申明光绪三十一年津保铜元流通及贬值情形》,天津市档案馆等编:《天津商会档案汇编(1903—1911)》,天津:天津人民出版社,1987年,第409—410页。
③ 《天津县为葛沽天锡当等陈述铜元较制钱贬值达四百文事照会津商务公所》,天津市档案馆等编:《天津商会档案汇编(1903—1911)》,天津:天津人民出版社,1987年,第408页。

由于官方规定铜元按照面值抵用制钱,很多当户朝则当以制钱,暮则赎以铜元,借机从中牟利。当铺连连亏赔,迫不得已,只能停收铜元,要求当户使用制钱赎取当物。天津知县认为市面制钱缺乏,按照当铺要求,一律使用制钱取赎,民众必会大感不便。但是完全使用铜元,对于当铺又不公平。最后要求商务公所出面,将铜元制钱比价秉公核定。这种做法收效有限。因为铜元充斥,二者比价无时无刻不在变动。实际比价一旦偏离官定比价,交易纠葛又会产生。

官府大量铸造之下,铜元与制钱本有章程明定比价,尚且出现价格参差。与之相比,铜元与银元并无严格规定,二者比价更是起伏不平。并且这段时期,世界银价大涨。就海关两与英镑汇率而言,1903年,一海关两可兑25.875便士;1907年,一海关两可兑36.625便士,上涨40%。同时因为贸易逆差、对外赔款等因素,白银大量流出中国。而中国经济逐步发展,对于白银需求日大①。凡此各种因素,均使中国白银价格上涨,银元与铜元比价变化更大。1905年,以铜元兑换银洋一元,所需数额从八九十枚升至一百五十余枚。此后户部

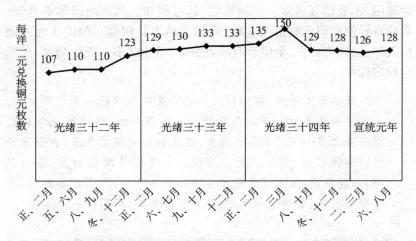

图3.2 清末天津银元与铜元比价变化图(光绪三十二年至宣统元年)②

---

① 王宏斌:《晚清货币比价研究》,开封:河南大学出版社,1990年,第143—147页。
② 数据来源:《天津谦益丰、公益仁钱庄兑换总册载光绪三十二年至宣统元年每洋一元兑换铜元数》,见天津市档案馆等编:《天津商会档案汇编(1903—1911)》,天津:天津人民出版社,1987年,第530页,所取数据为统计月份铜元比价的最低值。

造币总厂暂时停铸,加之外地铜元比价更高①,大量铜元纷纷流出天津。1911年,津埠铜元价格止跌回升。以一银元兑换铜元,可兑数额由一百三十枚落至一百二十八枚、一百二十五枚。此后不停下降,又至一百二十枚、一百一十五枚等②。

铜元与银元比价无定,同样带来严重问题。这些问题可从米粮行业窥其一斑。1908年1月,三津众磨房上书天津商会,陈述铜元贬值之害③:

> 今岁入秋以来,银元每枚换铜元百枚上下之数,乃竟逐日加增,迫至于今,每洋一元竟换铜元一百四五十枚不等,实属骇人听闻。以致百物腾贵,米面之价亦不得不递渐加增,盖因商等买米,麦行价必须以现银、现洋为本位,而门市零售米面必须使用铜元,假如今日商等按洋银一元以铜元一百四十枚作价售货,明日商等以铜元买洋,则洋银之价又涨至一百四十五枚矣。商等明日以一百四十五枚作价,则越日又涨至一百五十枚矣。铜元逐日递加,商等日日亏累,而米面随时增涨,亦为势所必然。值此钱荒粮贵之际,时届严冬,小民生计为艰,日食米面,不免因涨价而生口角。况津郡华洋杂处,人心浮动,良莠不齐,倘有不逞之徒,乘机蛊惑,一倡百和,酿出祸端,不但于商家之身家性命有关,实于地面治安之大局有碍。

三津众磨房的陈述,说明滥发铜元首先带来两大危害:其一,商家计价结算,进货使用银元,卖货使用铜元。银涨铜跌,短期之内商家亏本,长期则是物价上涨。其二,普通民众的收入增幅,往往低于物价涨幅,最后真实财富缩水。部分底层民众甚至生计堪忧,从而产

---

① 光绪三十三年腊月(1908年1月),以一元银元计之,上海可兑铜元一百一十五枚,烟台可兑一百二十枚,山海关北戴河可兑一百二十四枚,秦皇岛可兑一百二十一枚,唐山芦台可兑一百二十九枚、一百三十枚不等。见《直督杨为杨以德查得各埠铜元价格并准外埠商人备银来津购运事札饬津商会》,天津市档案馆等编:《天津商会档案汇编(1903—1911)》,天津:天津人民出版社,1987年,第449页。
② 《天津县参事会陈述七月中旬后铜元跌价情形请商会查明原因并筹划妥善办法文》,天津市档案馆等编:《天津商会档案汇编(1903—1911)》,天津:天津人民出版社,1987年,第421页。
③ 《津埠杂货三津磨房等为铜元贬值涨落不定请以银元核收货价事及津商会照会》,天津市档案馆等编:《天津商会档案汇编(1903—1911)》,天津:天津人民出版社,1987年,第445、446页。

生治安问题。铜元危机之起,缘于官府急剧增加货币供给,导致真实财富在官、民之间重新分配。整体而言,官府得利,民间受损。就民间而言,不同群体在铜元危机之中,所得结果也不相同。得利者有之,受损者有之。纷纷扰扰,产生很多纠葛。特别是米面等生活必需品,一旦价格大涨,普通百姓立即受到影响。当时即曾有人痛斥米粮涨价①:

> 粮行等户,今岁轮船进口以来,运津米粮洋面,并有各河船只运津杂粮等件,源源未断。除却屡来销售之外,现时津地积囤米面杂粮共合约有数百余万,民食丰足,并不照行出售。遂借银洋增长,奸商取巧勒价居奇,隐匿米粮加倍增长,高抬市价,日长日甚,日不同行。米贵如珠,面贵寸丹,民被商害如限苦海,若再任意勒涨增价居奇,合郡津地焉有民生!

因此,普通民众希望官府出令,严禁米粮涨价。如三津众磨房所述,米粮涨价诚有迫不得已之处,但也不能排除上文所述之事,少数商人借机浑水摸鱼,过度抬高价格,牟取不当利益。买卖双方之间,卖方获利,买方受损,这是铜元危机之下的一种纠纷。另外一种纠纷则是买方获利,卖方受损。上文所述天津县民控告当铺之事,即是这种情况。

铜元贬值,民生受其影响,于是产生上述问题。如若铜元升值,民生境况是否会有好转呢?实情并非如此。因为铜元相对银元贬值,米粮商家为了避免亏损,必然提高售卖价格。如果米粮涨价之后,铜元忽又升值,此时民众使用银元兑换铜元,再以铜元购买米粮,则将承受双重涨价。1911年前后,铜元止跌回升,就曾出现上述情况。当时有人为此特向天津商会求助②:

> 此数日间,银洋贸然由一百二十六七枚,落至一百零数枚。玉米面每斤又涨价铜元一枚,以一元钱玉米面核算,又涨至铜元

---

① 《南段巡警总局为文童阎学珍禀陈铜元贬值经过及民人受害情形事照会天津商会》,天津市档案馆等编:《天津商会档案汇编(1903—1911)》,天津:天津人民出版社,1987年,第413、414页。

② 《职绅鲁宗贤申述金融危机引起粮价飞涨一日内每洋一元所买米面涨价达四十余枚》,天津市档案馆等编:《天津商会档案汇编(1903—1911)》,天津:天津人民出版社,1987年,第422页。

二十余枚。两面均算,是此一元钱之米面,已涨价至四十余枚。困苦小民其何以堪?

出现这种情况,乃是因为铜元贬值之后,商家提高米粮售价。铜元价格变化迅速,忽又升值,此时商家本应降低米粮售价。然而米粮价格调整缓慢,不能马上作出相应变化。最后以银元兑换铜元,以铜元购买米粮,全都出现涨价现象。而在升值心理预期之下,铜元钱铺不免惜售。商民兑换铜元,竟有钱铺声称没有现货,居奇不换。市面日常交易,处处需要铜元。普通商民无法兑换铜元,愤而斥责钱铺:"似此刁难,民何以生?其奸商罔利,扰害闾阎,于兹可见。"①买卖双方,矛盾又起。

总之,铜元危机导致市面价格紊乱。上文所举数例,只是冰山一角而已。实则铜元充斥市面,各行各业全都深受影响。短期之内,市场价格剧烈变动,真实财富在不同群体之间重新分配。这种重新分配,全由货币比价变化引起,而无关劳动创造,当然有失公平。并且因为变化剧烈,民众心理感受非常强烈,最后产生很多纠纷。天津铜元升值,只在辛亥前后,为时短暂。由于官府鼓铸不停,铜元主要还是持续贬值。清末天津货币种类繁多,铜元多为中下层平民所持有。这些平民的收入、消费水平,都较低下。铜元贬值,物价上涨,中下层平民首当其冲,受害更大。而社会上层所持货币多为银元。银元上涨,铜元下跌,持银元者购买力增强,持铜元者购买力减弱。真实财富从社会下层流入上层,富者益富,贫者益贫。此外,铜元价格不定,市面各类交易的风险,也随之增多。商家经营需要付出额外成本。以上种种均是铜元滥发的危害。铜元危机与贴水风潮相似,同样存在某些"外部性",断非一家一户所能应对。因此如何应对危机,再次成为天津官府的重要任务。

(二)应对铜元危机的举措与思路

清末天津爆发铜元危机,根源在于国家货币制度的混乱。根本解决铜元危机,需要整体改革货币制度。以天津一隅之力,自然无法

---

① 《河北大胡同东村正宋国荫陈述各钱铺依然压低铜元价格勒逼商民文》,天津市档案馆等编:《天津商会档案汇编(1903—1911)》,天津:天津人民出版社,1987年,第424页。

寻根探本。所以只能头痛医头,脚痛医脚。表面观之,铜元急剧贬值,缘于铜元大量淤积一地。减轻这种淤积,需要减少铜元来源,增加铜元销路。天津官府正是遵循这种思路,使用行政命令,对于铜元的流动或堵或疏。

减少铜元来源,主要包括两项内容:第一,严禁外地与外洋铜元入津,打击民间私铸私贩,停铸本地铜元。第二,整顿华洋地界钱摊。前项内容主要针对铜元源头,后项内容主要针对铜元流通。1904年,天津商务公所明确主张抵制外省铜元,为此上书天津知府①:

> 现在津市所用铜元,间有从外路运来者,分量成色与北洋银元局所铸不同,易致鱼目混珠之弊。而且大小参差,每滋争论。窃思北洋银元局所铸铜元成样系由户部颁发,铜色既高,工作亦细。前奉官保明示,以银元局所铸铜元一枚当制钱十文,商民自应遵守。此外,如有别样铜元,未奉官保明示者,即不能一律准值。拟请仁宪立案,嗣后除北洋银元局所铸铜元应遵官保示谕以一当十通流行使,如有别样铜元运入津地,其铜元一枚不作为制钱十文使用。

商务公所提出上述建议之时,天津铸造铜元才有两年时间,铜元危机还不明显。商务公所建议限制外地铜元,主要是为争取更多铸币利益。当时并未明确提出禁止外地铜元入津,而是建议变相抵制,令其不准当十使用,以此推广天津所铸铜元。但是外地铜元依然不断涌入,北洋银元局所铸铜元反而日益滞销。1904年,银元局每日积存铜元十万枚,铜本周转受到影响②。1905年,浙江大力鼓铸铜元,曾有商人准备贩运外省。浙江巡抚聂缉椝发给护照,并且知会直隶总督袁世凯,希望关卡放行。袁氏复电拒绝③:

> 北洋铜元迭经遵旨,扩充鼓铸,推广行用,直隶风气未开,尚

---

① 《津商务公所请禁止外地铜元入津函及天津府正堂凌福彭批文》,天津市档案馆等编:《天津商会档案汇编(1903—1911)》,天津:天津人民出版社,1987年,第426、427页。

② 《直督袁为银元局每日积存铜元十万枚有碍铜本周转事札饬商务公所文》,天津市档案馆等编:《天津商会档案汇编(1903—1911)》,天津:天津人民出版社,1987年,第427页。

③ 《梁敦彦为禁止进口外省铜元等事函津海关税务司费妥玛》,天津市档案馆、天津海关编译:《津海关秘档解译——天津近代历史记录》,北京:中国海关出版社,2006年,第361页。

苦未能畅行，现正饬令各州、县广筹销路，甫有端倪。倘有外省铜元侵入，则本省所铸必至滞销，舍己从人，殊多窒碍。

袁氏所述确系实情。当时北洋银元局积存铜元越来越多，总额约有白银四十余万两①。北洋铜元之所以出现滞销，是因各省铜元与白银比价不同，外省铜元更为便宜。外省铜元滚滚而来，不仅导致北洋铜元不能畅行，而且引起津市铜元币值下跌。在直隶省，每两白银本来可换当十铜元一百一十枚左右。而外省铜元入境之后，每两白银竟可兑换铜元一百三四十枚。当十铜元无法按照面值兑换足额制钱，民间使用多是当九当八②。袁世凯至此明确下令，要求各府州县出示晓谕，禁止私运外省铜元，同时要求津海关道、厘捐局、天津巡警局一体查拏，以绝来源③。当时规定乡民往来城市，所带铜元以两千枚为限。如果超过限额，需有官方护照才能放行，否则一律扣留。1907年，天津商号德厚兴、福顺合贩运外省铜元来津，分拨德元兴等七家商号存用，被罚认销本埠铜元，共计白银四十万两④。1908年，静海独流镇商人刘树芬用酒坛装运铜元，总计九万八千六百九十枚。在过独流天津分关卡时，被查获扣留。刘氏解释铜元乃卖货所积，运津用以还账⑤。又经全顺号等三十二家商号共同禀告，陈明事情本末⑥，天津商会才最终出面，请求官府归还铜元。由此两事可知，当时天津查禁铜元，令行禁止，非常严格。但是这种查禁也为商民带来很多不便。

---

① 《代理天津府正堂李为铜元滞塞筹拨专款银三十万两举办铜元官票事致津商会照会及章程》，天津市档案馆等编：《天津商会档案汇编（1903—1911）》，天津：天津人民出版社，1987年，第430—432页。
② 《北洋银元局遵饬核议铜元办法详文并批》，甘厚慈辑：《北洋公牍类纂》，收于沈云龙主编：《近代中国史料丛刊三编》，台北：文海出版社，1999年，第1644页。
③ 《北洋银元局详请分饬各府州县关局出示禁止私贩外省铜元禀并批》，甘厚慈辑：《北洋公牍类纂》，收于沈云龙主编：《近代中国史料丛刊三编》，台北：文海出版社，1999年，第1651页。
④ 《津埠会昌盛德庆合等号禀述因私运外省铜元入境被罚银四十万两购买铜元文》，天津市档案馆等编：《天津商会档案汇编（1903—1911）》，天津：天津人民出版社，1987年，第440页。
⑤ 《静海独流镇商人刘树芬禀诉银元奇缺铜元运津还债被扣文》，天津市档案馆等编：《天津商会档案汇编（1903—1911）》，天津：天津人民出版社，1987年，第410页。
⑥ 《静海县独流镇全顺号等三十二家禀陈铜元信用丧失流通滞塞情形文》，天津市档案馆等编：《天津商会档案汇编（1903—1911）》，天津：天津人民出版社，1987年，第411页。

天津官府不但查禁外省铜元,而且严查外洋铜元。外洋铜元主要是指韩国铜元与日本紫铜饼。韩国曾铸当十红铜铜元。清末在韩国,每一银元可兑这种铜元二百数十枚。1903年前后,这种铜元被商人私运入境,主要进入烟台、上海、盐城、东台一带。与中国新铸铜元掺杂混用,每百枚左右可兑银元一元。由于内外差价巨大,贩运这种铜元,获利十分丰厚。袁世凯为此要求津海关道知照税务司,查禁韩国铜元入口①。清末流通天津市面的韩国铜元,主要是五分铜元。1907年,直隶总督杨士骧下令查禁②。此外,外洋铜元还有日本紫铜饼,成色不一,价值无定。清末洋商将其带入内地,出售图利③。杨士骧同样下令津海关道与各个关卡严密防禁④。

在最终兑换环节,清末铜元涨落不定。有人以贱价购买铜元,以口袋盛装,在各街巷任意涨落,随口而出,牟取利益⑤。同时华洋地面摆设钱摊,到处皆有,尤其容易勾结贩铸。天津官府对此一律驱散⑥。日本、奥匈帝国租界地当繁盛,钱摊较多。津海关道与两国领事反复筹商,说明禁止钱摊,稳定铜元,中外商民均会获利,希望两国租界予以支持。最后两国领事都允遵办。英、德等国领事也令本国租界认真查禁⑦。驱逐钱摊之后,银价陡落,一时之间颇有效果。然而物价并未随之回落,各种物品照常昂贵⑧。可见这种做法,效果终究有限。

---

① 《北洋大臣饬津海关道知照税务司查禁韩钱入口札》,甘厚慈辑:《北洋公牍类纂》,收于沈云龙主编:《近代中国史料丛刊三编》,台北:文海出版社,1999年,第1653页。

② 《署直隶总督杨为查禁高丽五分铜元事札饬津商务总会》,天津市档案馆等编:《天津商会档案汇编(1903—1911)》,天津:天津人民出版社,1987年,第707页。

③ 《津商会为外洋铜元充斥中国金融市场拟定挽救办法六条》,天津市档案馆等编:《天津商会档案汇编(1903—1911)》,天津:天津人民出版社,1987年,第705页。

④ 《臬宪周为外洋铜元北来充斥市场铜元贬至一百七十枚事至商会函及复函》,天津市档案馆等编:《天津商会档案汇编(1903—1911)》,天津:天津人民出版社,1987年,第706、707页。

⑤ 《津埠杂货三庄磨房等为铜元贬值涨落不定请以银元核收货价事及津商会照会》,天津市档案馆等编:《天津商会档案汇编(1903—1911)》,天津:天津人民出版社,1987年,第445页。

⑥ 《署直督杨士骧为取缔津埠华界钱摊以杜私铸私贩事札饬津商会》,天津市档案馆等编:《天津商会档案汇编(1903—1911)》,天津:天津人民出版社,1987年,第451页。

⑦ 《署直督杨为津海关道报告天津保定两地铜元过剩危机处理经过及驻津各领事所拟整顿铜元办法事札饬津商会》,天津市档案馆等编:《天津商会档案汇编(1903—1911)》,天津:天津人民出版社,1987年,第461页。

⑧ 《谕饬驱逐钱摊》,《大公报》1908年2月30日,第5版。

天津官府减少铜元来源的种种对策,具如上述。应对铜元淤积,除了减少铜元来源,还应增加铜元销路。所谓增加铜元销路,首先就是允许铜元出境,销入外省。天津铸造北洋铜元,本为应对"钱荒"问题。上市之初,深受商民喜爱。1904年,曾有山东商人来津,购买铜元出境。此时津市铜元尚未过剩。不唯没有过剩,而且还感不足。故而天津南段巡警总局发布告示,严禁铜元出境①。孰料时间不长,津市铜元一改不足,转而泛滥成灾。此时限制铜元出境已经不合时宜,反而应该大力促进铜元出境。1908年初,吉林官钱局从保定购买运出大量铜元,保定铜元价格颇得其平。直隶探访局建议天津向其学习,如有外埠商人来津购买铜元,应该给予护照,准其出境②。津海关道建议如有商人由津报运铜元,进入内地办货;或由内地运货至津,售得铜元运回,均应准运③。总之,只要铜元能够流出,不再淤积一地,统统应予放行,并且取消稽核,以便商民。直隶总督杨士骧采纳了这些建议。

　　将铜元销入外省,只是增加铜元去向的一种思路。另外一种思路则是采取措施,使得普通民众更愿持有铜元。铜元不断贬值,天津普通民众形成贬值预期,不愿持有铜元,并且危机之下,谣言迭出,纷纷传说官府将要禁用铜元。民众听信谣言,形成恐慌,更是纷纷抛出铜元。如此恶性循环,铜元贬值更加严重。重建民众的信心,首先需要官民通用铜元。当时民众纳税,曾有官方拒收铜元之事。如果官方对铜元都无信心,普通民众又岂能恢复信心? 1906年,清廷提出整顿铜元意见,要求公家收受钱粮时,铜元与制钱一律行用,不得挑剔④。1908年,天津商会也曾建议:在使用铜元之区,商民交纳丁粮厘税,仍应使用铜元,厘卡不应格外挑剔,以期商民称便。这些意见和建议虽然很好,但却难以落实。清末天津各行各业征税,大多以银

---

① 《严禁铜元出境》,《大公报》1904年1月30日,第4版。
② 《直督杨为杨以德查得各埠铜元价格并准外埠商人备银来津购运事札饬津商会》,天津市档案馆等编:《天津商会档案汇编(1903—1911)》,天津:天津人民出版社,1987年,第449、450页。
③ 《署直督杨为津海关道报告天津保定两地铜元过剩危机处理经过及驻津各领事所拟整顿铜元办法事札饬津商会》,天津市档案馆等编:《天津商会档案汇编(1903—1911)》,天津:天津人民出版社,1987年,第461、462页。
④ 《直隶总督袁转发办理财政事宜王大臣奏为整顿圜法以救铜元壅塞八条》,天津市档案馆等编:《天津商会档案汇编(1903—1911)》,天津:天津人民出版社,1987年,第437页。

计价,还有部分税种则以制钱计价。银涨铜跌,官府征税原以制钱计算者,现也转向以银计算。上文所述天津酒商纳税之事,后来即是改钱征银①。天津酒商交税,本望使用铜元抵用制钱,借机减轻税负。而官府则直接改变原有做法,要求酒税征收以银计价。商民完全难以讨价还价。清廷所谓的利害官民共分、一体承担,根本不能落实。铜元危机的各种成本,广大商民无疑承担更多。

  为了增加铜元去向,当时北京官方还曾采取两项新的措施,希望通过官府和商铺吸纳铜元,借以稳定铜元币值。天津商会派员前往调查,以便参酌开办。这两项措施一是发帑平价,一是清查铜元票。所谓发帑平价,就是官方确定银两与铜元比价,按照比价卖出银两,买入铜元。迨银两价跌、铜元价涨之时,再卖出铜元、买入银两。或在买入铜元之后,将其运至价高之区,卖出换银,再回北京卖出银两,买入铜元。循环往复,不停周转,以此维持官定比价②。这种措施若要见效,需要官府白银储备非常充足,可以用其无限兑换铜元。否则官府按照确定比价兑换,北京铜元价格高于外地,外地铜元势将不断涌入。官府白银储备枯竭,发帑平价必然不能持续。当时度支部尚书陈璧即曾指出这种困境③:

>   现在京师九门以外,离城十余里之村庄,每两尚在二百枚之谱。京师持价以百六十余枚为限。小民入城者日不下数万人,每人只带百余枚至数百枚,一日进城已有百余万枚之数,何论大宗私贩!何论奏定进口之二千枚!然则京师持价愈高,私贩得利愈厚,此理甚明。

  由陈氏所述可知,即使不论非法私贩,只论合法情况,民众每人身带铜元百余枚或数百枚入京兑换,这种发帑平价也难持续。官府不能无限收购铜元,每日兑换必会限量。而铜元兑换限量,必将产生

---

① 《酒商义聚永等禀陈因酒捐改钱为银请将原定八万五千斤予以核减文》,天津市档案馆等编:《天津商会档案汇编(1903—1911)》,天津:天津人民出版社,1987年,第1458页。
② 《津商会坐办刘承荫等调查光绪三十四年京师发帑平价收购铜元情形》,天津市档案馆等编:《天津商会档案汇编(1903—1911)》,天津:天津人民出版社,1987年,第452页。
③ 《度支部尚书陈璧致直督杨士骧讨论铜元危机解救办法书》,天津市档案馆等编:《天津商会档案汇编(1903—1911)》,天津:天津人民出版社,1987年,第456页。

明暗两种价格。卖货之人预期平价不能持久,日后银价必涨,因而不会降低铜元所标的货物价格。买货之人按照平价进行交易,反会吃亏。天津商会对此观察极明,认为发帑平价无异扬汤止沸、抱薪救火,并不建议在津实施①。

所谓清查铜元票,主要是指银号对外开具铜元票,发行准备必须充足。不足者在限定期限之内,需要赶紧准备铜元。之后由官府抽查,对于资本十足者奖以商标,九成者免议,七成者勒令补足资本,七成以下者资本短缺一枚,罚款十枚。如若资本全无,则按混骗律严惩。当时银号对外开具铜元票,发行准备多未达到要求。命令一出,银号需要大量购入铜元,以备官府检查。如此则可增大铜元需求,减少市面流通的铜元。这种做法在理论上不无道理。但在实际操作之中,官府随意抽查,迹近骚扰。抽查人员还有可能勾结银号,抽查并不可靠。银号对于所发纸票的数目,也不会如实申报。最后官府必将抽无可抽,查无可查②。不特如此,官府抽查铜元票,即使银价骤落,也是出票者一时急用铜元所致。短期行市并不反映铜元的真正价值。将来银价必会重新涨起。这和发帑平价一样,都难根治问题、获得长效③。

总之,铜元危机之下,天津当局对于发帑平价、清查铜元票这两项措施,都曾加以考虑。只是权衡再三之后,认为效果不佳,并未采用。天津官民希望减少铜元来源,增加铜元销路。其基本思路是以行政命令稳定货币比价。清末还有另外一种思路,与之正好相反。这种思路就是放弃稳定比价,任其自由浮动。度支部尚书陈璧就持此见,认为如果听凭银价上升,迨每两可兑铜元二百余枚之时,私铸者无利可图,市面自然平定④。天津商会也曾提出这种思路。这种思路如获实施,将会产生两大问题:一是官府难以获得铸币余利;二

---

① 《天津商会拟议废止现行铜元代以铜元官票并重铸制钱文》,天津市档案馆等编:《天津商会档案汇编(1903—1911)》,天津:天津人民出版社,1987年,第457、458页。

② 《津商会坐办刘承荫等调查光绪三十四年京师发帑平价收购铜元情形》,天津市档案馆等编:《天津商会档案汇编(1903—1911)》,天津:天津人民出版社,1987年,第454、455页。

③ 《津商会陈述铜元发帑平价无济于事应以另筹饷源改银本位为解救之法文》,天津市档案馆等编:《天津商会档案汇编(1903—1911)》,天津:天津人民出版社,1987年,第464页。

④ 《度支部尚书陈璧致直督杨士骧讨论铜元危机解救办法书》,天津市档案馆等编:《天津商会档案汇编(1903—1911)》,天津:天津人民出版社,1987年,第456页。

是铜元币值不稳,阻碍商业交易。针对前者,天津商会认为鼓铸铜元,本是针对钱荒问题,并非为了筹款。铜元危机产生之后,官府虚耗大量人力物力,维持铜元币值,最后市面既不能平,饷源亦不能保,两败俱伤,殊属非计。故而应该另筹饷源。针对后者,天津商会建议将银作为本位。商民核算定价,全都用银。此时无论铜元如何浮动,对于商业交易均无影响。商会对此还曾举例说明①:

> 所谓平者非银盘大小之谓,商民交易向以银为本位,如玉米每斤四十文,银元一枚可换两吊。一枚银元可买玉面五十斤;若银元一枚可换四吊,玉面一斤涨至八十文,一枚银元仍可买五十斤。专就玉面论其价不平,以玉面对银元论其价仍平。即食力穷民,岁无银款进项,似吃亏矣。然当日工价每日四百者今日涨至八百或一吊矣,比例参观又何不平之有。

在商会看来,只要将银作为本位,商民自会根据货币比价的变化,随时调整货物的铜元价格。这样不管铜元币值如何波动,商民均可安然无恙,不受损失。自长期观之,铜元币值变动之后,物价、工价都会缓慢调整,最终适应铜元币值。然而短期之内,物价、工价未必能够及时调整。即使能够调整,其变化幅度也与铜元波动不尽一致。持铜元者难免遭受损失,特别是在铜元剧烈贬值之时,这种损失尤其明显,令人难以忍受。因此任由铜元随意波动,只是铜元危机的一种应对思路,在津并未真正实施。

1911年前后,铜元停止贬值,转而开始逐步升值。为了稳定铜元币值,天津官民又将此前所做的种种工作,反而行之。铜元危机爆发之后,袁世凯曾经奏请停铸北洋铜元②。铜元价格开始上涨之后,直隶总督陈夔龙③又向度支部申请,希望增发铜元。度支部随即命令造币厂鼓铸铜元五百万枚④,由天津商会负责换领。换领价格为

---

① 《津商会陈述铜元发帑平价无济于事应以另筹饷源改银本位为解救之法文》,天津市档案馆等编:《天津商会档案汇编(1903—1911)》,天津:天津人民出版社,1987年,第464页。

② 《署直督杨奏银价骤涨查禁铜元摺》,《政治官报》1907年第47期,第9页。

③ 1909年,杨士骧逝世,陈夔龙继之担任直隶总督。

④ 《试署直隶巡警道叶为铜元停铸已久并无储积准铸五百万枚事照会津商会》,天津市档案馆等编:《天津商会档案汇编(1903—1911)》,天津:天津人民出版社,1987年,第470页。

银元一枚兑换铜元一百三十枚。每人兑换以银元五元为限①。兑换开始之后,来者连续不断,每日兑出铜元六十余万枚。照此速度,五百万枚铜元很快就将告罄。因此陈氏复商请度支部,希望造币厂继续鼓铸,每日六十万枚,以一月为限。追限满时再看情形,决定是否继续鼓铸。此外,天津官方再次严禁铜元出境,由各车站关卡一律稽查②。同时,由警务公所与天津商会随时稽查钱铺、钱摊,对不按法定比价兑换铜元者,从严惩办,以儆效尤③。

铜元币值涨落不定,天津官民被动应付,难以休止。1908年,铜元危机日重之时,天津商会曾经大胆设想,建议废止现行铜元,重新铸造制钱。其具体做法是④:

> 一、国家设立银号,发行银纸币,照时价收买铜元。二、定收买日限,逾期以私钱论。三、铜元收尽,制钱必形支绌,应有银号开写制钱零纸币,以济民用。四、停铸铜元改铸制钱,仍用机器制造,加铸方孔以杜私造而便存储。五、找富绅筹款鼓铸制钱,照新政奖励,以资提倡而期充裕。

天津商会希望在市面各种货币之中,逐步增加银元的权重。买卖货物,尽量改用银元核算。原来小额交易以铜元作为媒介者,现在则以零角银纸票作为媒介。至于日用零费,则用制钱作为媒介。这种设想有其合理性。官府和民间之所以滥发铜元,是为追求铸币利益。重新铸造制钱,消除铸币利益,这对滥发问题犹如釜底抽薪。不过重新铸造制钱,官府因为铸造余利不大,或者根本没有余利甚至亏累,往往不愿过多铸造,这会导致货币供给不足。清末天津市廛之上,零星交易需要制钱一文到五文时,多用竹签、洋铁片、纸条代替⑤,就是鲜明

---

① 《宋寿恒为解救铜元短缺防止物价上涨事致函天津商会》,天津市档案馆等编:《天津商会档案汇编(1903—1911)》,天津:天津人民出版社,1987年,第471页。
② 《津商会禀直督请札饬造币厂一月之内每日搭铸铜元六十万枚并严禁大批铜元出境文及陈批》,天津市档案馆等编:《天津商会档案汇编(1903—1911)》,天津:天津人民出版社,1987年,第473页。
③ 《警务公所为同益钱铺等私抬钱价已查实惩办事函复天津商会》天津市档案馆等编:《天津商会档案汇编(1903—1911)》,天津:天津人民出版社,1987年,第471、472页。
④ 《天津商会拟议废止现行铜元代以铜元官票并重铸制钱文》,天津市档案馆等编:《天津商会档案汇编(1903—1911)》,天津:天津人民出版社,1987年,第459页。
⑤ 《天津商会为请铸五文以下小铜元代替洋铁片竹片事致造币厂函》,天津市档案馆等编:《天津商会档案汇编(1903—1911)》,天津:天津人民出版社,1987年,第441页。

例证。对此问题,天津商会建议发行制钱纸币,以作补充。清末天津市场上,确有制钱票流通①。唯发行纸币,几乎没有成本。如果没有制度严格规范,一旦滥发起来,后果不堪设想。贴水风潮就是前车之鉴。北洋时期天津的多次金融风潮,也由滥发纸币而起。所以怎样善用纸币补充金属货币的不足,是一重大问题。

三、银色风潮

清代中国的银两制度,并不统一。各地银两的称量标准、白银成色,多不相同。白银从一个地区进入另一地区,如不符合相关标准,需经银炉重铸,之后才能流通市面,天津亦不例外。各地输入的银块或马蹄银,先要交付天津炉房。炉房检查其重量和成色,然后给予相应面值的银票。在炉房鉴定银货者,多是行家里手,以肉眼观察或敲打听音进行鉴定。如有必要,还会"坐剪",即将银锭放在铁剪剪口之上,猛坐将其剪开,检查银锭是否夹有锡铅②。炉房将银块或马蹄银铸成天津元宝,作为银票准备金,以备持票人随时兑换现银。此外,炉房自身也会购入银块,铸造天津元宝,然后卖出;或应银号与钱铺之需,铸造元宝,每铸千两约收铸费二两③。庚子乱前,天津银炉最多不过十九家。乱中银炉遭受重击,乱后又遭连番挤兑,因而大量倒闭。20世纪初期,天津市面十二家炉房之中,只有两家为乱前所开④。

由于庚子之乱,天津市面官炉星散,民间私铸渐渐风行。私铸银两成色不足。1906 年,北京长泰炉房即曾收买高银熔化,每十两白银掺入铜、铝八九钱不等,倒成银锭,假充足色,卖给天津成钰、永利、

---

① 天津市钱币学会编:《天津近代钱币》,北京:中国金融出版社,2004 年,第 17 页。
② 谢鹤声、刘嘉琛:《天津近代货币演变概述》,中国人民政治协商会议天津市委员会文史资料研究委员会编:《天津文史资料选辑(第 40 辑)》,天津:天津人民出版社,1987 年,第 177 页。
③ 日本驻屯军司令部编:《二十世纪初的天津概况》,侯振彤译,天津市地方史志编辑委员会总编辑室出版,1986 年,第 212 页。
④ 刘燕武、赵伊:《津门炉房考》,《中国钱币》2013 年第 3 期,第 36 页。

德成等钱铺行使①。市面白银日见低潮,官府税收无形减少。天津原来收税,每关平银一百两折行平银一百零五两。这种折算是按行平银九九二成色所定。1908年,裕丰官银号禀告津海关道蔡绍基,称所收白银入炉熔化之后,成色只有九六五,亏耗很大。蔡绍基为此发布告示,要求各商纳税,所交银两必须补足九九二成色方准兑收。按此方法,内、外商人纳税必然增加。于是他们纷起反对,最终酿成银色风潮。

(一) 风潮之起与华洋交涉

1908年2月14日,津海关道蔡绍基发布告示,要求自本年3月1日起,华洋商人交纳税银,一律遵照如下章程②:

> 一、凡应完纳税项关平一百两,折九九二色行平化宝银一百零五两。此系向章办理。二、如各商无九九二足色化宝,或交足色白宝亦可。计关平一百两折收行平白宝一百零四两二钱。如此折收,亦是按九九二色计寸。两不相亏,似乎平允,各从商便。三、如过路客商,未知津地情形,无足九九二化宝,则洋元亦可将就收用。向日每元作行平化宝六钱九分计,今仍照章核计收用。四、凡商人完税,若以交现银为不便,则无论各银行炉房支取银条,均可一律收用,唯必要声明,交足九九二化宝者。

津海关道发布上述告示,无非是为减少收税损失。低潮宝银充斥市面,官府使用新法征税,纳税商人需要承担更多。商人无故增加纳税负担,自然意见纷纭。其时津埠四十一家商号联名上书,提出银色低潮,弊在炉房掺假。商号购买化宝,均是按照九九二成色支付价格。现在因为银色不足,由商人按照九九二成色补足差额,于理不合。告示规定如果不能交纳九九二成色化宝,还可交纳足色白宝或者银元。商人如果交纳足色白宝,因为所持化宝银色不足,兑换白宝亦需支出更多。至于交纳银元,告示规定每元折合行平化宝六钱九

---

① 《津郡钱商永利号申述行用低色银并非伪造请免传究文及大理院关于炉房牟利手段札》,天津市档案馆等编:《天津商会档案汇编(1903—1911)》,天津:天津人民出版社,1987年,第349、350页。

② 《津海关道蔡绍基发布行平化宝银色低潮各商纳税必补足九九二色方准兑收的告示》,天津市档案馆等编:《天津商会档案汇编(1903—1911)》,天津:天津人民出版社,1987年,第351页。

分,约合库平纹银七钱一分①。而当时每元可铸库平纹银七钱二分②,因此商人同样吃亏。有鉴于此,津埠商号希望官府仍按旧法收税,同时传谕各个炉房银号,此后熔铸化宝,须按九九二成色配足,不准再有低潮情事③。

商号指责白银低潮缘于炉房掺假。天津公裕厚等十家炉房对此辩称:近年白宝足银加色昂贵,每千两需加色银二十余两,以前熔铸化宝者因之亏赔倒闭。故而炉房近年都是熔铸白宝,并未熔铸化宝。化宝渐成记账单位,由实银两转为虚银两④。十家炉房声称白宝昂贵,原因不在化宝低潮,而是市面需求变动所致。因为当时不但白宝、化宝比价波动,就是白宝、银元比价,同样也在波动。这些都非人力所能操控。

天津商号与炉房各说其理,认为自己对于银色低潮没有责任。实情究竟如何呢?首先公裕厚等十家炉房的辩解,显然有避重就轻之嫌。津市化宝、白宝比价波动,需求不同固是重要原因,但更重要的原因,仍是化宝成色日低。众人皆知,化宝所含白银外加熔铸成本,即是白宝价格。如果化宝真有九九二成色,化宝、白宝差价不会愈来愈大。只有化宝成色不足之时,白宝才会愈来愈贵。而化宝成色不足,责任首在各个炉房,此点毋庸置疑。至于其他天津商号,也非毫无责任。因为当时炉房倾熔低潮宝银,很多商号并未如其所称,按照九九二成色兑而用之;而是贪图便宜,不断低价购买。低潮宝银愈铸愈多,与此密切相关。否则单有炉房鼓铸,商号并不购买,

---

① 天津行平1两为36.18克,化宝含99.2%;中央库平1两为37.31256克,纹银含银93.5374%。六钱九分行平化宝折合中央库平纹银计算公式为: $0.69 \times \dfrac{99.2\%}{93.5374\%} \times \dfrac{36.18}{37.31256} \approx 0.71$。数据参考戴建兵:《白银与近代中国经济(1890—1935)》,上海:复旦大学出版社,2005年,第24—27页。

② 《公裕厚等秉陈庚子后天津众炉房议决永不倾镕行平化宝银文并附甘结》,天津市档案馆等编:《天津商会档案汇编(1903—1911)》,天津:天津人民出版社,1987年,第355页。

③ 《潮建广三帮四十一家商号联名上书反对津海关道关于行平化宝亏色银由商家补足文及批文》,天津市档案馆等编:《天津商会档案汇编(1903—1911)》,天津:天津人民出版社,1987年,第352页。

④ 《津郡炉商公裕厚等十家秉陈庚子后天津行平化宝银成为虚银两之过程》,天津市档案馆等编:《天津商会档案汇编(1903—1911)》,天津:天津人民出版社,1987年,第354页。

低潮宝银怎会泛滥市面？所以市面白银低潮，天津商号亦难辞其责①。

责任既明，津海关道蔡绍基首先严令炉房出具甘结，声明以后无论银色如何涨落，永不倾熔化宝。如果再熔，情愿受罚②。对于各个商号的意见，蔡氏也未完全采纳，而是坚持按照新法征税。唯天津市面缺乏九九二足色化宝，如若完全遵循告示，商号纳税会有诸多不便。为此津海关税务司墨贤理提出整顿办法三条：一是规定商人交税若用不足九九二化宝，则需每关平一百两多交二两，作为补色，即按行平化宝一百零七两交纳。二是设立公估局，达到九九二成色的宝银，由公估局盖戳承保。同时收纳各种成色的宝银，将其熔化提清复铸，达到九九二成色之后盖戳，按照宝银实值发还。税银加征应与设立公估同时实施。否则即使设立公估，并且推出高色宝银，也将毫无裨益。因为低潮宝银仍在市面存留，并按官定成色收用，高色宝银必被排挤。三是确定实施期限，期满之后，宝银未经公估局鉴定盖戳，不得用以完纳税捐③。

墨贤理提到的公估局，就是一种银两鉴定组织。这种鉴定主要是指鉴查银锭成分，秤定银锭重量，然后根据当地平色标准，增则申水，减则耗水，将申耗数目写于银锭之上，盖印为证④。公估局最早设于上海，时为道光三十年，创办人为徽州商人汪元治⑤。墨贤理的整顿办法，主要就是设立公估局，鉴定宝银成色，逐步清理低潮宝银。短期之内，商号纳税仍交低潮宝银，但需多交二两作为补色，减少官府损失。墨贤理估计银主将低潮宝银换成官保宝银，损失仅是搀铜部分而已，数额不大。这种估计过于乐观。当时外商银行在津收取的化宝银两，约有一百数十万两。如果实施公估，外商银行所存的化

---

① 《津海关道为津埠各炉房具永不倾镕化宝甘结事复美国卫总领事函》，天津市档案馆等编：《天津商会档案汇编（1903—1911）》，天津：天津人民出版社，1987年，第400页。
② 《公裕厚等秉陈庚子后天津众炉房议决永不倾镕行平化宝银文并附甘结》，天津市档案馆等编：《天津商会档案汇编（1903—1911）》，天津：天津人民出版社，1987年，第355—357页。
③ 《津海关道为公估可立税银加色不可免事复美国驻津卫总领事函》，天津市档案馆等编：《天津商会档案汇编（1903—1911）》，天津：天津人民出版社，1987年，第394、395页。
④ 《记公估局》，《银行周报》1918年第2期，第10页。
⑤ 叶世昌：《上海公估局的几个问题》，《中国钱币》2010年第4期，第4、5页。

宝,每一百两将要吃亏五七钱到一两不等①。加总之后,数额不小。外商银行对此当然不愿承担,他们禀请各领事馆推举代表,一再向津海关道蔡绍基交涉,同时要求发还多征的加色银两②。蔡氏认为当时化宝成色低于九六五,官府即使加征二两,仍然亏赔。官府并未多收,岂能退还加色银两?双方反复谈判,难有共识。1908年9月,各国领事为此提出六条意见,措辞严厉,几有最后通牒之意③:

> 一、现时即设一公估局。……加收二两与设立公估局并非同时举办,但论加收二两一节至今已六个月矣,而公估局尚未设立,论设立公估局经理公估并非奥妙难办之事,各国领事会商此事,为此拖延至今,并无正当之推辞,请勿再延。二、设立公估局后……应定期限,限满后不认宝银之虚色,只照实银核收。三、限期以先化宝银,若有炉房之印记,必须以九九二成色核算,即以一百零五两合成关平一百两。四、若海关所收此项化宝,不足九九二成色,应令炉房贴补,因地方官有管炉房之责任。五、银色低潮系属炉房之舞弊,若令无干涉者贴补实属不公,所有无干涉者以前所贴补之加银,均应缴还。各国领事会议必定要将以前所贴补之加银如数缴回,因加银与设立公估并非同时,又因地方官并无他善法,以免炉房铸潮银。六、各国领事会议由今日起在七日限期内,贵道若无佳音示知,即将此事禀请驻京钦差办理矣。

观诸上述意见,驻津各国领事显然认为:外商对于银色低潮毫无责任,无故增加负担,毫无道理。且按原定办法,税银加征应与设立公估同时进行。现在税银加征已有半年,公估设立却无进展。因此各国领事强烈要求天津官方速筹办法,补偿外商银行所存低色化宝的损失,并且退还外商多交的加色税银。各国领事指出银色低潮,咎

---

① 《天津众商公估局秉陈银色风潮中市面交易几近全停人心惶恐万状情形文》,天津市档案馆等编:《天津商会档案汇编(1903—1911)》,天津:天津人民出版社,1987年,第362页。
② 《津海关道蔡详北洋大臣杨士骧稿陈述津埠银色低潮及海关征收关税补色银百分之二经过文》,天津市档案馆等编:《天津商会档案汇编(1903—1911)》,天津:天津人民出版社,1987年,第357—360页。
③ 《津海关道蔡为解决津埠银色低潮同驻津各国领事拟定六条办法文并附与美国驻津领袖总领事卫理来往函》,天津市档案馆等编:《天津商会档案汇编(1903—1911)》,天津:天津人民出版社,1987年,第392、393页。

在官府管理不善,要求天津地方官承担管理之责。津海关道蔡绍基对此辩称①:

> 津郡银色低潮,由于庚子之乱,联军驻津之时,官炉星散,私铸风行。以致低潮宝银充斥市面,无人查问,相沿至今。但当时地面未收,官权不及,是此责不在于官而在于商。……以前所铸潮银,断不能由官担其责任。

蔡氏强调宝银低潮始于联军驻津之时,似乎暗指都统衙门对此亦有责任。无论如何,铸造低潮宝银的各个炉房,都已先后倒闭,无从追偿,而外国行商之中,明知白银低潮,却因贪图便宜而仍旧购买者,亦所在多有。现在银色风潮爆发,损失应该由谁承担?或者比例应该如何分配?天津官方与外国领事对此各执一词,难有定论。最后各国领事要求限期答复,否则将与清廷直接交涉。1909年,蔡氏向北洋大臣杨士骧汇报风潮始末,指出加色税银征收之后,已经熔化,用以铸造足色白银,不能再退。至于外商银行所存低化宝的损失,经天津商会偕众钱商与之反复磋商,各外商银行方才答应,每一百两化宝贴补火耗银二钱。其余补色尚有七千一百四十三两二钱,经天津商会劝导,先由众钱商暂时借垫,将来再由公估费盈余项下陆续归还②。银色风潮引起的华、洋纠葛,至此方才大体平息。矛盾虽然暂时得到解决,而要根本消除白银低潮问题,还需设立组织,鉴定白银成色。因此公估局的设立,遂成官府各项应对措施的重中之重。

(二) 天津公估局的设立

光绪朝中期,政府曾经要求天津炉房设立公估局,但因官府、炉房与商人利益协调不顺,最终作罢③。银色风潮爆发之前,天津商人再次讨论设立公估局。1905年,天津钱商屡向商会反映,称市面银

---

① 《津海关道蔡详北洋大臣杨士骧稿陈述津埠银色低潮及海关征收关税补色银百分之二经过文》,天津市档案馆等编:《天津商会档案汇编(1903—1911)》,天津:天津人民出版社,1987年,第360页。

② 《天津众商公估局禀陈银色风潮中市面交易几近全停人心惶恐万状情形文》,天津市档案馆等编:《天津商会档案汇编(1903—1911)》,天津:天津人民出版社,1987年,第362页。

③ 戴建兵:《近代银两制度中的银锭生产与公估》,复旦大学中国金融史研究中心编:《中国金融制度变迁研究》,上海:复旦大学出版社,2008年,第21页。

色参差,交易殊非公允。希望天津仿照上海,设立公估。外地零整现银入津,一律以市面化宝为准,经过估定,方可抵用。同年,天津工商研究总会致函天津商会,内附公估办法大纲五条、细目十条,希望天津商会分发各行行董,广泛征求意见。其十条细目主要包括:设立公估,所定银色标准是否应比九九二色更低?应用何种平作为公估重量标准?每锭宝银应收多少公估费?未经公估私下使用之银,应该如何查究?已经估定之银,平色若有差错,是否应由公估包赔?以前九九二色旧宝吃亏之处,应该如何办理?倘若更改银色标准,应该如何与海关衔接?公估实施以前各商存欠之款,应该如何办理?公估局余利是否应归钱业所有?何时实施公估①?观察上述细目,可知天津商人在公估实施之前,对于各种问题已有详细考虑。当时市面银根拮据,若不设法通融,断不足以扩大白银流通。天津商会为此特向直隶总督袁世凯请示。孰料袁氏对此断然否决②:

    查公估局之设,原因市面银色不一,价值于以参差,商民现银往来互有争执,是以设立公估局估定成色,盖以戳记,俾奸商不得以售其欺,立法甚善。今该钱业等请设立公估局,而曰无论何处零整各银来津,准以津市通行化宝为率予以估计,一律抵用。夫化宝系以足银毁化杂以他质倾熔成锭,事近诈伪,而其贴色之忽涨忽落,一听奸商上下其手,最为恶习,本当禁革,第以通行已久亦故置之。而该钱业等欲以化宝为率,意在勒掯外来商民从中渔利,商贾将因此裹足,商务将由此败坏,且揆诸公估二字之义,则更名实不副,所请著不准行。

  公估有其作用,袁氏并不否定。然而袁氏认为九九二化宝成色不足,以其作为公估标准,奸商极易营私舞弊,所以并未批准实施。1908年,银色风潮爆发之后,外国领事多次催促开设公估。当时银色不一,货物交易受阻,客商买卖几乎停止,市面惶恐之极。此时开设公估局已经迫在眉睫,不能再延。

---

① 《为送公估办法会议纪要事致天津商会的函(附纪要)》,天津市档案馆藏,档号:401206800-J0128-2-002449-002。
② 《津商会为划一银色设立公估并公举王宗堂任总理事禀直督文及袁世凯批驳文》,天津市档案馆等编:《天津商会档案汇编(1903—1911)》,天津:天津人民出版社,1987年,第371、372页。

众炉房却不愿意开设公估。他们声称天津商贾云集，各色银款来路甚广。设立公估，稽查难周，反而产生弊端。并且众炉房已经出具甘结，声明永不倾熔化宝。所铸白宝都已加盖戳记，不会再因差色产生争端。因此为图简便，似乎不必设立公估。众炉房不愿设立公估，无非是为维护行业利益。因为炉房的利源所在，主要不是熔铸费用，而是交来银货与铸成元宝的差额。在委托行家交银之时，炉房与之约定，改铸以后需要交宝多少。交宝多，则炉房获利少；交宝少，则炉房获利多[1]。设立公估之前，炉房兼有公估职能，在议价时占有优势。设立公估之后，此项职能随之剥离，炉房议价优势削弱。并且实施公估，炉房所受监管也会更严。所铸新锭均需经过验视，迨符合标准之后，方能流通[2]。以上诸端，都使炉房获利减少。津海关道蔡绍基对此洞若观火，当然不会采纳众炉房的意见。蔡氏所关注者，厥为外国领事接连催询，天津若不及时办理，万一洋商自行设立公估，货币管理大权将会旁落于人，到时岂不悔之已晚[3]？因此蔡氏命令商会速定章程，尽快开办。

1908年9月30日，天津众钱商拟定公估章程草案。蔡绍基审核之后，批准10月3日（旧历九月初九）正式开办。其章程共有十三条，内容如下[4]：

  一、公估为维持市面起见，专以验估银色为宗旨。二、遵谕试办公估，以三个月为期，届期查看情形，随时秉承办理。三、公估银两仍照向章，以九九二色为准，高申低补。四、公估银两，以估码戳记为准，估定后无论华洋官商一律通用。五、碎银估定后，应归炉房倾化，以免迁换之弊。六、此项公估悉由商务总会提倡，仍由总协理兼理一切事宜。七、议由钱商公举董事十四员，轮流值事。当值者必须亲到料理事务，不得推故诿卸，以专责成。八、银色估错不能通用，应由承估人赔补。倘有借此争论高低议定罚款，请商会监视倾化，以昭核实。九、公估戳记估码

---

[1] 杨荫溥：《中国金融论》，上海：商务印书馆，1930年，第33页。
[2] 《记公估局》，《银行周报》1918年第2期，第10页。
[3] 《公裕厚等十炉房恳请勿立公估文及津海关道蔡批文》，天津市档案馆等编：《天津商会档案汇编（1903—1911）》，天津：天津人民出版社，1987年，第373页。
[4] 《津郡众炉房拟定公估草章十三条请出示晓谕文及海关道批文》，天津市档案馆等编：《天津商会档案汇编（1903—1911）》，天津：天津人民出版社，1987年，第374、375页。

亟当慎重,如有伪造戳记,冒充估码及经手司事徇私者,一经发觉,应请商会送官究惩。十、议每锭抽用估费铜元二枚,作为经费。十一、公估处应用一切司事同人,由众公推仍责成取具妥保,以昭慎重。十二、公估暂假商务总会前院先行开办,以后择定妥地,再议迁移。十三、现议各条系开办简章,如有未尽事宜,应随时改良禀请核夺。

上述章程对于公估的试办期限、评估标准、管理责任、费用收取、人员选择、办公地点等,均有详细规定。由于事前考虑周全、规章完备,公估开办三日,即估银三十三万七千余两。开估之后,京申汇款及通行银两渐渐流通,市面日趋平稳,公估成效昭然可观①。

银色风潮爆发以来,津海关道蔡绍基曾下禁令,要求炉房只铸白宝,不铸化宝。现在公估成效昭著,而公估标准仍为九九二成色。蔡氏于是取消禁令,允许炉房以后仍旧兼铸化宝,以便市面。但蔡氏强调:炉房负有倾熔宝银之责,必须殷实公正者才能开炉。从前天津官炉房以十九家为限,现在也应确立定额。并且各个炉房应该取具环保,发给凭照②。公裕厚等十家炉房对此极不情愿,指出天津炉房与北京官炉房不同,可以随意设立。其数量多寡一向以市面需要为准。加之公估已著成效,以后永无银色低潮之虞。故而众炉房希望免领凭照。蔡氏对此痛加驳斥③:

> 庚子乱前倾销铺即钱铺兼设银炉之家,原先本有定额,该商公裕厚、新泰两号亦曾领过谕帖,并非始自今日。且从前恒合炉房荒闭,携带官款潜逃,并倾化许多低潮宝银一案,若非当时取具妥保,领过谕帖,遂亦无从查究。……所有炉房倾化之宝银用于市面,而市面各商以之纳课,转由银号交库上兑,何得谓之与京师不同? 所设之炉房非经官家批准给帖,岂能于宝银上錾明

---

① 《津商会禀陈众商公估局开办三日估银三十三万七千两及海关道饬商会速办拆息文》,天津市档案馆等编:《天津商会档案汇编(1903—1911)》,天津:天津人民出版社,1987年,第 377 页。
② 《津海关道蔡为庚子后各炉房无所钳制必具同行保结并领海关谕贴文》,天津市档案馆等编:《天津商会档案汇编(1903—1911)》,天津:天津人民出版社,1987年,第 383 页。
③ 《津海关道蔡为津郡炉房以十九家为定额发给执照并兼铸化宝以便市面事批复天津商会》,天津市档案馆等编:《天津商会档案汇编(1903—1911)》,天津:天津人民出版社,1987年,第 381 页。

字号戳记？今各炉房所禀炉房多寡,以各业生意畅旺与否为定平,是炉房可以任便设立,官家不必过问,宝银上亦毋庸錾明字号戳记,如有低潮掺和及倒骗等事凭谁追问？

蔡氏严词追问,其意甚明,就是开设公估之后,仍然要对炉房增强监管,使其互相监督,以免市面再有低潮宝银。众炉房不便私图,对于请领凭照一再拖延。虽有津海关道三令五申,又有天津商会一再传谕,依旧迟迟不去请领①。总之,无论开设公估,还是请领凭照,天津众炉房为了维护自身利益,几乎节节抵制。炉房作为营利组织,追求私利无可非议,但是这种追求不能损害公共利益,否则官府监管也就极为必要。所以关于公估设立与请领凭照两事,天津众炉房虽然再三辩解,终难令人信服。

在开办公估的过程中,津海关道不仅与天津众炉房观点有别,也与钱商公会看法不同。二者分歧主要是在公估管理权的归属。钱商公会希望公估局设于公会之下,由其管理。蔡绍基对此并不赞同,而是认为公估局应归天津商会管理。蔡氏坚持上述想法,乃是基于如下考虑:外国领事强调管理宝银成色,天津官方责无旁贷。天津商会就是官办组织,与官无异;而钱商公会则是民间组织。二者截然有别。由天津商会管理公估局,可以避免予人口实,减少纠纷②。

一波三折之后,天津公估局终于开办起来。而银色风潮也因公估局的设立,渐渐平息。平心而论,天津官府、商人、炉房对于银色风潮各有其责,不能推卸。不过追根溯源,银色风潮的深层原因,主要还是清末中国的货币制度。设立公估局,是对当时货币制度的一种补充,应时而生,成效巨大。此后,中国货币制度弃旧图新。各类交易多用银元,使用银两者日益减少。银色风潮也就没再发生。公估局的重要程度,自然随之降低。1917年之后,公估局在天津市面销声匿迹③。

---

① 《天津众钱商请恢复钱商公会以承办公估议定京申汇票行市文及批文》,天津市档案馆等编:《天津商会档案汇编(1903—1911)》,天津:天津人民出版社,1987年,第367页。

② 《天津众钱商请恢复钱商公会以承办公估议定京申汇票行市文及批文》,天津市档案馆等编:《天津商会档案汇编(1903—1911)》,天津:天津人民出版社,1987年,第366页。

③ 赵伊:《天津的炉房和公估局》,《金融时报》2004年11月26日。

四、小结

上文所述清末天津的金融风潮，全因货币贬值而起。货币贬值缘于发行主体贪图铸币收益。众所周知，货币能够流通市面，为众人接受，乃是因其具有购买力，人们对其充分信任。这种信任若能维持，货币的名义价值与实际价值，完全可以分离。① 但是一个问题由此而生：货币名义价值与实际价值分离之后，其间必有铸币收益。发行主体追求铸币收益，若无有效机制制约，必会超发货币。贴水风潮之中的银帖、铜元危机之中的铜元、银色风潮之中的宝银，均是名义价值与实际价值分离，最后产生各种问题。

贴水风潮和银色风潮的直接责任，应由民间银号和炉房分别承担。铜元危机的直接责任，则应由官府承担。因为责任主体不同，历次风潮的应对效果，亦有霄壤之别。咸丰时期，御史王茂荫论述中国货币问题，曾称②：

> 自来法立弊生，非生于法，实生于人。顾生弊之人，商民为轻，官吏为重。商民之弊官吏可以治之，官吏之弊商民不得而违之也。

清末天津金融风潮的应对过程，与王氏之论大体符合。民间银号滥发银帖导致贴水风潮。民间炉房熔铸低潮宝银导致银色风潮。这些都是"商民之弊"。风潮爆发之后，官府强力整顿，商会和钱商公会配合官府，采取种种措施，使得发行主体不能滥发或降低货币成色，最后风潮得以平息。而铜元危机缘于官府滥发货币，这是"官吏之弊"。商民对此除了上书请愿，几乎束手无策。

清末地方势力坐大，中央政令难行。各地贪图铸币收益，大肆鼓铸铜元。中央希望整顿，唯有心无力。所以铜元危机也与货币不能真正统一有关。然而另一方面，中央统一货币之后，倘若贪图铸币收益而滥发货币，我们又将如何制约？近代以来，欧美各国多是建立中

---

① 牧野辉智：《最新货币学原理》，李荫南译，上海：上海黎明书局，1935年，第56页。
② 中国人民银行总行参事室金融史料组编：《中国近代货币史资料（清政府统治时期）》，北京：中华书局，1964年，第321页。

央银行，由其统一发行货币。为了避免滥发，中央银行应该独立，政府不能任意支配，金融与财政尤应分开。哈耶克对此没有信心，提出另一截然相反的思路：货币应由民间自由发行，多元竞争，以竞争机制制约货币贬值。

银色风潮爆发之后，天津官府要求各个炉房熔铸宝银，必须加盖本炉房标记；同时设立公估局，对宝银成色和重量加以鉴定。因此各个炉房熔铸的宝银，可以有效区分，互相竞争。劣币驱逐良币问题随之解决。这和哈耶克之论存在相通之处。西汉文帝时期，政府曾经实施货币改革，允许私人铸币。而武帝时期，铸币权收归国有。管汉晖、陈博凯运用钱币学和考古学研究成果，结合哈耶克之论，对于两个时期的货币质量进行实证研究，发现文景时期铸币的平均水平明显优于武帝时期。管、陈二人将其原因归于称钱衡制度。在该制度下，政府颁布钱秤。民间可以自由铸币，但是这种货币需经钱秤称量。买卖双方鉴别钱币由此获得法律保障。在激烈竞争下，劣币铸造者不得不提高铸币质量。最终良币得以驱逐劣币①。清末天津银色风潮爆发之后，官府要求设立公估局，鉴定宝银成色与重量。这与文景时期的称钱衡制度，性质相似。清末各地银两五花八门，不同区域之间难以直接交易。公估局制度应此而生，属于民间的自发创造。当然在其建立过程中，官府亦有推动之功。

不过在交易过程中，货币流经不同区域时总要公估，无疑会使交易成本增大。哈耶克主张民间货币自由竞争，主要是为防止政府滥发。对于多种货币并存产生的交易成本问题，哈耶克论述不多。这是货币非国家化理论令人诟病最多之处。清末国家开始铸造银元，人们渐少使用银两，正是为了节约交易成本。因此若无滥发问题，国家统一发行或比民间多元发行更为有利。

清末国家开始铸造银元，其名义价值与实际价值没有严重偏差，故而国家铸造未有滥发问题②。然而当时国家铸造铜元，则是实施货币名目主义。铜元名实价值不同，中间存在铸币收益。最后政府超发，民间私铸，铜元势如洪水、泛滥成灾。货币整齐划一，可以减少

---

① 管汉晖、陈博凯：《货币的非国家化：汉代中国的经历（前175年—前144年）》，《经济学季刊》2015年第4期。
② 银辅币与铜元相同，名义价值与实际价值相差很大，故而滥发问题也很严重。

交易成本,促进市场深化,可是一旦政府涉足货币发行,又易滥发,导致严重问题。这是清末币制改革的一大困境。

国家铸造铜元,能否不用货币名目主义,而是使其名实相符? 19世纪后半叶,世界白银产量增加,同时很多国家先后采用金本位,白银的使用范围,急剧缩小。大量白银供过于求,涌入中国。从1875年开始,中国银价开始下跌。百物腾贵,铜价上涨。铸钱成本太高,各地铸钱局相继停铸。足值制钱被人镕铸贩卖。钱荒问题愈演愈烈①。正是在此背景下,国家开始实施货币名目主义,铸造铜元,以期增加货币供给。铸造金属足值货币,固可限制滥发,但受币材价格的影响,货币供给常常缺少弹性,难以适应经济发展。清代经济不断增长,货币需求随之增加。金属货币供应不足,民间遂以纸币代之,大量发行银票和钱票。清末天津铜元危机爆发之后,也曾有人建议停铸铜元,重铸制钱,同时发行制钱票②。这种建议值得深思。

运用纸币补充金属货币的不足,自会面临如下问题:应由民间还是政府发行纸币? 哈耶克称自由竞争之下,民间银号一旦发钞过多,钞票贬值,民众将会弃用这种钞票,改用其他钞票。民间银号出于自利,必然不会滥发。从清末天津的贴水风潮来看,自由竞争并未遏制滥发。若无适当机制,银号一次超发所获的收益,远超银号失去市场甚至倒闭的损失。贴水风潮之前,天津官府对于民间银号发钞几乎毫无管理。很多银号凭空发票,投机倒把,最后导致重大危机。不过贴水风潮之后,天津银号所发的银钱票收缩,外商银行所发的纸币扩张。天津钱业备受压力,奋起改革,以期提高所发钞票的信用。这与哈耶克之论倒有相符之处。风潮爆发之后,天津官府增强监管,特别是钱商公会增强行业管理,对于发钞银号进行资质审查,并且推动发钞银行连环互保,提高实力。这说明单有完全竞争,并不足以解决纸币滥发问题。若要防止滥发,还需第三方监管和其他复杂机制。并且这套机制最终能否有效运转,我们不得而知。至少从清末天津的贴水风潮来看,自由发钞存在很多问题。

---

① 王宏斌:《晚清货币比价研究》,开封:河南大学出版社,1990年,第117、118页。
② 不仅天津商民,朝中也曾有人提此建议。光绪三十四年,给事中高润生在《整顿圜法宜权利弊而定指归以为划一币制基础折》中说:"铜元既非民所宝,宜毅然罢去,而规复旧制钱本位,并急定银币之制,俾制钱与银元直接相权,除去大小铜元数层间隔。"见彭信威:《中国货币史》,上海:上海人民出版社,2007年,第629页。

民间发钞存在滥发问题,政府垄断发钞能否解决这个问题呢?贴水风潮爆发之后,袁世凯推动建立天津官银号,由其发行银两票与银元票。清末天津官银号运行稳健,发钞没有问题。可在北洋时期,直隶省行发钞受到官府操纵,最终酿成风潮。从清末开始,各地前后建立官银号发行钞票,希望消灭私票。唯官银号也会滥发钞票,导致金融恐慌。一旦官票失败,小区域内的经济运转,又要依靠私票维持。官票与私票来回循环,互相竞争①。这在清末非常普遍。中国的币制改革,就在民间滥发与官方滥发两大难题之间,曲折推进。

---

① 戴建兵:《中国钱票》,北京:中华书局,2001年,第41页。

第四章　北洋时期天津的金融风潮及相关应对

辛亥革命之后,王纲解纽,中国进入北洋军阀统治时期。不同政治军事势力各据一方,国家难以有效统一。各派势力为了壮大自身,迫切希望控制更多经济资源,故而金融业深受政治变局的影响。国家政治变局不断,金融行业风潮频仍。天津作为北方经济重镇,加之毗邻北京,对于各种政治变动尤其敏感。因此,北洋时期天津的金融风潮,比清末更为频繁。其荦荦大者包括中交停兑与挤兑风潮、直隶省钞危机、铜元与铜元票危机等。与清末历次风潮相比,这些风潮既有一脉相承之处,也有完全不同之处。这段时期,政府对于货币的主导权,逐渐增强。三次风潮均由政府引起,民间商民对此没有直接责任。回顾其来龙去脉,可从某个角度看出近代天津金融的变迁。

一、两次中交停兑风潮

户部银行是中国银行的前身,创办于1905年8月,是中国历史上第一家国家银行。其资本总额为库平银四百万两,资本构成采用股份制。户部认购一半,普通官民认购另外一半。清廷将户部银行定为中央银行。银行章程规定:户部银行具有铸造货币、发行纸币之权,代表政府整齐币制。1908年2月,户部银行改为大清银行。添招资本六百万两,资本总额达到一千万两。官股与商股各占一半。辛亥革命之后,大清银行商股联合会上书临时总统孙中山,希望将大清银行改组。经孙氏同意,1912年2月,大清银行改为中国银行①。

交通银行创办于1908年3月。其资本构成亦为股份制。资本

---

① 中国银行史编辑委员会编著:《中国银行史(1912—1949)》,北京:中国金融出版社,1995年,第10—14页。

总额最初定为库平银五百万两。邮传部认购二百万两,其余三百万两则为商股。后因商股认购踊跃,又将额定资本增为一千万两。与大清银行不同,交通银行甫创即为商业银行,主要经管轮船、铁路、电报、邮政相关款项。1910年,清廷颁布币制条例,拟将铸币权收归中央。交通银行在经营四政收支及其他业务之外,同时推行国币,对于统一币制亦有责任①。

回顾中交两行的创办简史,可知两行创办之初,均与清廷关系密切。当时中国学习西方,官府与民间纷纷创立银行。中交两行矗立其间,财大势雄,隐然有领袖群伦之概。这与清廷鼎力支持密不可分。民国初年,中行资本中,官股占有绝大比重。交行资本则以商股为主。中行正副总裁都由财政部委派,交行总理、协理则由股东会选举②。尽管两行的组织、人事有所不同,但是两行均与北洋政府关系紧密。北洋政府财政拮据,虽然多方开辟财源,依旧入不敷出。罗掘俱穷之下,只好强迫中交两行垫款,最后酿成中交停兑风潮。

(一) 风潮之起与津市慌乱

民初中央财政出多入少,难以为继。当时中央岁入主要包括田赋、货物税、关税、盐税、各省解款和中央专款。田赋主要是指地丁和漕粮,约占岁入总额的22%—23%。货物税主要包括厘捐,约占岁入总额的10%。辛亥革命之后,地方势力坐大。上述两种税收多被地方截留。关税和盐税是大宗收入,民初各年收入约为一亿四五千万元。唯其支配权握于外人之手,主要用于偿还外债本息。偿还之后,所余无几,并且盐税常被地方截留。两税真正可由中央政府支配者,大约只占征收总额的20%。晚清以来,各省解款一直都是中央财政的重要来源。清祚告终之后,各省先后独立,解款亦随之停止。后经袁世凯大力整顿,一度有所增长。唯北洋政争不断,割据之势渐成。解款增长为时很短。此后逐年减少,最终不复存在。至于中央专款,民初主要包括验契税、印花税、烟酒税、烟酒牌照税和牙税五项,又称"五项专款"。这五项税收专属中央,由地方代收。与各省解款相同,

---

① 交通银行总行、中国第二历史档案馆:《交通银行史料第一卷:1907—1949(上册)》,北京:中国金融出版社,1995年,前言第1—3页。
② 杜恂诚:《中国金融通史:北洋政府时期》,北京:中国金融出版社,1996年,第108页。

民初此种税收也被地方截留①。

中央岁入日益枯竭,而民国初建,在在需款。其中尤以军事费、债务费为其大宗,约占支出总额的 70% 左右。北洋政府为此大借外债与内债。袁世凯当国时期,所借主要外债约有四亿四千六百八十万元,所借内债约有七千六百五十万元②。北洋政府虽竭力增收,而时局不靖、政治纷扰,财政收入难以用于国家建设。国家建设不上轨道,财政收入只能是无源之水。1916 年,中央政府财政亏空八千万元左右③。

财政如此窘迫,北洋政府遂从银行入手,令其进行财政垫款。中交两行所垫尤多。据统计,截至 1915 年底,中国银行为财政部累计垫款一千二百零四万元④。交通银行为袁氏累计垫款三千一百一十五万元⑤。这种垫款多靠发行兑换券。兑换券就是一种纸币,可以等额兑换金属货币。中国银行发行兑换券,始于民初。当时纸币则例尚未公布,财政部要求以中行兑换券暂时通行全国。1913 年,财政部拟定中行兑换券暂行章程五条⑥:

  一、中国银行兑换券,由中国银行及中国银行指定之代理处一律发行。二、凡下开各项用途,一律通用此项兑换券。甲、完纳各省地丁钱粮厘金关税。乙、购买中国铁路轮船邮政等票,及交纳电报费。丙、发放官俸军饷。丁、一切官款出纳及商民交易。三、此项兑换券,按照券内地名,由中国银行随时兑现。四、凡兑换券内印有两处地名者,在此两处,皆可通行兑现,不取汇费。五、此项兑换券,如有拒不收受及贴水等情,从严取缔。

交通银行发行兑换券,始于清末。民初另印新券,北洋政府特

---

① 杨荫溥:《民国财政史》,北京:中国财政经济出版社,1985 年,第 4—12 页。
② 内债统计不含 1916 年年初至袁氏下台这段时间。1916 年全年,北洋政府所借内债为一千零六十万元。数据参考杨荫溥:《民国财政史》,北京:中国财政经济出版社,1985 年,第 13、16、22 页。
③ 阳羡贾:《民国财政史(上册)》,上海:商务印书馆,1917 年,第 77 页。
④ 邓先宏:《中国银行与北洋政府的关系》,中国社会科学院经济研究所学术委员会编:《中国社会科学院经济研究所集刊(第十一集)》,北京:中国社会科学出版社,1988 年,第 304 页。
⑤ 交通银行总行、中国第二历史档案馆:《交通银行史料第一卷:1907—1949(上册)》,北京:中国金融出版社,1995 年,第 349 页。
⑥ 张家骧:《中华币制史(上册)》,北京:知识产权出版社,2013 年,第 150、151 页。

许:交行兑换券按照中行兑换券章程,一律行使①。章程规定兑换券可以随时兑现,这需满足两个条件:一是兑换券发行应有节制;二是现金储备应该充足。而在现实之中,上述两个条件都未满足。当时兑换券发行过多,引起通货膨胀。同时军队要求发放现洋,北洋政府又将银行库存现银提走。两行纸币愈发愈多,现银储备却越来越少。到1916年5月,两行发行纸币七千余万元,而库存现金只有二千万元②。加之两行发钞实施"分区制度",各个分行所发之券,只限本地兑换,不能跨区兑换③。这对京、津地区影响尤大。因为京、津分行迫于垫款要求,发钞更多。

表4.1 天津中、交两行发行流通钞票数(1916年5月15日)

面额	1元	5元	10元	50元	100元	总额
天津交通银行	4 625	584 190	1 035 970	902 550	667 000	3 194 335④
天津中国银行	555 211	1 436 710	380 690			2 372 611⑤

数据来源:《天津交通银行报告发行各类纸币数目单》,天津市档案馆等编:《天津商会档案汇编(1912—1928)》,天津:天津人民出版社,1992年,第952页。《为兑换券账目事致袁大帅的呈(附天津中国银行换券号码表及兑换券清单)》,天津市档案馆藏,档号:401206800-J0128-2-002635-039。

袁世凯当政之后,逐步推行帝制,耗费巨大。1915年,南方将领唐继尧、蔡锷、李烈钧宣布独立,起兵讨袁。护国战争由此而起,军政开支更为浩大。其时正值第一次世界大战,外债收入减少。国内反袁斗争风起云涌,内债收入同样减少。其他各项税收,多被地方截留。中央财政处此困境之中,全赖中交两行垫款予以维持。两行储备现款几被提取一空。普通商民揣知两行储备空虚,纷纷提取现金,以保安全。1916年初,北洋政府连发密电,要求各地巡按使、都统转饬各机关,严查市面谣言。如有借端生事者,严惩不贷。并随时与

---

① 张家骧:《中华币制史(上册)》,北京:知识产权出版社,2013年,第164页。
② 凤岗及门弟子编:《民国梁燕孙先生年谱》,台北:台湾商务印书馆,1978年,第348页。
③ 王善中:《1916年中交两行停兑与袁世凯倒台》,《历史教学》1987年第1期,第39页。
④ 内应除去各分行兑券约计洋500 000元,样券17 400元,废券9 023元,共应除洋526 423元,实际发行在外计洋2 667 912元。
⑤ 天津与直隶地区流通券,两地统计向不分开。

中、交两行接洽,消除市面恐慌,防止金融阻滞①。当此人心不定之时,天津日本租界《公民日报》接连发文,揭露金融黑幕,抨击袁氏政府。1916年3月8日,天津商会召开全体会行董事会议。直隶警察厅长与财政厅长莅会演说,申明钞票关乎市面金融,商民应予支持,以之扶持国家云云。天津商会为此决议②:

> 日本租界《公民日报》,言论主张多所不经,反悖政府政治之处,颇多悖谬,商民收受此报多有焚毁者。恐有商民未晓此义,留览致生误会。当即并案公决,由敝会通告各商,晓以大义,勿受其愚,其收受此项报纸各商家,即为焚毁,勿得留览。一面再由各行行董对于本行各商切实解释,申明爱国大义。

北洋政府财政恶化。金融恐慌之下,单纯抵制一张《公民日报》,终究于事无补。因为各种消息来源广泛,四处传播,堵不胜堵,防不胜防。最关键者则是北洋政府一面声称中交两行储备充足,一面却又腾挪现金,言行不一,失信于民。当时天津各报多传本埠银行、银号将要缩短营业期限,并将银洋运藏他处。4月6日,天津商会为此致函各个报馆③:

> 本埠各银行钱号近来并未更改营业时间,一切均仍照常,亦无将银洋运藏他处之举。此项记载全系子虚,毫无根据。际兹谣诼未靖,商业凋敝,记载稍有不实,市面即受影响,贵访事似宜详加稽查,稍事检点。前项无稽之谈,最易惑人听闻,应请贵报即日更正,以昭实在。

天津商会宣称:报纸所载系不经之辞,并无根据。然而4月10日,北洋政府为防银行现金枯竭,急电天津中交两行迁出租界,欲将现金集于北京。报纸所载恰恰都是实情。政府密商期间,消息走漏。官僚政客抢先一步,前往两行提取现银。风声所及,市面为之一震。

---

① 《朱家宝转发政事堂严禁谣言预防金融动摇令》,天津市档案馆等编:《天津商会档案汇编(1912—1928)》,天津:天津人民出版社,1992年,第936页。
② 《津商会全体会行董事议决勿信谣言勿留览日界〈公民日报〉致天津警察厅函并附传稿》,天津市档案馆等编:《天津商会档案汇编(1912—1928)》,天津:天津人民出版社,1992年,第961页。
③ 《津商会就报载银行钱号缩短办公时间等失实之语请即日更正致报馆函》,天津市档案馆等编:《天津商会档案汇编(1912—1928)》,天津:天津人民出版社,1992年,第962、963页。

短短两日之内,天津中交两行兑出现金一百三十余万元,犹如洪水决堤。为此两行对于其他分行所发纸币拒不兑现,而来者仍然接踵而至,拥挤异常。交行总经理梁士诒与中行督办周自齐召集紧急会议,商讨是否停止兑现。对此问题,赞成者有之,反对者有之。赞成者基于如下理由:京津形势危急,并且银价腾贵。两行纸币兑换反常,现金不断外流。任其发展,白银可能相继流入海外,两行现金储备势将不支。停止兑付之后,所余现金可以用来偿付外债本息,缓解外部压力。而反对者则称停止兑付,必会导致如下后果:与外国银行的交易停止,对外贸易受阻,商人遭到重击;对外失去财政信用,对内引起人民恐慌;物价高昂,贫民受苦①。反复商讨之后,国务卿段祺瑞最终决定两行停兑。5月12日,国务院正式发布停兑令②:

  溯自欧战发生,金融停滞,商业凋敝。近因国内多故,民生日蹙,言念及此,实切隐忧。查各国当金融紧迫之时,国家银行纸币,有暂行停止兑现及禁止提取银行现款之法,以资维持,俾现款可以保存,各业咸资周转。法良利溥,亟宜仿照办理。应由财政、交通两部,转饬中国、交通两银行,自奉令之日起,所有该两行已发行之纸币及应付款项,暂时一律不准兑现付现。一俟大局定后,即行颁布院令,定期兑付。所存之准备现款,应责成该两行一律封存。至各省地方应由各将军、都统、巡按使,凡有该两行分设机关,地方官务即酌拨军警,监视该两行,不准私自违令兑现、付现;并严行弹压,禁止滋扰。如有官、商、军、民人等,不收该两行纸币,或授受者自行低减折扣等情,应随时严行究办,依照《国币条例》第九条办理。一面与商会及该两行接洽,务期同心努力,一致进行。并饬该两行将所有已发行兑换券种类、数额克日详晰列表呈报财政部,以防滥发,仰各切实遵行。

  告示要求官民使用两行纸币,如有拒收或自行低减折扣等情,依照《国币条例》第九条处罚:违令者如系平民,罚款十元以上,千元以

---

  ① 中华新报馆编:《护国军纪事(第四册)》,中国国民党中央委员会党史史料编纂委员会印行,1970年,第44、45页。
  ② 中国银行总行、中国第二历史档案馆合编:《中国银行行史资料上编(1912—1949)》,北京:档案出版社,1991年,第264、265页。

下;如系官吏或官营事业经管人,罚款五十元以上,三千元以下①。然而命令煌煌,却难落实。停兑告示甫出,中交两行兑换券即已开始贬值,低减折扣根本无从禁止。从停兑令颁布到6月6日袁世凯去世,纸币跌价,现银涨价。纸币不能按照面值使用,最初尚为九五折,后竟降至六七折②。

不宁唯是,告示要求商民一律行使纸币,也难做到。当时海关、常关收税,一概只收现洋。车站收费,亦需三成现金。停兑令下,商家并无现金来源,如何交纳这些费用? 天津转运商业公会向当局反应上述问题。交通部称中国建造铁路多从外国借款,归还外债本息需要现金。各路倘若只收钞票,无法支付上述费用。按照借款合同,如果借款利息到期不交,外国即可收回铁路。职此之故,交通部虽知客商多有不便,然而势逼处此,亦只好咨明国务院、财政部,望其准许各路收取现金③。停兑告示发布之前,天津商会曾请交涉公署照会各国领事,由其转致各个洋商,希望持有两行钞票者照旧使用,不要兑现。各国领事表示愿意出力维持,劝谕本国商人暂不兑现。至于商人是否遵办,各国领事则无法保证④。停兑风潮发生之后,天津民众纷纷设法出售中交钞票,以求现用。当时曾有外国商人到处发放传单,以八折收买。天津商民前往出售者,颇不乏人⑤。由此可知,外商不仅没有遵办,反而利用机会大肆套利。此事说明:凡是涉及外商利益之事,停兑命令即难实施。

停兑令要求各地不准私自兑现,也未落实。上海中国银行首先顶住压力,坚持兑换。南京等地商会继踵其后,纷纷坚持兑换。各地军政长官,也有反对告示、支持兑现者。唯有京津地区,北洋政府控制綦严,停兑令得到严格执行。商民陈应雄为此质询天津商会:江

---

① 张家骧:《中华币制史》,北京:知识产权出版社,2013年,第330页。
② 中华新报馆编:《护国军纪事(第四册)》,中国国民党中央委员会党史史料编纂委员会印行,1970年,第50页。
③ 《税务处转达交通部陈述铁路局为偿还外债保护路权酌收现款情形函》,天津市档案馆等编:《天津商会档案汇编(1912—1928)》,天津:天津人民出版社,1992年,第947、948页。
④ 《天津商会请交涉公署向洋商解释中交停兑后纸币流通办法及交涉公署复函》,天津市档案馆等编:《天津商会档案汇编(1912—1928)》,天津:天津人民出版社,1992年,第966页。
⑤ 《某国人收买中交纸币》,天津市地方志编修委员会办公室,天津图书馆编:《〈益世报〉天津资料点校汇编(一)》,天津:天津社会科学院出版社,1999年,第881页。

苏、上海等地可以兑现,何以天津不能?其他地区都由将军反对停兑,何以直隶将军要奉院令而不兑现?中国人无法兑现,何以外国人可以兑现①?陈氏所论掷地有声,颇可代表当时天津商民的心声。

总之,北洋政府发布停兑令之后,两行纸币币值无法维持。海关、常关与铁路等官办结构可以只收现金,普通商民却要收取纸币。中国商民无法兑现,外国商民却能兑现。并且各地行动不一,有的地区并不执行。在上述诸多问题之下,要求天津商民严守禁令,做法不公,人心难服。北洋政府发布停兑令之前,天津县行政公署、警察厅与总商会为了安抚人心,曾经联合发布告示②:

> 各商民须知,中交银行钞票于市面大局有关,务任照常行使。凡有本省、外省钞票照常通行,勿用兑现,仍须流通,以济市面。中交两银行既为国家银行,设有意外,巡按使同本处长等担负完全责任,决不使商民有所亏损,以昭大信。

现在停兑令颁布,天津市面乱象纷呈。天津官府亦无有效措施,所谓"担负完全责任,决不使商民有所亏损,以昭大信"者,全是空言。官府曾经要求天津商会抵制《公民日报》,斥其言论悖谬。此时再为回顾,适成一种讽刺。5月14日,《公民日报》发文痛批袁世凯,直陈停兑之害③:

> 袁氏所以出此之故,实欲保留现资,用充军需,万不得已,则卷之而逃耳。然纸币之信用,固以兑付为基础,袁氏盗取国帑,恣情挥霍,薄弱信用已非一日。今复停止兑付,而以废纸行乎其间,则市场之间,恐慌立致。金融既乱,物价必昂,全国人民生机势且从兹而绝。商人授受较繁,受害尤为酷烈,将来倒闭亏折,在所必至,兴言及此,良足寒心。

停兑令颁布之后,《公民日报》烛照机先,马上发表上述评论,对

---

① 《商民陈应雄就中交停兑后各地出现之怪现象质询津商会》,天津市档案馆等编:《天津商会档案汇编(1912—1928)》,天津:天津人民出版社,1992年,第1021页。
② 《杨以德姒锡章叶兰舫卞月廷关于巡按使与杨以德等为中交两行纸币担负流通责任的布告》,天津市档案馆等编:《天津商会档案汇编(1912—1928)》,天津:天津人民出版社,1992年,第938页。
③ 《〈公民日报〉馆申斥袁世凯停兑现金以充军费之祸心》,天津市档案馆等编:《天津商会档案汇编(1912—1928)》,天津:天津人民出版社,1992年,第1020、1021页。

其危害做出预测,此后这些预测均成现实。1916年夏季,因为中交纸币停兑,天津市面恐慌四起。各个商家所存多数中国纸币,概不通用。纸币既不通用,货物销售自然减少。加之时局动荡,市面谣传变乱将起。商家为了预防不测,多将货物迁入租界。内地贸易同时停顿,待销货物囤积如山。本国银行各处汇兑营业亦均废绌①。比之北京,两行天津分行垫款较少,所以经过种种波折之后,中行天津分行于1916年7月12日恢复兑现。交行天津分行于1916年11月恢复兑现②。

中交两行停兑风潮的起因及其危害,大体如上。1921年,中交两行再次停兑,风潮又起。这次停兑与上次相似,既与时局不安有关,也与北洋政府多次借款、两行不堪重负有关。一战结束之后,中国工商业出现战后萧条,社会游资充斥。国人在沪创办证券物品交易所。开业之初,利润丰厚,社会游资趋之若鹜。一时之间,各种交易所如雨后春笋,纷纷涌现。交易所数量大增,投资代理机构亦随之而起,此即信托公司。这种疯狂并未持续多长时间。1921年11月,股价暴跌,交易停滞。交易所和信托公司大量倒闭。商民亏赔累累,惨不忍睹。史称这次风潮为"信交风潮"。"信交风潮"爆发之时,中国银行正在续招商股。起初应者较多,势头不错。迨风潮爆发,中行招股受其影响,随即陷入困境。南方金融市场因受风潮冲击,银根收缩。最后波及北方,中交天津分行随之紧张③。

时局不靖,中交两行筹款维艰,已有之款又被政府连续抽走。首次停兑风潮之后,交通银行对于北洋政府的垫款,并未停止。自1917年至1921年,借垫之款大体可分京钞借款(即第四版北京地名券)和津钞借款(即第五版天津地名券)。1918年,京钞借款停止垫付,而津钞借款则有增无减④。1920年直皖战争之后,又有直奉争霸。国

---

① 《1916年津海关贸易年报》,吴弘明编译:《津海关贸易年报(1865—1946)》,天津:天津社会科学院出版社,2006年,第333页。

② 龚关:《近代天津金融业研究:1861—1936》,天津:天津人民出版社,2007年,第203页。

③ 邓先宏:《中国银行与北洋政府的关系》,中国社会科学院经济研究所学术委员会编:《中国社会科学院经济研究所集刊(第十一集)》,北京:中国社会科学出版社,1988年,第335页。

④ 交通银行总行、中国第二历史档案馆:《交通银行史料第一卷:1907—1949(下册)》,北京:中国金融出版社,1995年,第901页。

家战祸频仍,财政形势不断恶化。同年2月,外交团因中国政治分裂,为保投资安全,声明暂停对华贷款。1921年,南北统一希望破灭,新四国银行团借款失败,政府财政濒于绝境。对于政府职员的欠薪,超过二十个月。多位部长因职员讨薪而下台。北洋政府告贷无门,只好再次转向银行筹款。京钞垫款复归旧观。截至1921年1月,交行财政部垫款有案可稽者,就有八百万元。自7月起,不到半年时间,再度垫款两千余万元①。交行不仅直接垫款,还为北洋政府开具担保性空头存单。存单陆续到期之后,北洋政府无力归还。交行又要兑现偿还,现银更为减少。到11月停兑风潮爆发之时,交行全部发行额为四千零六十九万元,而现金储备仅有五百一十五万元。京津两行合计发行一千零五十三万元,而现金储备仅有四十万元②。

中国银行同样面临垫款问题。1921年3月为九年整理金融公债还本抽签之期。总税务司因为抵充担保之故,资金不足拨付。当时全国市场约有公债两亿元,如果停止抽签,必然酿成金融风潮。北洋政府遂令中行借垫现款三百五十万元。反复交涉之后,中行以公债担保押借,最后垫款二百五十万元③。中行北京分行头寸奇缺,不得不赖天津分行协助。天津分行本来准备充足,因受北京分行影响,现金储备不断流失,抗风险能力大为削弱。

1921年,中国不仅内政问题重重,外交同样面临困境。11月,华盛顿会议召开。列强在会上讨论中国门户开放问题,策划国际共管,以期监督中国的财政金融状况。英国工部局《字林西报》散布两行库存空虚之论。海关、邮电部门拒收两行钞票。外国洋行齐向两行提取存款。风潮初起,北洋政府希望总税务司安格联拨发关余以渡难关,但遭拒绝④。安格联之所以如此,乃是由于1921年初新四国银行

---

① 翁先定:《交通银行官场活动研究(1907—1927)》,《中国社科院经济研究所集刊》第11辑,第413、414页。
② 交通银行总、中国第二历史档案馆:《交通银行史料第一卷:1907—1949(上册)》,北京:中国金融出版社,1995年,第355页。
③ 《中国银行第一届董事会报告书》,转引自邓先宏:《中国银行与北洋政府的关系》,中国社会科学院经济研究所学术委员会编:《中国社会科学院经济研究所集刊(第十一集)》,北京:中国社会科学出版社,1988年,第335页。
④ 邓先宏:《中国银行与北洋政府的关系》,中国社会科学院经济研究所学术委员会编:《中国社会科学院经济研究所集刊(第十一集)》,北京:中国社会科学出版社,1988年,第335、336页。

团已有结论,认为中国财政濒临破产。为了稳定人心,大总统徐世昌于3月3日下令:关余用于整理内国公债基金,不得挪作他用①。既然关余已有用途,自然不能再用关余应对挤兑风潮。所以归根结底,风潮责任终在北洋政府。

在内外交困之下,天津中交两行于11月12日发生挤兑。《益世报》对其情形详细报道②:

> 自太平洋会议开幕后,中国颇有好现象。乃闻某国存嫉妒之心,颇欲陷中国于恐慌地位,特造出谣言,谓我国中交两行,将要停止兑现。此消息由北京传至天津,故昨日(十六)上午本埠市上忽发生极恐慌现象。一时各商家互通消息,电话局与电报局大忙特忙。街市上各商号纷纷持票兑现,交通银行门前人山人海,拥挤异常。加以愚民推波助澜,信口传说,以致凡存该两行钞票者,均纷纷持票取款。两行门前,因拥挤出入更为不便。而代兑家亦遂停兑。

《益世报》的报道,形象说明当时天津市面不安。各种消息真假莫辨,四处传播。商民恐慌互相传染,愈来愈大。最后群相涌向中交两行,持票兑现。《益世报》将风潮起因归为外国造谣,只是观其表面,并未究其底里。与其相比,天津商会主席卞荫昌更重内因。风潮爆发之后,卞氏致函北京交通银行③:

> 日来男女持券兑取,终夜鹄立于途,鱼贯排列,军警压迫,不敢稍乱秩序,北风凛冽,寒气逼人,较之以冒名印刷钞票,吸取现金,高楼煖烧,厚享清福者,实有霄壤之别。而此现象,适足为人类不平之佐证。其有关于人道者,又奚止摇动市面,紊乱金融已也。

普通商民谋生不易,为了兑取现金,终夜鹄立寒风之中;而交行

---

① 马建标:《谣言与金融危机:以1921年中交挤兑为中心》,《史林》2010年第1期,第33页。
② 《昨日金融界之恐慌》,天津市地方志编修委员会办公室、天津图书馆编:《〈益世报〉天津资料点校汇编(一)》,天津:天津社会科学院出版社,1999年,第891页。
③ 《卞荫昌指责北京交通银行冒名发行纸币应速运现洋二百万以备兑现函》,天津市档案馆等编:《天津商会档案汇编(1912—1928)》,天津:天津人民出版社,1992年,第1083页。

当局却处高楼暖烧之境,安享清福。卞氏对比两者境况,明确将挤兑责任归于银行当局和北洋政府。挤兑风潮爆发之后,天津市面再受冲击。因为市面金融一向依赖钞票流转,挤兑风潮一起,各商均受影响。从前每日售货百元者,现在只售二三十元。大宗批发交易如粮业棉纱等,更是完全停顿①。与首次停兑风潮相同,铁路因借款之故,对于无法兑现之票再次拒收。这使民众恐慌更为严重②。

(二)停兑风潮的应对

停兑风潮由多种因素综合而成。其中天津商民的心理恐慌、信任不足,洵为重要原因。因此风潮爆发之后,如何消除恐慌、恢复信心,自成天津当局的首要工作。风潮爆发之前,天津商会、警察厅连发告示,希望安定人心。风潮爆发之后,商民争相挤兑。天津警察厅派员维持秩序,厅长杨以德亲自面向公众演说。其辞云③:

> 中交银行纸币绅商学各界向皆欢迎,通行使用活动方便,如此流通实可推广生意,发达市面,周转借用,可以得长期利息。若必兑现收存,使用不便,安能得利。如前清时大清银行并无受损失者,若中华民国国与民一体,更无失信之理。况共和国家,人人皆有维持责任,保护国家信用,即所以保全自己之生命财产。……人民误会无爱国思想者,即借此煽惑。无知愚民亦随众附和,当知国家银行非私家设立者可比,焉有荒闭之理,现皆醒悟照常使用。……家中收存多数现洋有何益处,鄙人所存现款均出,情愿用以维持市面提倡纸币。……通行国家纸币实属利国福民之善法,况银行为共和国家之银行,国民款项存放国家银行,有国即有此款可保万年无失。乃不顾公益者,无故自起恐慌,纷纷取存款殊属可笑。又有一班不知大局者,信口开河,不顾利害,此等人之结果不问可知,安望其有维持之心,尽维持之责。

---

① 《市面商业之停滞》,天津市地方志编修委员会办公室,天津图书馆编:《〈益世报〉天津资料点校汇编(一)》,天津:天津社会科学院出版社,1999年,第892页。
② 《交通部令邮电铁路各局收取中交纸币五成以维纸币信用电》,天津市档案馆等编:《天津商会档案汇编(1912—1928)》,天津:天津人民出版社,1992年,第1023页。
③ 《杨厅长维持纸币之演说》,天津市地方志编修委员会办公室,天津图书馆编:《〈益世报〉天津资料点校汇编(一)》,天津:天津社会科学院出版社,1999年,第881页。

杨氏绝口不谈政府责任，仅将风潮起因归为谣言煽惑，同时大谈纸币之利，将其与爱国大义关联起来。这种说法当然存在问题。行使纸币并非有利无弊、尽善尽美。纸币如可兑换金属货币，政府滥发自会受限。纸币如若不能兑现，发行限制随之解除。政府一旦出现财政问题，必会滥发纸币，掠取社会财富。中交两行产生停兑危机，正是滥发纸币所致。杨氏称国家银行与私人银行不同，不会荒闭。实则正因不会荒闭，国家银行滥发更加肆无忌惮。杨氏对此完全回避，所论难以服人。1917年6月，因为商民迟迟难以恢复信心，杨氏又发布白话告示①：

> 本厅长已经亲身到两银行点验过，不但存款甚多，现银、现钱亦极其充足，毫没有一点不稳，本厅长敢担负完全责任，就各省军队从此路过，亦是全存着一分维持地方保护人民的心，所有各军队用的粮饷，亦是自己供给，并用不着我们的。如有购买物件的时候，公买公卖，并没有搅扰的，况且本厅长担负地方上完全的责任，大家还有什么不放心的吗？请大家照常营业，安心度日，别无故的自惊自扰，受了损害，是自己召的，别人可管不了呀！

杨氏声称中交两行现金充足，军队粮饷自己供给。揆诸事实，全非如此。唯风潮产生之后，商民恐慌，群相挤兑，无疑会使问题加重。杨氏公开演讲，屡发公告，其姿态对于稳定人心不无小补。1921年，第二次风潮爆发之后，还曾有人编写通俗诗歌，登报传播，以释群疑。这种做法虽与公开演讲形式有别，而内容则大体近似。其诗如下②：

> 近来全国闹钱荒，京津沪汉同时忙，公债跌落钞票挤，几乎挤到中交行。两行虽然半官商，代理国库属中央，假如真个挤倒了，全国市面一片僵。中行现已复原状，交行大概亦无妨，此次风潮幸而免，我有数言要商量。钞票流通法最良，携带便利好收藏，世界各国都如此，所以都有国家行，准备如额信用足，人人乐用无恐慌。钞票不是代现洋，是替商货补短长，若发一钞备一现，世间没有那银行，假如同时都兑现，什么银行亦得僵。可惜

---

① 《警厅维持金融之布告》，天津市地方志编修委员会办公室、天津图书馆编：《〈益世报〉天津资料点校汇编（一）》，天津：天津社会科学院出版社，1999年，第883页。
② 《天津社会教育办事处印发〈钱荒白话歌〉》，天津市档案馆等编：《天津商会档案汇编（1912—1928）》，天津：天津人民出版社，1992年，第1024—1026页。

国人昧此理,都说现钱最吃香,一有风吹和草动,大家都要提现洋。提出现洋置何处,自然要向窖中藏,更有一件伤心事,提来转存外国行。我劝国人要醒悟,别说现钱一定香,钞票固然一张纸,现钱亦是障眼光。饿了不能煮成饭,冷了不能缝成裳,可见钞现一个样,媒介百物他当强,假如市面一紊乱,有钱一样受饥荒。再说钱是流动物,万万不可窖中藏,比方血在人身上,死聚一处便成疮,平均一家藏十块,市面之钱立时光。还有一事要知晓,不要迷信外国行,外行亦不尽可靠,有时亦要空心汤。菲律宾行怎么样?还有中法实业行,自己血脉要干瘪,欲替胖子灌肥肠。现钱都到外国去,乐煞碧眼大腹商,国家一旦有变动,他便白吃绝户粮。庚子便是好榜样,诸位难道不心伤?要知自从欧战后,世界同时闹钱荒,各国金融都破坏,无非全凭纸一张。好在人民够资格,大家维持度时光,其实金本位已坏,这是世界大恐慌。我国虽然穷要死,总算有底还有帮,比起美国够不上,比奥德法可还强。只要大家明此理,众志成城固金汤,不然国破家亡了,看你现洋哪里藏。

此诗论调与杨氏所云相近,也是强调纸币之长,呼吁大家不要挤兑,特别强调不要相信外商银行。可见当时中交两行出现危机,民众转而相信外商银行,这和清末贴水风潮存在相似之处。在两次挤兑风潮中,官员公开演讲、报刊广泛宣传等做法触目皆是,非常普遍。上文所举仅是两个典型。这些做法对于消除恐慌,或有一定作用。然而仅仅宣扬爱国大义及纸币优点,终是流于表面,并无助于问题的根本解决。

挤兑风潮的外在表现,是民众手持两行钞票,争相兑换银元。表面观之,这是因为市面上两行钞票太多,银元太少。缓解危机需要减少两行钞票,增加银元。而两行钞票一时难以减少,天津官府遂从银元入手,禁止银元外流。1916年6月,天津警察厅上书直隶巡按使,谓金融恐慌、现金缺乏,若不采取措施,放任银元外流,会有金融枯竭之虞。警察厅请求巡按使发布明令,要求限定白银出境数额,超出定额者不准出境①。天津商民对此纷起反对。直隶、山东、安徽、江苏

---

① 《天津警察厅陈述津埠现金短缺禁止现洋出境函》,天津市档案馆等编:《天津商会档案汇编(1912—1928)》,天津:天津人民出版社,1992年,第1220页。

等省旅津全体粮商反对尤烈。为此呈书天津商会,指出津埠产粮不足,全靠外地粮米接济。各商自外地购运粮米,来津出售。现洋运出,粮食运进,此出彼进,市面赖以周转。如果禁止现银、现洋出境,将会导致交易停止、来粮断绝,天津民生亦将受害①。天津商会也不同意禁运,指出津埠为通商大都,百货云集。两行纸币既已失效,如果再禁现银、现洋出境,外地商人谁肯携货来津,本地商业将会更加阻滞②。第二次挤兑风潮爆发之后,天津警察厅再次限制白银出境③。天津商会、银行公会与钱商公会申述禁令之下,金融业和其他行业同感不便。当时政府内国公债还本付息,要由中交两行拨付。其本息基金大都存于津沪两处,银根奇紧之时,常需运现。倘若禁止现洋出境,天津不能运现至京,到期债款无法偿付,国家债信势必丧失。此外,银行如若发行钞券,需要运用各埠储备调剂盈虚。禁止现银出境,各埠储备无法互相挹注。银行若遇挤兑,必将一筹莫展,危害金融,波及市面④。

限制白银出境,未获预期效果,反有各种不便。以此应对风潮,终是缘木求鱼。若要解决问题,还需尽快恢复兑现,抑制纸币滥发。1916年5月14日,直隶绅商开会讨论维持金融办法,互推绅商代表二十一人,向巡按使请求截留田赋等税,不解中央,用作保证。另外再由商人凑集款项二百万元,其中各行商五十万元,长芦盐商五十万元,直隶省银行五十万元,中交两行五十万元。为了统筹协调,直隶绅商还拟设立机关,名为直隶全省绅商金融临时维持会。维持会定有简章,确定维持对象以两行直隶、天津字样钞票为限,其他钞票则不负责。关于两行到期存款及浮存款项,由维持会与两行商讨归还办法。三个月内暂缓提存,如果存户不愿延迟,则以外省钞票照发。迨中央筹有办法,两行钞票恢复兑现之后,维持会

---

① 《直鲁豫晋皖苏奉天等省旅津粮商申述禁银出境危及粮商运粮断绝津地民食情形文》,天津市档案馆等编:《天津商会档案汇编(1912—1928)》,天津:天津人民出版社,1992年,第1222页。

② 《天津警察厅陈述津埠现金短缺禁止现洋出境函》,天津市档案馆等编:《天津商会档案汇编(1912—1928)》,天津:天津人民出版社,1992年,第1220页。

③ 《杨以德重申津地现洋一概不准出境令》,天津市档案馆等编:《天津商会档案汇编(1912—1928)》,天津:天津人民出版社,1992年,第1225页。

④ 《津商会及银钱两公会陈述禁止运现出境三大害处请速开禁以活金融电》,天津市档案馆等编:《天津商会档案汇编(1912—1928)》,天津:天津人民出版社,1992年,第1226页。

随即解散①。5月19日,维持会公布中交两行直隶、天津字样钞票兑换办法,确定兑换分为三期:自20日至24日,先兑一元钞票。每人限兑五元,其余钞票由维持会盖戳,仍在全省流通,绅商一律通用。自25日至29日,兑换五元钞票。每人限兑五元,其余钞票同样由维持会盖戳流通。自30日至6月3日,兑换十元钞票。每人限兑十元,其余钞票办法同前。三期过后,再视情况确定后续处理办法②。

表4.2　金融维持会出兑现洋清单(1916年5月20日至30日)

日期	兑现(元)	盖章钞票(元)
20日	1 677	204
21日	1 946	26 804
22日	780	79 421
23日	960	62 191
24日	2 253	37 824
25日	22 452	15 886
26日	47 612	7 570
27日	16 811	12 625
29日	36 821	13 727
30日	58 314	2 010
合计	189 626	258 262

数据来源:《直隶金融维持会出兑现洋数目清单》,天津市档案馆等编:《天津商会档案汇编(1912—1928)》,天津:天津人民出版社,1992年,第1015、1016页。

金融维持会优先安排小额兑换,主要是为维持小民生计。至于大额兑换,维持会则无明确办法。当时天津常关税项由中国银行代收,每日约有三四千两;天津海关税项由交通银行代收,每日约有一万三四千两。因为对外关系,两项税收转交都需现金。中、交钞票停兑之后,两行准备代收关税之时,停收钞票。天津警察厅长杨以德认

---

① 《直隶绅商金融临时维持会之缘起简章十四条及办事规则》,天津市档案馆等编:《天津商会档案汇编(1912—1928)》,天津:天津人民出版社,1992年,第976、977页。
② 《金融临时维持会公布中交两银行直隶天津钞票兑现办法》,天津市档案馆等编:《天津商会档案汇编(1912—1928)》,天津:天津人民出版社,1992年,第1003、1004页。

为,此举将使钞票更难流通,商民更要兑换现金,因此并不赞成。反复权衡之后,杨氏提出与其由商民到维持会兑换现金交税,不如两行继续接收钞票,然后统一前往维持会兑换。金融临时维持会对此未置可否,而是声称兑换应先考虑贫民生计。至于关税,应待前定期限期满之后,再看情形确定办法。金融维持会不作明确答复,天津海关、常关只好止收钞票。京奉、津浦、京汉、京绥四个车站收取货款,也要现洋。凡购票者必须支付现洋三成,电报总局同样如此。即使钞票已有金融维持会盖戳证明,仍旧一概不收,只收现洋或外行钞票。停兑令发布之后,两行钞票信用大跌。金融维持会所做种种,无非是为恢复钞票信用。上述大宗交易全都不用两行钞票,钞票信用更难恢复。天津众商家叫苦不迭,为此致函金融维持会①:

> 贵会之所筹,仍不敷官家之暗算,一辗转间现洋又被官家收去,市面有现洋之名,官家获现洋之实,诸君救世一片婆心,付之流水。是市面仅受一时之利,而无形之中反增亏累,市商货商依然不能生活……为此,公乞贵会或多筹现款接济官家,或请商家暂行收用钞票,则商民均感戴大德矣。

天津商民希望金融维持会说服商家收用钞票。维持会何尝不想如此,唯心有余而力不足。维持会所定分期兑现之法,只能救济小民生计。实施一段时间之后,市面仍无活动之象。金融维持会焦头烂额之际,外商银行趁机发钞。中交钞票不断收缩,外行钞票却不断扩张。维持会目睹于此,更是怒焉忧心②,本拟采取进一步措施,然而5月31日,天津商会致函金融维持会,要求遵照国务卿电,即日停办。维持会成立之初曾定简章,明确官府筹有办法之后,维持会即予解散。现在天津商会循章做出上述要求,维持会只好遵办。

官府所筹之法,主要有二:一是盘活中交两行纸币;二是使用其他银行纸币,防止利权外溢。针对前者,财政、交通两部要求两行及

---

① 《金融临时维持会开兑后天津海常关及各部门仍命收用现洋情形》,天津市档案馆等编:《天津商会档案汇编(1912—1928)》,天津:天津人民出版社,1992年,第1013—1015页。

② 《金融临时维持会请各商将停兑纸币购买直隶公债节略》,天津市档案馆等编:《天津商会档案汇编(1912—1928)》,天津:天津人民出版社,1992年,第1020页。

其分行多设兑换所。每纸币一元可兑铜元一百三十枚，以便零星使用。以铜元为本位，纸币都有着落。如果铜元不敷周转或有窒碍，则用制钱改铸，再辅以铜元票，可保无虞。至于纸币与现洋的交易，则随行就市。同时发布明令，要求丁粮、关税、盐课、铁路各款，除原来收取现洋者外，一概接收纸币。针对后者，北洋政府希望给予商家利权，使其自筹实款，设立保市银行，发行纸币。银行股东均为本埠殷实绅商，自发自用，信用确实①。天津商会为此拟有简章，规定保市银行发行纸币，至少需有七成准备金，发行数额不得超过股本两倍。前五年内，无论中交钞票兑现与否，保市银行不能减少发行。五年之后，如果中交钞票恢复兑现，保市银行则可减少发行，或增加保证，到时再做决定。十年之后，如果中交钞票仍不兑现，保市银行则可继续发行。天津商会希望另起炉灶，重新鼓起纸币信用，故在保市银行章程中特别强调：保市银行是商业银行，没有义务为官家垫款②。毫无疑问，这种思路切中要害，但是似乎未获实施③。

保市银行不能马上建立，中交两行钞票又迟迟难以恢复信用。而以现金现洋交易，市面又会货币不足，周转不灵。绕来绕去，终究还要流通纸币，活动金融。天津商会有鉴于此，特向直隶巡按使朱家宝上书，建议由直隶省银行筹足十成准备金，发行钞票三十万元，以此减少中交钞票停兑所带来的不便。朱氏赞同此议，批准实施④。直隶省银行信用素著，发钞又有十成准备金，所以发行非常顺利。直

---

① 《直隶巡按使转发国务院陈述中交停兑原因及筹设保市银行以保利权电》，天津市档案馆等编：《天津商会档案汇编(1912—1928)》，天津：天津人民出版社，1992年，第943页。

② 《津商会复南昌奉天两商会询问保市银行组织办法附送保市银行章程函》，天津市档案馆等编：《天津商会档案汇编(1912—1928)》，天津：天津人民出版社，1992年，第969、970页。

③ 商人王郅隆积极筹办此事，屡与天津商会讨论。王氏投靠皖系军阀倪嗣冲及徐树铮，依靠皖系权势，经营盐业、煤矿、纺织、火柴和银行，人称安福系"财神"。由其筹办保市银行，则不为官府垫款云云，恐难令人信服。因此，天津商会对其似不认可。商会机关报《商报时评》曾经批判王氏，且谓维持会停办亦与保市事宜有关。直隶巡按使朱家宝因为上述批评，要求天津商会迅速查复，彻底根究。天津商会与王氏的矛盾，于此或可得到某些蛛丝马迹。见《直隶巡按使朱家宝为商报时评毁谤王郅隆筹设保市银行事饬津商会》，天津市档案馆编辑部：《北洋军阀天津档案史料选编》，天津：天津古籍出版社，1990年，第309页。

④ 《津商会请由直隶省总行发行钞票三五十万元以维持市场交易及朱家宝批》，天津市档案馆等编：《天津商会档案汇编(1912—1928)》，天津：天津人民出版社，1992年，第968页。

隶省钞流通市面,对于维持天津金融、促进各种交易大有裨益。

　　首次中交银行停兑风潮之中,天津商民设法以其他纸币代替两行纸币;同时多方筹备现金,努力恢复兑现。在此过程中,天津商民处于主导地位。天津中交两行因为问题严重,多是配合本地商民,做些辅助工作。与首次风潮的应对不同,第二次停兑风潮发生之后,中行并未消极等待,而是速从各省调拨现金,力维信用。1921年11月30日,天津中行邀请英籍著名会计师司塔门,审计本行资产负债,并将审计结果登报公告。同时声明此后中行发钞准备另设专库,接受官员和其他各行代表的检查①。这是中行公开检查制度的发端。翌日,天津中国银行恢复无限制兑现。

　　比之中行,交行问题更为严重。风潮爆发之后,交行对于在津发行的北京暗字钞票,束手无策。天津商会要求直隶省长派员协同查明交行资产,对于京、津钞票分别办理。对于在津发行者,由天津交行负责兑现;对于北京暗号红工字钞票,由省长主持,查清确切数目,要求北京交行照数兑现。如不照办,则从关余项下扣除拨付②。北京交行拟以有价证券五百万元作抵,并在一个月内运送现金二百万元到津,用以开兑。天津商会认为有价证券不是现金,要求半个月内,必须运送现金到津,不能拖延③。最后交行以天津商会封存的有价证券作抵,向东三省官银号、奉天兴业银行借款四百万元,才使现金不足问题得到缓解④。

　　中交两行钞票一再停兑,虽然终能恢复兑现,然而风潮迭至,纸币信用仍会受损,市面交易更受不良影响。所以应对风潮,除了各种临时措施,还需深入根本,完善制度。1922年初,天津商会希望建章立制,定期检查发钞行的准备金,为此致函天津银行公会⑤:

---

① 姚崧龄:《中国银行二十四年发展史》,台北:传记文学出版社,1976年,第66页。
② 《天津商会呈报中行兑现情形并敦促交行速筹兑现办法函》,天津市档案馆等编:《天津商会档案汇编(1912—1928)》,天津:天津人民出版社,1992年,第1081、1082页。
③ 《卞荫昌指责北京交通银行冒名发行纸币应速运现洋二百万以备兑现函》,天津市档案馆等编:《天津商会档案汇编(1912—1928)》,天津:天津人民出版社,1992年,第1082、1083页。
④ 《交通银行电陈由东三省官银号借妥现金四百万元请开封抵押品并附借款合同》,天津市档案馆等编:《天津商会档案汇编(1912—1928)》,天津:天津人民出版社,1992年,第1040—1043页。
⑤ 《商会拟调查银行准备金》,天津图书馆编:《〈益世报〉天津资料点校汇编(一)》,天津:天津社会科学院出版社,1999年,第893页。

钞票之信用,经此打击,则不能不求根本上解除忧虑,必须时求准备充足,以崇信用。故敝会再四筹议,拟对于所出兑换券,各银行之准备金,依其条例,随时报告敝会。然后由敝会推举董事检察,公布于市。提高信用,解除疑惑,巩固金融,预防危险,实银行界最有利益之举。……关于此事之进行,拟先自我国银行入手办理,将准备金另行存储。每月报告到会。以便推举董事,随时检察。

天津银行公会复函表示同意。1921年12月1日,天津中国银行开始每周登报,公布发行状况①。1922年10月1日,天津交通银行同样开始此举②。两行每隔一段时间,都会公布兑换券流通数、额定准备金数、额外准备金数、准备金中现金与有价证券的具体数额等。天津商会与银行公会、钱业公会推举代表,定期赴库检查③。这种做法对于抑制银行滥发、提高公众信心,无疑具有重要作用。

二、省钞挤兑风潮

直隶省银行建于1910年2月,其前身是天津官银号。官银号建于清末贴水风潮之时。当时为了应对风潮,官银号初建就已开始发钞。其发行总额计有银两票三十八万四千五百两,银元票七十三万两千元,铜钱票六千四百七十九万四千文。1909年,遵照度支部要求,官银号每年收回两成纸币。辛亥革命之后,上述钞票在外流通者,银两票约有一千二百余两,银元票约有四千八百余元,铜钱票约有两万三千余文。此后官银号陆续收回这些纸币。1916年和1921年,中交两行停兑风潮爆发,市面金融紧张。天津当局应商会之请,要求直隶省行发行钞票。截至1917年底,省行累计发行银元票五十三万余元。1920年底,累计发行额增至六十余万元④。1923年7月,

---

① 《中国银行函告本行库存现金及有价证券按周登报情形》,天津市档案馆等编:《天津商会档案汇编(1912—1928)》,天津:天津人民出版社,1992年,第1074页。
② 《天津交通银行呈报发行流通券数量准备金情况及卜月廷复函》,天津市档案馆等编:《天津商会档案汇编(1912—1928)》,天津:天津人民出版社,1992年,第1069页。
③ 《天津总商会继续检查各行基金》,《银行周报》1928年第12卷第41期,第22页。
④ 张家骧:《中华币制史》,北京:知识产权出版社,2013年,第210页。

增至七十一万一千一百元①。1924年冬,省行钞票在外流通额为一百二十四万两千余元②。1925年,因为政治风云变幻,另有其他因素综合作用,省行钞票产生挤兑危机。

(一) 省钞挤兑风潮之起

天津官银号成立之初,经官厅积极维护,信用良好,冠于全省。直隶省行承接官银号,发行钞票很有节制,同样深得公众信任。1921年,中交两行发生停兑危机之时,直隶省公署曾经训令各个机关③:

> 前此中交两银行停兑风潮顿起,独直隶省银行未受影响,是其准备充足,信用昭著,久为社会所共知。该银行现在代理省库,各县知事及征收机关,对于民人完纳赋税捐款除现洋不计外,其以纸币交付者,应先尽省行纸币行用,以期活动金融,至尚未通行之处,应准参用其他殷实银行纸币,以免窒碍。

中交两行因停兑风潮,所发纸币难以流通,而直隶省钞则行用日广。截至1925年,直隶省钞发行不足三百万元,流通全省。在遐州僻壤,竟有民众将现洋换为省钞贮藏。省钞即使破烂不堪,甚至号码几不能辨,民众依旧乐于使用。而华威、劝业等银行所发角票虽然新洁,民众仍不愿用④。同为纸币,民间使用却有云泥之别。天津民众对于省钞的信任,由此可见。

然而好景不长,直隶省钞也同中交纸币一样,因为滥发,信用一落千丈,最后酿成省钞危机。省钞危机初显于1925年。当年11月,冯玉祥利用奉系内部矛盾,与该系将领郭松龄联合倒奉。冯系国民军李鸣钟部借机进攻天津奉系势力李景林部。战争使直隶财政迅速恶化。李景林督直时,将直隶各款搜罗殆尽,并将直隶财产捐税全部抵押,一年之间借款一千九百余万。国民军占领天津之后,军政各费

---

① 《省银行六月份之票额》,天津市地方志编修委员会办公室,天津图书馆编:《〈益世报〉天津资料点校汇编(一)》,天津:天津社会科学院出版社,1999年,第912页。
② 张家骧:《中华币制史》,北京:知识产权出版社,2013年,第210页。
③ 《省令推行省银行纸币 以期活动金融》,天津市地方志编修委员会办公室,天津图书馆编:《〈益世报〉天津资料点校汇编(一)》,天津:天津社会科学院出版社,1999年,第893页。
④ 《商民徐子爹等痛陈直隶省钞数百万元停兑数年请援鄂例速予整理函》,天津市档案馆、天津社科院历史研究所、天津市工商业联合会编:《天津商会档案汇编(1928—1937)》,天津:天津人民出版社,1996年,第802页。

无法维持。冯玉祥部孙岳拟向各银行借款一百万元，以济急需。经各银行调查，能够作抵之项均已抵借。后从已抵各项中斟酌，勉强借得七十万元，旋亦用罄。而政费仍无着落，孙岳遂令财政厅与商会商议办法。商会支应军队，维持治安，捐筹商款，至此亦是计无所出①。

无论奉系势力还是国民军执掌天津，都对财政资源极度消耗，并且财政预算混乱不堪。当时省债有一千二百四十余万，远超全省财政收入。对于举债原因，当局所做预算声明含混不清，或说凑放军政各费，或说拨付某银行欠款。至于这些欠款是何时所借，作何开支，根本无从查考②。

1926年初，奉系军阀与吴佩孚联合，组建直鲁联军。3月，直鲁联军打败冯玉祥的国民军，攻占天津。4月，联军总指挥褚玉璞担任直隶保安总司令，兼任省长③。这段时期，天津战争不断。战事初起，天津金融立受影响。当时以钞票兑换铜元，每元所兑之数比现洋少二三枚。若以钞票兑换现洋，必须加色。否则钱摊即声称没有现洋，停止兑换。1925年12月中旬，市面忽起谣言，称直隶省行铜元票不能行使。各个商号纷纷拒收，市面金融更为混乱。天津警察厅闻报之后，一面发布告示辟谣；一面将拒收铜元票者逮捕多人，严予惩办。省行铜元票虽经官府强力推行，勉强流通；然而商民对其信任降低，终究难以挽回。铜元票价格日落，降至八折或七折兑换④。此后，天津商民恐慌加重，不仅拒收铜元票，而且拒收直隶省行其他钞票⑤。因为金融混乱，津埠各商号生意萧条不振，米粮昂贵已达极点。普通民众生活之苦，不堪言状。

天津商民为何拒用省钞？战争之中人心恐慌是重要原因，此外

---

① 《第五次公债继续发行 目前总商会之议决 最近直省财政状况》，天津市地方志编修委员会办公室、天津图书馆编：《〈益世报〉天津资料点校汇编（一）》，天津：天津社会科学院出版社，1999年，第932、933页。
② 《财部彻查直隶省债 因总额已达一千余万 举债原因用途不明了》，天津市地方志编修委员会办公室、天津图书馆编：《〈益世报〉天津资料点校汇编（一）》，天津：天津社会科学院出版社，1999年，第928、929页。
③ 赵泽芳、李振军：《档案记载中的直隶省长兼保安总司令褚玉璞》，《档案天地》2011年第10期，第14、15页。
④ 《战事发生后之金融状况》，天津市地方志编修委员会办公室、天津图书馆编：《〈益世报〉天津资料点校汇编（一）》，天津：天津社会科学院出版社，1999年，第931、932页。
⑤ 《直省银行钞票阻滞》，天津市地方志编修委员会办公室、天津图书馆编：《〈益世报〉天津资料点校汇编（一）》，天津：天津社会科学院出版社，1999年，第932页。

还有其他因素。1926年5月,天津警察厅希望商会劝谕商民通用省钞。商会复函①:

> 省银行发行纸币,原系金库担保,市面久著信用。唯零角钞票与铜元票等,时有商民前往兑换,则被该行批废,谓为假票,试思商民使用该行纸币,岂能鉴别真伪? 一旦批废,即遭损失,此为碍及流通原因之一。其次则为该行大洋纸币忽有限制兑现之举,以故人民益起疑虑,此为碍及流通原因之二。此外军用票券之损害,几于人人不免,而磨房商之亏损尤巨。商民既已饱尝痛苦,则不能不因此又起危惧之心,欲求根本维持,必须仍由省银行将伪造零票尽先解决,不使商民吃亏,并一面妥筹准备,充量兑现,方能恢复信用。

从以上复函可知,商民拒用直隶省钞,一是因为战时有人伪造零角钞票和铜元票,商民难以鉴别;二是因为直隶省行限制大洋纸币兑现,导致省钞价格下跌。以上两个问题,前者主要责任不在官府,只需彻查,假票自会减少。与前者不同,后者主要责任则在官府。这段时期战乱频仍,军人秉政。官府财政困难,随意要求省行增发纸币,但对发行储备又不重视,甚至将行内财产大量抵押,遂至省钞信用丧失。

1926年12月,直隶当局为整理金融,允许商民使用省钞购买公债券,并在公园焚毁省钞六十余万元。省钞价格为之一涨,由一元兑换二、三角涨至八角上下②。不过这种上涨只是昙花一现。1927年4月,民众兑现省钞不断增多。直隶省行致函天津商会,强调省钞同于现金,发行准备具有全省财政收入为之担保,各县解款源源而来,可以随时挹注,绝无他虞;希望商会召集各行商董,剀切说明情况,俾其安心,既不折扣使用,亦不群相兑现③。省行声称全省财政充裕,实则不然。8月,《益世报》报道天津财政吃紧④:

---

① 《天津警察厅请商会劝谕商民通用省钞角票及津商会申明行使困难原因函》,天津市档案馆等编:《天津商会档案汇编(1912—1928)》,天津:天津人民出版社,1992年,第1093页。

② 《直省流通券价格暴跌》,天津市地方志编修委员会办公室,天津图书馆编:《〈益世报〉天津资料点校汇编(一)》,天津:天津社会科学院出版社,1999年,第937页。

③ 《为劝导商民安心行使直隶省钞票事致天津总商会的函》,天津市档案馆藏,档号:401206800-J0128-3-005994-012。

④ 《中秋在迩 华界市面冷落情形》,天津市地方志编修委员会办公室,天津图书馆编:《〈益世报〉天津资料点校汇编(一)》,天津:天津社会科学院出版社,1999年,第735页。

财政厅筹备款项 直隶财政厅厅长李福源,近以中秋在迩,各处在在需款,故屡令催各县呈解公款,藉以应对各方。并饬令各征收机关,迅予缴税款,以维现状。

警察厅维持警饷 天津警察厅厅长常之英,以近来所属各区署之警察,均已欠饷,现届节关,各区官警限于经济困难,多有拖欠。如不设法筹备警饷,不足以维持生活,故常氏拟定于中秋节前,暂发警饷一个月。

津浦路职员索薪 津浦铁路管理局局长韩文友前为节减路局经费计,实行裁员,故该路之职员被裁者一千余人。查各员司供职时已被欠薪多月,现因被裁均赴该路局索要欠薪。韩局长允于三五日内,补发欠薪。

各军队定期发饷 直隶督办褚玉璞以近来各军队值战争之时期,均舍身讨赤,出力异常,故拟于日内发全饷一月。各军队及各军事机关,均已赶造饷册,以备呈报,藉以具领薪饷。

上述报道说明,直隶各处在在需款,警察、铁路、军队尤其紧张。情急之下,直隶当局遂要省行大发钞票,以之支付相关费用,尤其用于支付军饷。军人手持这种钞票,进入华界各业商铺消费,要求十足行使,不准折扣。商家稍一迟疑,即遭殴辱。还有军人手持十元或五元省钞,购买一角或两角物品,然后要求商家找给现洋。商家如找现洋,损失更大,所以常将物品免费赠送。军人得此便宜,竞相仿效。甚至有人手持省钞,沿摊逐个购买,不费一文,满载而去。街市各小商铺因此闭歇者,指不胜屈①。

直隶当局以增发省钞解决财政危机,截至1927年11月底,历年发钞总额高达八百四十九万三千一百元。短短三年之内,增长将近六倍。

表4.3 直隶省钞流通券数额(截至1927年11月30日)

类别	一元券	三元券	五元券	十元券	合计
数额	3 115 152	108	2 655 480	2 722 360	8 493 100

数据来源:《会计师吴宗焘检查直隶省银行历年纸币印销情况报告书并附发行情况表》,天津市档案馆等编:《天津商会档案汇编(1912—1928)》,天津:天津人民出版社,1992年,第1160页。

---

① 《为有军人向各商号强行兑换大洋或铜元事致天津镇守使署天津警备司令部的函》,天津市档案馆藏,档号:401206800-J0128-3-005994-086。

发行膨胀如此之速,省钞价格根本无法维持。1927年9月,省钞价格暴落,市面金融暗中趋紧①。10月,省钞价格涨落不定,波动剧烈。实际行市自七五折跌为七二折,后又涨至七四折②。11月,天津市面惶惶不安。菜市、晓市纷纷迁入租界,米面等行也难正常营业③。省钞价格落至六折左右,而货物价格几乎上涨一倍,并且每日一价,继续增长。若持省钞购物,很多商铺都以无货为辞,拒绝接受。乡间农民也不肯挑货入城贩卖④。与此同时,商民恐慌,争兑现金。各个兑换处拥挤异常,其景象曾被详细报道⑤:

> 本埠河北总站旁之某省钞代兑处,日前因省钞行市日有起色,故往兑者日渐减少。近数日来,因行市又复跌落,以致兑现者骤见增多。每日早五钟余时,该处门即已拥满,至八时左右则人山人海,拥挤不堪矣。查往兑者,以老妇幼女居多数,并皆携带小板凳一具,以备久候。而昨今两晚,该处门旁竟有终夜不去,露宿以候之老妇数名。记者叩其原因,据言若不如此以候,则明日又必被挤于后,余等连来三日,均未兑着一元,所以今天不走,明日好首先得兑云云。该处挤兑之难,于此可见一斑矣。

省钞信用日低、价格日落,持有省钞愈多,损失愈大。所以天津商民争相抛出省钞,换为现洋。省行滥发钞票,现金准备本就不足,又经军阀大量挪用,根本无力应付挤兑。12月5日,直隶省署发布停兑告示⑥:

> 直隶省银行为全省金融枢纽,商民托命机关,关系极为重要。前因时局影响,省钞价值,日益低落,行使困难。迭经召集

---

① 《省钞跌价之影响 金融已暗形紧张 京粮商损失不赀》,天津市地方志编修委员会办公室、天津图书馆编:《〈益世报〉天津资料点校汇编(一)》,天津:天津社会科学院出版社,1999年,第939页。
② 《本埠金融之近况》,天津市地方志编修委员会办公室、天津图书馆编:《〈益世报〉天津资料点校汇编(一)》,天津:天津社会科学院出版社,1999年,第939页。
③ 《直隶省钞盖戳后 价格已逐渐提高》,天津市地方志编修委员会办公室、天津图书馆编:《〈益世报〉天津资料点校汇编(一)》,天津:天津社会科学院出版社,1999年,第940页。
④ 《天津金融之近况》,《银行周报》1927年第11卷第45期,第4页。
⑤ 《省钞代兑处近况因行市之跌落较前更为拥挤》,天津市地方志编修委员会办公室、天津图书馆编:《〈益世报〉天津资料点校汇编(一)》,天津:天津社会科学院出版社,1999年,第939页。
⑥ 《直隶省钞停兑》,《国闻周报》第4卷第84期,第12页。

征收各机关,协筹整理……乃筹办已逾多日,而省钞价值,仍复有减无增。市面摇动,人心惶惑。官民交受其弊,言之至为痛心。……自本月五号起,该银行已发之钞票……暂行停止兑现。……要之为维持币政计,为救济军需计,均应以改弦更张之策,为惩前毖后之图。政局日艰,事非得已。除通令外,合亟布告,俾众周知。

直隶省署宣布停兑时,对于后续处理、恢复兑现等问题,全无通盘考虑。商民持有很多省钞,为此大受损失。比如甲商欠乙商八千元,双方协商同意,甲商以省钞一万元支付欠款,八折行使。乙商接收之后,省钞价格落至八折以下。乙商不愿赔钱卖出,于是暂为搁置,等待涨价①。停兑令颁布之后,省钞不涨反跌,一度跌至省钞一元只能兑换现洋一角四五分,不到二折②。乙商所持省钞或者难以用出,形同废纸;或者低价用出,损失巨大。商民因此破产者不计其数,甚至有人跳河自尽,至为惨痛③。

(二) 风潮的应对

省行产生挤兑风潮,缘于省钞发行过多,天津商民心生恐慌。因恐慌而群相兑现,又因群相兑现而加重恐慌,最后形成恶性循环。打破这种循环、恢复商民信心,首先需要拓宽省钞的用途。1926 年 5 月,直隶省行向省长褚玉璞提出建议,希望省署通令本埠京奉、津浦各铁路局出售客货车票,暂不收受其他纸币,一律只收省钞,以此消除群疑。褚氏同意,要求商民遵照办理④。此后,褚氏又令各机关收税,一律只收现洋和省钞,其他纸币概不收受。褚氏为此强调:倘有

---

① 《商民徐子篯等痛陈直隶省钞数百万元停兑数年请援鄂例速予整理函》,天津市档案馆、天津社科院历史研究所、天津市工商业联合会编:《天津商会档案汇编(1928—1937)》,天津:天津人民出版社,1996 年,第 800、801 页。
② 《省钞价格又渐提高 每元折价二角有奇》,天津市地方志编修委员会办公室、天津图书馆编:《〈益世报〉天津资料点校汇编(一)》,天津:天津社会科学院出版社,1999 年,第 940 页。
③ 《商民徐子篯等痛陈直隶省钞数百万元停兑数年请援鄂例速予整理函》,天津市档案馆、天津社科院历史研究所、天津市工商业联合会编:《天津商会档案汇编(1928—1937)》,天津:天津人民出版社,1996 年,第 800、801 页。
④ 《褚玉璞命京奉津浦路局客货运输自五月二十日起一律收用直隶银行钞票令并附简章》,天津市档案馆等编:《天津商会档案汇编(1912—1928)》,天津:天津人民出版社,1992 年,第 1094、1095 页。

官吏刁难,商民可以据实具禀,迳送行辕以凭核办①。

上述要求用意至善,但都半途而废。1926年底,津浦铁路局为了筹拨兵工厂经费,规定一、二、三、四、五、六各次客车一律收受现款。只有二十一、二十二及十一、十二各次车,才可收受三成钞票②。褚氏命令客货车票收取省钞,时间不长即告失败。另外,褚氏要求商民可用省钞纳税,很快也是弊端重重。当时天津为北方商业中心,又是直隶省行所在地。天津市区以及交通便利或驻军之地,均有省钞流通。至于偏远地区,省钞本就不甚通行。挤兑危机发生之后,更是渺无影踪。然而各县署与局卡报解赋税各款,全都搭解省钞。这些省钞并非原地征收得来,而是官吏作弊上交。他们对于省钞同样没有信心,故而经手现洋税款之时,多将现洋换为省钞,借机牟利③。褚氏对此无可奈何,遂于1927年12月发布告示,宣布停收省钞④:

  风闻各征收机关,收入款项,多系现洋,乃解缴时,往往易为省钞。各县解款来津,亦多有以现易钞情事。业经严令查办在案。唯再四筹维,国法虽严,难防贪吏。与其利归中饱,亏及公款;何若改收现洋,以免奸人之侵蚀。且现值军需万急,用款浩繁,长此因循,弊害伊于胡底。自本月五号起,各征收机关,一律征收现洋,以杜弊端而济急用。

政府朝令夕改,征税不收省钞。商民更无信心,纷纷拒收省钞或折扣使用,持有省钞者也争兑现洋。直隶省署为此一再强调,商民收受省钞,须照票面数额十足通用,不准私自折扣或刁难低抑。如果违反命令,军法从事,这种命令绝非戏言。省钞停兑之前,曾有商民低价收购,最后竟被枪决示众⑤。

官府号令虽严,却未解决根本问题。挤兑风潮的根本原因,在于省钞滥发。根本问题没有解决,一味要求普通商民必须接受省钞,同

---

① 《褚玉璞发布地方正杂各税一概搭收省钞以维信用令》,天津市档案馆等编:《天津商会档案汇编(1912—1928)》,天津:天津人民出版社,1992年,第1103页。
② 《津浦路收受军票办法》,天津市地方志编修委员会办公室,天津图书馆编:《〈益世报〉天津资料点校汇编(一)》,天津:天津社会科学院出版社,1999年,第937页。
③ 《褚玉璞发布天津以外各县征收机关一律征收现金以杜弊端令》,天津市档案馆等编:《天津商会档案汇编(1912—1928)》,天津:天津人民出版社,1992年,第1113页。
④ 《直隶省钞停兑》,《国闻周报》第4卷第84期,第12页。
⑤ 《省银行发生挤兑风潮》,《大公报》1927年2月23日。

时官府却又拒收省钞,最终只是官府剥夺商民而已。商民百般无奈,唯有消极抵抗,或是关门歇业①,或是借机抬价。于是直隶警厅又发命令,要求天津商会布告各商,不准抬高物价②。这种行政命令简单粗暴,收效甚微。

除了拓宽省钞用途,褚氏还想通过公债,如数换回市面流通的省钞角票,减少角票数量,阻止角票贬值。直隶省行角票发行额原为九十六万五千元,此后陆续收回四十余万,尚有五十六万流通市面。褚氏认为应付省钞整票挤兑已颇不易,若欲再筹大宗现金兑现角票,同时并举,实难为力。所以建议印刷债票六十万元,其中五元票三十万元,一元票三十万元,用债票收换角票。天津商民对此完全反对,上书褚氏③:

> 全体会董会讨论,佥谓收存角票商户,均非富厚之家,前自停兑以来,无不渴望早日恢复,以便行使而免损失。前据各行商等迭次要求兑现,盼望至为殷切,然一日不能恢复,犹有一日或可行使之希望,今若以五次公债收换,不特行使之念顿成绝望,且商民资力亦实不堪此损失。将来若必照此办理,诚恐商民无一乐从,亦属徒费手续。

褚氏拟将市面角票转为政府公债。但是购买公债,应由民众量力而行。当时持有角票者多是普通商民,并无资力购买公债。况且战火连绵,政府随时都会更迭。持有政府公债风险太大,商民即使具有资力购买公债,也是躲之唯恐不及。

挤兑危机发生之后,直隶当局拟以行政命令强力推广省钞、以政府公债收回部分省钞,均无良效。另外,当局还从现洋入手,一面下令造币厂加紧铸造,一面严禁现洋出境④。这也不好实施。因为短

---

① 《北海楼各摊商停止营业 因受省钞影响》,天津市地方志编修委员会办公室、天津图书馆编:《〈益世报〉天津资料点校汇编(一)》,天津:天津社会科学院出版社,1999年,第734页。

② 《警察署取缔奸商抬高物价 以免影响民生》,天津市地方志编修委员会办公室、天津图书馆编:《〈益世报〉天津资料点校汇编(一)》,天津:天津社会科学院出版社,1999年,第735页。

③ 《褚玉璞命省钞角票五六十万元由五次公债如数换回令及津商会回绝函》,天津市档案馆等编:《天津商会档案汇编(1912—1928)》,天津:天津人民出版社,1992年,第1102页。

④ 《造币厂赶铸现洋维持省钞流通金融》,天津市地方志编修委员会办公室、天津图书馆编:《〈益世报〉天津资料点校汇编(一)》,天津:天津社会科学院出版社,1999年,第939页。

期之内,造币厂难以铸造足够现洋;况且挤兑风潮缘于财政危机,以当时直隶省的财政状况,当局也难购买足够白银铸造现洋。而禁止现洋出境,又会阻碍商品交易、金融流通。这和历次金融风潮中的官府禁令一样,最终招致商民反对。当局声称听任现洋任意输出,本埠现金将会日益减少,同样影响商业民生;故而并未完全弛禁,而是加以折中。具体办法如下:在津发钞的各个银行,若在北京、保定、石家庄设有分支行,运送现金均需领有护照。如运现金至北京,每个护照可运数额不准超过三万。如运现金至保定、石家庄,每个护照可运数额不准超过一万。并且每日只准运送一次,允许同时领取三日的护照,并作一次运输。不发钞票的银行、钱号及普通商民,每人运送现金一律不得超过二百元。如需大额现款,可由发钞行代为运送。对于上述办法,官厅声称可据具体情况,随时修改。变通之中,仍寓限制之意①。

官府发布运现禁令以后,各处仍然私运不绝。省长公署严饬军警机关随时调查②。唯天津为通商巨埠,万商云集,交易频繁,现金无时无刻不在流动。官府随时调查谈何容易?涉及外商之处,尤易产生纠纷。当时曾有日商运送大批辅币出口,被津海关查获扣留。日本驻津领事认为此举有碍日商营业,特向北洋政府提出交涉③。就华商而言,禁令也难真正限制现洋外流。据天津商会统计,自1926年12月3日至1928年3月31日,天津各商申领运现护照,总共运出现洋二百五十三万三千元,数额巨大④。以禁令限制现洋外流,借以维持省钞稳定,效果并不太好。

解决省钞危机,单靠官府一家之力远远不足,必须官民配合,合力应对。1927年7月,直隶省商会联合会拟定整顿省钞办法,分治标与治本两种。治标办法主要包括:由省议会、银行公会、直隶商联会、

---

① 《直隶财政厅复津商会请放宽禁运现洋办法函及原呈》,天津市档案馆等编:《天津商会档案汇编(1912—1928)》,天津:天津人民出版社,1992年,第1257页。
② 《当局禁止现洋出境》,天津市地方志编修委员会办公室,天津图书馆编:《〈益世报〉天津资料点校汇编(一)》,天津:天津社会科学院出版社,1999年,第938页。
③ 《日商贩运辅币出口 被海关查获扣留 日代办提出交涉》,天津市地方志编修委员会办公室,天津图书馆编:《〈益世报〉天津资料点校汇编(一)》,天津:天津社会科学院出版社,1999年,第938页。
④ 《直隶省现洋禁运后各商申领运现护照统计表》,天津市档案馆等编:《天津商会档案汇编(1912—1928)》,天津:天津人民出版社,1992年,第1253页。

天津总商会、钱业公会以及财政厅、津海关道、盐运使、造币厂各推董事若干人，组织省钞维持会。省钞维持会组织省行准备库，将省行收存的省钞交库保管，不得再发；详细调查仍在流通的省钞，明确具体数额；规定省行发钞限额，不准超过。当时芦盐产捐每月可收二三十万元。维持会准备将其作为省钞兑换基金，任何方面不得提取挪用。基金如果不足，再由财政厅指定其他税收，用以兑现省钞。治本办法主要包括：由维持会彻查省行的资产负债，然后由省政府指定款项填补官欠，或指拨官产，或指定税收，或抵消官股。总之，务必使省行资产与负债相抵。商民可用省钞购买省行股份，增加商股，减少官股。以此减少官府干涉，避免现款任提、钞票滥发问题。同时省行总经理、副总经理由董事会推选①。

商会联合会所提治本之策，已经涉及省行脱离官府控制的问题，诚为探源之论。唯当时军事扰攘，必难做到。所以天津商民所能着力者，主要还是治标之策。1927年8月，省钞发行总额约为五百六十万元。整理省钞委员会讨论之后，确定天津全埠担保省钞流通二百八十万元，以芦盐产捐作为基金；直隶所属各县担保另外一半，以加征的亩捐作为基金。当时芦盐产捐和亩捐每年各自可收三百余万元②。将两者作为省钞兑换准备金，绰绰有余。两项税收涉及各方利益。政务厅、津海关道、交涉员、印花税处、市政厅、官产处、天津县等讨论之后，拟定合同草案。草案规定：由直隶省议会、直隶商会联合会、直隶省农会、天津总商会、银行公会、钱商公会、长芦盐纲公所这七个公共团体各推代表，组织维持省钞基金委员会。直隶省银行、财政厅亦需派员参加。所有维持省钞事务，由该委员会与各官署、机关接洽办理。芦盐产捐专为维持省钞之用，剩余部分才可用于其他方面。否则无论长芦盐务官商两方有无改革，中央与地方各项税捐、协饷有无增减，政府均应始终维持原案，不得变更产捐用途。各行商担保省钞流通，以维持基金履行原议为前提。如果基金收入中途停止，则各行商收受省钞之责解除。省钞流通如若因此发生障碍，各行

---

① 《直隶省商会联合会拟定整顿省钞治标治本办法十二条》，天津市档案馆等编：《天津商会档案汇编(1912—1928)》，天津：天津人民出版社，1992年，第1135、1136页。
② 《津商会拟具省钞五百六十万元由各方分任担保办法并银行公会申述受害情形函》，天津市档案馆等编：《天津商会档案汇编(1912—1928)》，天津：天津人民出版社，1992年，第1137页。

商不负责任①。

　　上述草案特别强调：芦盐产捐用作维持基金，政府不能挪用，否则各商维持省钞之责立即解除。此后天津各行商签订《担保流通省钞公约》。所谓担保，就是各行商按照分配的数额，书立存据，送交直隶省钞委员会保管；万一省钞不能行使，则凭存据分担损失。具体分担办法是：芦盐产捐一旦不能用于维持基金，各行商所收省钞可用已收产捐均摊抵偿；不足部分则从担保款内按成提取，以资摊还。公约强调此项担保款是市面第一优先债券。倘有违约不付之事，由直隶省议会等七个公共团体向其交涉。将来如若维持省钞失败，则将直隶省行资产处理变卖，所得之款优先弥补各商损失。不足部分仍由七个公共团体向省政府交涉，另行拨款补足。各行商担保流通省钞，以委员会盖戳换发的新钞票为限。行使新钞票等同现洋，各业必须接收。如有借词不收者，其他各户与之停止往来②。

　　《担保流通省钞公约》的各项条文，天津各商大都同意。唯担保数额的分配，则有商人存在异议。当时天津商会分配担保数额，拟由银行界担保一百四十万元，其他各行商担保一百四十万元。其他各行商中，芦纲公所担保四十五万元，每包芦盐加征四元以筹集该款。银行公会与芦纲公所对此都有意见。银行公会认为金融界甫经巨变，由各银行承受此项巨额担保，实属困难异常。针对维持省钞的具体做法，银行公会主要提出两点意见：一是维持省钞，重在全部整理，不能由银行单独办理，更不能在原定数目之外，再令银行增加负担。银行之外，其余各商也要筹有现款，交给维持省钞基金委员会保管。如有商家因收省钞周转不灵，可按所存省钞的数目，向委员会请求救济。二是众银行担保一百四十万元，是按五百六十万的流通总额分配而成。但是合同草案所定的省钞流通总额，只有四百万元。按此数额分配，众银行只应承担一百万元③。芦纲公所的意见，主要是众

---

① 《褚玉璞命速按合同办法兑换省钞令并附担保流通省钞合同稿》，天津市档案馆等编：《天津商会档案汇编（1912—1928）》，天津：天津人民出版社，1992年，第1105、1106页。

② 《津商会拟具省钞五百六十万元由各方分任担保办法并银行公会申述受害情形函》，天津市档案馆等编：《天津商会档案汇编（1912—1928）》，天津：天津人民出版社，1992年，第1138页。

③ 《津商会拟具省钞五百六十万元由各方分任担保办法并银行公会申述受害情形函》，天津市档案馆等编：《天津商会档案汇编（1912—1928）》，天津：天津人民出版社，1992年，第1139、1140页。

盐商已缴芦盐产捐作为省钞维持基金,倘若再令其承受巨额担保,责任未免偏重。并且天津盐店与省钞关系最大,而其承办者福昌号并不在芦纲公所团体之内。芦纲公所各商多在外县。维持省钞,外县亦须承担二百八十万元。到时地方摊派数目,芦纲公所各商势需分担。公所盐商一处营业,却要担负两层责任。职此之故,芦纲公所希望免派担保数额,以昭公允①。芦纲公所与银行公会所述种种,说明他们对于省钞维持并无信心,故而希望减少担保份额,降低行业损失,维护行业利益。经过反复讨论,各行商最后确定:银行公会担保款项一百四十万元,芦纲公所担保款项三十万元②。

省钞维持委员会所定办法细致周密,若能实施,确有希望挽回省钞信用,平息挤兑风潮。只是这些办法若要见效,需要一个前提,即省钞不再增发。而在现实之中,这个前提恰恰并不具备。最后所有前期准备全都付诸流水。1927 年 6 月直隶商民筹办维持会时,省钞在外流通额约为五百六十万元。此后省钞持续增发,主要用于军费。截至 10 月 31 日,直隶省钞在外流通额增为七百七十余万。短短四个月间,增加二百一十多万。同时各机关在直隶省行所存的活期存款,尚有七十五万余元,随时都会提取,因此省钞流通额还会增加。针对这种情况,褚玉璞要求:对原来的五百六十万元,按照既定办法整理;新增之数以二五附加税、奢侈品税以及特别区官产作为基金,一并整理③。

因为省钞持续增发,加之维持旧钞换发新票,印刷盖戳都需时日,所以省钞维持基金委员会虽然悉力维持,迄未见效。省钞价格未见回涨,反而继续跌落。1927 年 11 月底,直隶财政厅指责维持会因循坐误,拟将存款提出,自行整顿④。省钞维持基金委员会本拟按照

---

① 《芦纲公所陈述不能担保省钞四十五万元理由书》,天津市档案馆等编:《天津商会档案汇编(1912—1928)》,天津:天津人民出版社,1992 年,第 1141 页。
② 《津埠各行商担保流通省钞公约并褚玉璞批示》,天津市档案馆等编:《天津商会档案汇编(1912—1928)》,天津:天津人民出版社,1992 年,第 1142、1143 页。
③ 《褚玉璞发布直隶省钞维持会担保之五百六十万元外溢出之二百一十万元一并整理令》,天津市档案馆等编:《天津商会档案汇编(1912—1928)》,天津:天津人民出版社,1992 年,第 1112 页。
④ 《直隶财政厅申明省钞维持会毫无成效请将省府担任之一百万元提回及复函》,天津市档案馆等编:《天津商会档案汇编(1912—1928)》,天津:天津人民出版社,1992 年,第 1115、1116 页。

既定办法,于12月7日换发新钞①。孰料12月5日,直隶省署竟然下发停兑令,要求解散委员会。当时国民革命军攻克徐州,直隶当局需款孔殷,遂将省钞维持基金强行提用,并将芦盐产捐用作抵押,强行向银行、商会勒借现款一百二十万元②。至于市面流通的省钞,直隶省署要求总商会或银钱业自定行市,互相授受。同时省署计划征收附加税,要求商民将来纳税,对于现行税率下的应纳税额,必须缴纳现洋;对于超出部分,可按通用行市,使用省钞缴纳。商会对此提出疑问,谓天津存在租界,由商会或银钱业规定行市,绝难统一。若有商民自作行市,或拒收省钞等情况,官厅是否放任不管?直隶官署答曰:一切不再干涉。天津商会无法挽回,最后召集各行行董开会讨论,请求当局做出两项规定,尽力减少商民损失:一是规定省钞最低行市,仍令各机关照常收受;二是规定今后直隶省行按照通行行市,仍旧兑现。对于后一请求,直隶官署完全回绝。至于前一请求,直隶省署同意令各征税机关按照二成搭收省钞。因此省钞停兑之后,仍有行市,约在二折左右③。显然,当局此举完全不负责任。维持委员会的原定办法,是恢复省钞兑现,使其与现洋等值使用。而直隶省署的方案,则是任其浮动,不再维持。在此方案下,省钞必然价格大跌,甚至形同废纸,停止使用。直隶省钞维持基金委员会所做的种种工作,至此完全失败。

1928年6月,直鲁联军退出天津。6月25日,天津设市,直属南京国民政府管辖④。政治变革虽大,却未给省钞问题带来转机。当时解决问题的关键,仍在使用芦盐产捐作为基金,恢复省钞信用,而国民政府管辖天津之后,对此问题没有表示。天津民众组成直隶省钞债券团,向上请愿,希望将芦盐产捐加征额另款存储,以备整理省钞,不准挪作他用⑤。不意国民党河北省党务指导委员会竟然认为:

---

① 《维持省钞基金会拟于十二月七日开始换发新钞请省长出具告示》,天津市档案馆等编:《天津商会档案汇编(1912—1928)》,天津:天津人民出版社,1992年,第1169页。
② 《芦纲公所申述芦纲各商已将捐项上交中交两银行备作旧省钞抵押品函并省指委会等复函》,天津市档案馆等编:《天津商会档案汇编(1928—1937)》,天津:天津人民出版社,1996年,第783页。
③ 《直隶省钞停兑》,《国闻周报》第4卷第84期,第13页。
④ 罗澍伟编:《近代天津城市史》,北京:中国社会科学出版社,1993年,第499页。
⑤ 《为整理直隶省钞请愿事致国民政府财政部呈》,天津市档案馆藏,档号:401206800-J0128-3-006045-046。

省钞多存富商大贾之手,市面流通者绝少。整理省钞与贫民关系不大,并无必要积极办理①。褚玉璞于败亡前夕,曾用芦盐产捐作抵,强行向银行公会借款一百二十万元。国民政府占领天津之后,运用一半芦盐产捐归还上述借款。至于另外一半,却不用来整理省钞,而是用于平津卫戍经费②。当时加征芦盐产捐,天津商民食盐税负随之增重,但为维持整理省钞,两害相权取其轻,只好忍痛同意增税。孰料增加之税却被接连挪用,严重背离初衷。天津商会及普通商民连番上书,陈明省钞停兑之害,希望国民政府切实整理。可是国民政府并未遵从商民意愿,使用芦盐产捐整理省钞。直到1935年,天津市渔业同业公会还在呼吁行政当局,希望兑现各商旧存省钞③,只是并无下文。天津商民持有省钞的种种损失,终究未获补偿。经此打击,他们对于省钞信任剧降,尽量减少持有。直隶省行改为河北省银行之后,发钞增长缓慢,落后于其他银行;比之本行早期盛况,更是远远不如了。

三、铜元与铜元票危机

铜元自清末开始发行以来,逐渐取代制钱,成为民众小额交易的主要媒介。铜元面值高于铸造成本,铸造铜元可以获得铸币利润。因此清末官方和民间全都大力鼓铸,以致短期之内铜元暴增,物价暴涨,酿成铜元危机。清末天津曾经遭遇这种危机。虽然官民竭力应对,但是并未根本解决问题。北洋时期,天津铜元危机再次发生。

辛亥革命前后,人心不稳,天津铜元价格曾经短暂上涨。民国之后,天津铜元价格涨跌不一。而从长期来看,仍是以跌为主。从以

---

① 《芦纲公所申述芦纲各商已将捐项上交中交两银行备作旧省钞抵押品函并省指委会等复函》,天津市档案馆等编:《天津商会档案汇编(1928—1937)》,天津:天津人民出版社,1996年,第783页。
② 《为芦盐加征产捐作直隶省钞基金事致天津总商会函》,天津市档案馆藏,档号:401206800-J0128-3-006045-026。
③ 《为封存旧直隶省钞救济商号事致天津市商会的函》,天津市档案馆藏,档号:401206800-J0128-3-007207-001。

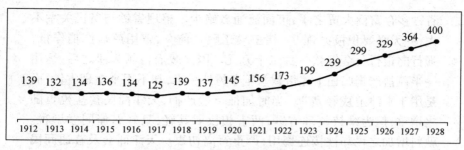

图 4.1　北洋时期天津银元一元兑换铜元文数(1912—1928)①

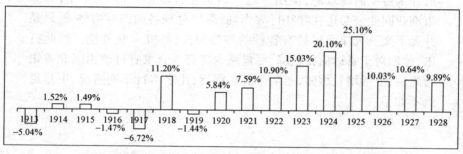

图 4.2　北洋时期天津铜元升值与贬值比率(1913—1928)

上两图可以看出,天津铜元在民初五年,价格比较稳定。自 1916 年起,铜元连续两年升值。特别是 1917 年,铜元升值将近 7%。此后除 1919 年短暂升值之外,铜元开始贬值。20 年代之后,天津铜元贬幅愈来愈大。清末铜元危机中的各种问题,至此再次涌现。民初天津成立平市官钱局,发行铜元票,同样不能避免滥发之弊。最后铜元票愈发愈多,使得危机更为复杂。

(一) 铜元涨价危机

铜元代替制钱是大势所趋。一战结束时,天津市面已无制钱流通②。天津铜元在 1916 年、1917 年不断升值,主要因为制钱大量外流,而铜元却未相应增加。一战爆发之后,铜价上涨,日本需铜紧急。

---

① 数据来源:1926 年之前数据根据天津电车公司报告,之后数据采自南开大学经济研究所实际调查者。转引自:吴石城:《天津货币流通之概况(二)》,《银行周报》1935 年第 19 卷第 5 期,第 12 页。所取数据为每年铜元兑换最低值。
② 吴石城:《天津货币流通之概况(二)》,《银行周报》1935 年第 19 卷第 5 期,第 12 页。

华北缺少铜矿,天津商民遂搜括各类黄铜、紫铜器皿,同时广泛收买旧式制钱,熔毁出口日本①。当时静海等县商民将制钱运到天津县城,卖给商人装运出洋。每两吊制钱可换大洋一元。天津警厅曾经查获制钱二万数十斤②,约有五百八十多万枚③。由此观之,天津制钱流出量应该非常巨大。

1916年,财政部在天津设立炼铜厂,按照重量收买制钱,准备提炼纯铜,改铸国币。当时财政部收买制钱,多以银元支付,而非使用铜元;收买制钱之后,一时又未开铸铜元。代买制钱之人,为了运输便利,也多不能运输铜元④。大宗制钱源源退出流通领域,相应铜元却未注入,天津市面因之更为紧张。

此外,中国各地铜元价格参差不同。1916年11月,在天津市面,银元一元可兑铜元一百二十三枚或一百二十四枚;而在山东济南,银元一元可兑铜元一百一十二枚上下。天津鲜果商人及山东商帮将铜元夹在货物中,蒙蔽钞关之后,沿津浦路运到济南,贩卖获利⑤。在铜元涨势下,天津商民获得铜元之后,全都持而不放。钱摊推波助澜,借机抬价。京奉、津浦铁路局从路费收入中获得铜元数百万元,也都存积不出,等待铜元继续涨价,以获暴利⑥。天津电车电灯公司也收有大量铜元。天津商会希望按照市价全部收购,用以平抑铜元价格,但是为其所拒⑦。

---

① 《1916年津海关贸易年报》《1917年津海关贸易年报》,吴弘明编译:《津海关贸易年报(1865—1946)》,天津:天津社会科学院出版社,2006年,第335、345页。
② 《饬役查缉贩卖制钱》,天津市地方志编修委员会办公室、天津图书馆编:《〈益世报〉天津资料点校汇编(一)》,天津:天津社会科学院出版社,1999年,第881页。
③ 每银元一元可换制钱两吊,银元十四元五角则可换制钱二十九吊。当时外商携带银元入境,购买制钱,每银元十四元五角可换制钱一百斤(见《天津县姒锡章转发巡按使朱查禁奸商勾串某国洋人私贩制钱令》,天津市档案馆等编:《天津商会档案汇编(1928—1937)》,天津:天津人民出版社,1996年,第1310页)。综合上述数据推算,制钱两万斤约有五千八百吊,即五百八十万枚。
④ 《全国商会直隶事务所诉陈财政部收钱委员以洋元收买制钱引起钱荒情形函》,天津市档案馆等编:《天津商会档案汇编(1912—1928)》,天津:天津人民出版社,1992年,第1266页。
⑤ 《为请禁止铜元出境事致商务总会总理请议书》,天津市档案馆藏,档号:401206800-J0128-2-000473-010。
⑥ 《为请平价发售铜元致天津商务总会呈》,天津市档案馆藏,档号:401206800-J0128-2-000473-085。
⑦ 《为请解释铜元兑换事给市商务总会函》,天津市档案馆藏,档号:401206800-J0128-2-000473-043。

天津市面铜元流通日少,财政部造币总厂尽力鼓铸,仍然供不应求。1916年,中交两行纸币停兑。造币总厂需先铸造银元以济眉急,其次才能鼓铸铜元。当时每日只出铜元八十万枚至一百万枚,并且不能全部投放天津市面。因为其他各省同样缺乏铜元。山东省省长、商会函电迭至,要求造币总厂大批解济铜元。北京、直隶各县也因钱荒,纷纷希望造币总厂解运铜元,平抑市面。造币总厂调剂盈虚之时,需要兼筹并顾,分别挹注。加之欧战发生以后,洋铜日贵。造币总厂仅靠收熔制钱以供鼓铸,原料不足,以致发行铜元大为受限①。

1916年12月,天津市面一元银元所能兑换铜元的数量,从一百三十余枚落为一百一十五枚不等,相差二十枚之多②。铜元升值,大多商民认为影响民生,希望官方和商会出力整顿。但是也有商民持论相反,认为无需管理。这种观点的立论根据,乃是全国多以银元作为本位货币,买卖货物均按银元核算。银元相对铜元升值,物价随之上涨;银元相对铜元贬值,物价随之下跌。平民工资若以银元核算,自然不受影响;若以铜元核算,现在铜元升值,平民反会从中获利③。两种看法的分歧,关键在于市面物价是否均按银元核算。北洋时期,天津平民所得工资多以银元核算,而购买日用百货等零星小额交易仍以铜元计价。铜元升值,平民工资所兑铜元减少。在原有铜元物价之下,可购物品自也相应减少。铜元升值越多,可购物品减少也会越多。原来依靠工资勉强维生者,此时就会生计堪忧。铜元升值,如以铜元标价的物品随之降价,平民生活或能少受冲击。然而物价往往不会如影随形,迅速降价。即使降价,其幅度与铜元升值幅度也未必完全一致。当时天津菜行、绸行尚能调整价格,适当降价。而米面各商则均不降价,实与平民生计大有关系④。因此任由铜元自由涨落之论,并不符合津埠实情。

---

① 《为设法匀拨铜元事给天津总商会函》,天津市档案馆藏,档号:401206800-J0128-2-000473-022。
② 《为严惩铜元出境事致商务总会请议书》,天津市档案馆藏,档号:401206800-J0128-2-000473-093。
③ 《为请研究铜元兑换办法事给商务总会函》,天津市档案馆藏,档号:401206800-J0128-2-000473-050。
④ 《为铜元跌价事的议事记录》天津市档案馆藏,档号:401206800-J0128-3-010346-038。

铜元不断升值,平民生活大受影响。天津官方应对危机,首先就是禁止铜元和制钱外流。这与清末所为并无二致。1915年,天津警察厅严密缉拿私贩制钱。天津商会与之配合,随时互通消息。民初私贩制钱,律无专条。直隶巡按使朱家宝要求天津地方审判厅斟酌比例,对私贩之人科以应得之罪;并令审判厅制订具体办法,填补法规空白,以使办案有章可循①。当时直隶运送制钱出境者,常持外县商会护照。直隶全省警务处认为此风一开,流弊滋多,遂于1916年4月特别强调:商会属于私人团体,主要责任在于整理商业,并无发放护照之权。以后运送大宗制钱在一万斤以上者,须持财政部和巡按使护照,否则不予放行②。普通商民从津外出,所带铜元不得超过一二百枚。倘有故意违抗者,查出送交官署,从重罚办③。直隶沧县、肃宁两县商会因为市面制钱短缺,希望赴津购运铜元,天津商会也都一概拒绝④。天津官民的应对思路,就是严控铜元外流,以此阻止铜元涨价,缓解钱荒。

天津官方对于私贩制钱严格缉拿,唯大利所在,私贩仍是络绎不绝,几有缉不胜缉、查不胜查之势⑤。平民私贩已使铜元升值问题非常复杂,而平市官钱局作为官方机构,也想贩卖牟利,更是引起轩然大波。1916年底,天津平市官钱局以直隶督军曹锐的名义,在津购买铜元两万余串,准备运往保定,被天津警察厅查扣。天津商会以津埠钱荒紧要,电请曹氏缓运铜元,使之留津周转市面⑥。孰料曹氏回电,声称并无在津购买铜元之事,必是奸商假借名义,要求将贩运之人押解来保,听候究办⑦。天津商民得电,群情激愤,舆论哗然,指责

---

① 《直隶天津地方审判厅转发巡按使朱对私运制钱科以应得之罪令》,天津市档案馆等编:《天津商会档案汇编(1912—1928)》,天津:天津人民出版社,1992年,第1311页。
② 《禁运制钱之通饬》,天津市地方志编修委员会办公室、天津图书馆编:《〈益世报〉天津资料点校汇编(一)》,天津:天津社会科学院出版社,1999年,第881页。
③ 《关于议决平铜元价进行规则条文的布告》,天津市档案馆藏,档号:401206800-J0128-2-000473-095。
④ 《为暂缓来津购运铜元事致沧县商会肃宁县商会函》,天津市档案馆藏,档号:401206800-J0128-3-004375-030。
⑤ 《为请中国交通两行速收买制钱并发行铜元纸币事致商务总会函》,天津市档案馆藏,档号:401206800-J0128-3-004283-003。
⑥ 《为代购铜元事致保定曹督军呈》,天津市档案馆藏,档号:401206800-J0128-2-000473-034。
⑦ 《为代购铜元事给天津总商会电》,天津市档案馆藏,档号:401206800-J0128-2-000473-037。

平市官钱局局长不顾市面安宁,购运铜元出境,酿成市面钱荒,殊失委任本意①。天津商会为此上书省长朱家宝,要求天津平市官钱局对此负责。平市官钱局辩称:保定地方军队林立。每到发饷之期,保定官钱局必须筹备大宗铜元,以资兑换。军人使用交行钞票兑换铜元,原来一元可兑一百二十五枚;现在铜元涨价,亏耗太多,降至一百二十枚。近来曹督军所部交给保定官钱局交行钞票三万五千元,要求仍按一百二十五枚价格兑换。因是军用之款,保定官钱局不得不勉力维持,通融照办。但是保定市面铜元也很短缺,保定官钱局一时不能照付,只好由天津官钱局筹款接济②。曹督军当时未明原委,复电声称并无其事,以致发生误会③。天津商会对此辩称不以为然,强调津埠铜元奇涨,人心惶恐,市面岌岌可危,若令平市官钱局起运铜元出境,势必摇动人心,钱荒风潮也会卷土重来。天津商会建议保定如果铜元吃紧,可由保定平市官钱局径向造币总厂购买铜元④。双方各说其理。争执之中,直隶督军曹锐再次致电天津警察厅,指出购运铜元之人伪托名义,殊属不法。曹氏既不承认,天津警察厅亦无从揣测到底是何人作弊,实情益发扑朔迷离。最后直隶省长朱家宝综合各方陈词,并与财政部沟通之后,下令将所查铜元两万吊交给天津商会,用以接济市面⑤。

最终这批铜元没有流出天津,风波得以平息。这次风波说明:银元与铜元比价变动,中间存在谋利机会。无论民间商民还是官方机构,都想伺机而动。天津官民以节流之法维持铜元价格,只是穷于应付,收效不佳。因此在节流之外,他们更为重视开源。1917年初,天津商会召集各行行董,开会研究救济方法。最后决定在商会设立钱市,每日标定市价,各商遵盘买卖。商会估计每日要有铜元五百万枚周转,方能满足商民日用所需。造币总厂为此日夜赶铸,并向商会承

---

① 《为缓运铜元事致直隶省长呈及给警察厅函》,天津市档案馆藏,档号:401206800-J0128-2-000473-039。

② 《为兑换铜元事给市商务总会函》,天津市档案馆藏,档号:401206800-J0128-2-000473-046。

③ 《为请将运津铜元放行事致省长等电》,天津市档案馆藏,档号:401206800-J0128-2-000473-045。

④ 《为铜元兑换事与市商务总会往来函》,天津市档案馆藏,档号:401206800-J0128-2-000473-047。

⑤ 《为兑换铜元事给天津商务总会训令》,天津市档案馆藏,档号:401206800-J0128-2-000473-053。

诺：以后市面所需铜元，无论数目多少，皆可来厂兑换。造币总厂定会尽其所存，先行供给，以济市面①。随后天津商会成立天津商业平市铜元兑换所，先将警察厅查获的铜元二十六万枚兑出，兑换价格为银元一元可兑铜元一百二十二枚。兑完之后，天津造币厂又发出铜元五十万枚，并称以后只要商会需要，还会源源续发②。

若要增加铜元，由造币总厂赶铸只是途径之一，另一途径则是发行铜元票。1916 年 6 月，财政部设立天津平市官钱局，发行一百枚、五十枚、四十枚、二十枚、十枚铜元票，一律兑付铜元③。1917 年初，经天津商会议决，天津警察厅发布平铜元价规则十二条。其中涉及铜元票者有如下数条④：

> 一、平市官钱局发行铜元票，以天津票为准，籍补铜元之不足；二、平市官钱局铜元票，有兑换铜元足一元之数者，亦可按市价折付铜元。三、平市官钱局铜元票一律行使，不准折扣，违者罚办。四、平市官钱局铜元票，各商民照常流通，市面如有阻挠者处罚。

天津商会确定如上规则，其意就是铜元票与铜元完全等同，以此增加铜元供给。平市官钱局发行铜元票之初，因为兑换处所不多，铜元票流通不广。为此平市官钱局又通过三津磨房公所，转托立成德等十九家米铺商号代为兑换，每月酌送各号银元十元，作为津贴⑤。米铺商号与商民联系广泛，以其推广铜元票，无疑相对容易。

天津官方与商会使用铜元与铜元票平抑市价，在商会组成钱市，约定数位行董，每日到会核议开盘。1917 年 1 月 3 日开始兑换。每

---

① 《为铸铜元事与天津总商会往来函》，天津市档案馆藏，档号：401206800-J0128-2-000473-049。
② 《为送铜元事与天津商务总会往来函》，天津市档案馆藏，档号：401206800-J0128-2-000473-056。
③ 《财政部平市官钱局成立公函并请津商会代发布告文》，天津市档案馆等编：《天津商会档案汇编（1912—1928）》，天津：天津人民出版社，1992 年，第 1328 页。
④ 《关于议决平铜元价进行规则条文的布告》，天津市档案馆藏，档号：401206800-J0128-2-000473-095。
⑤ 《三津磨房公所函陈平市官钱局拟定铜元票兑换办法并十九家代兑商号名单》，天津市档案馆等编：《天津商会档案汇编（1912—1928）》，天津：天津人民出版社，1992 年，第 1329、1330 页。

人限兑五元。每洋一元付现铜元六成,搭付铜元票四成①。市面银元兑换铜元的价格,以商会开盘价作准,不得任意浮动。天津警察厅为此发布严厉告示②:

> 查铜子一物是人民每天所必须用的,前因兑换数目忽然减小,恐怕人民们吃亏,本厅长赶紧设法维持,当与商会议妥办法。现在铜子的时价每洋一元可以换一百二十二枚,钱摊兑换多数的只需赚半枚,如少数的,所赚不得过一枚,不准再多取利。至于平市官钱局出的铜元票是为帮助铜元周转市面,与铜子一样的,应当一样的使用,不准折扣,并且每天由商会定价,涨落皆归一律。如此办法是人人皆有益的,若有奸商私贩藉端图利,故意的折扣,是属容心破坏,或经察觉,或被告发,必定从严究办。合行布告,仰商民人等一体凛遵勿违。

警察厅发布上述布告,要求换钱铺兑换所赚不得超过一枚,措辞十分严厉,但是真正落实却非易事。当时在租界内,钱摊并不遵守告示,银元一元只兑铜元一百一十六枚左右。华界与租界铜元价格不一,中间存在套利机会。商民从华界兑出铜元,再持铜元前往租界兑换银元,转手就可获利。华界钱摊按照告示所定价格出兑,只有铜元出项,而无铜元进项,不免为之停滞③。因此也有华界钱摊不按官定价格,每银元一元兑换铜元一百一十七、八、九枚不等④。还有钱摊对铜元票没有信心,到商会兑换铜元时,如果收到铜元票,立时转赴平市官钱局兑换现钱⑤。另外,平民若用铜元票购买米面,商家就会短斤少两⑥,其实是对铜元票变相折扣。

自供需角度而言,铜元价格上涨,是因铜元供不应求。无论增发

---

① 《关于规定兑换铜元的通告》,天津市档案馆藏,档号:401206800-J0128-2-000473-040。

② 《警厅维持铜元之布告》,天津市地方志编修委员会办公室、天津图书馆编:《〈益世报〉天津资料点校汇编(一)》,天津:天津社会科学院出版社,1999年,第882页。

③ 《堤头商人余筱田请制止租界钱商高价收买铜元干扰币政文》,天津市档案馆等编:《天津商会档案汇编(1912—1928)》,天津:天津人民出版社,1992年,第1267页。

④ 《为请转各商民遵章兑换铜元事给警察厅函》,天津市档案馆藏,档号:401206800-J0128-2-000473-061。

⑤ 《为商民照章办理铜元兑换事给警察厅函》,天津市档案馆藏,档号:401206800-J0128-2-000473-057。

⑥ 《为陈兑换铜元办法致商务总会呈》,天津市档案馆藏,档号:401206800-J0128-2-000473-086。

铜元还是铜元票,都是从供给方面入手。唯短期之内,铜元供给不能大幅增加,而铜元票又难获得商民信任,不能与铜元等值使用。于是官方又从需求方面入手,大力推行银辅币,以之媒介小额交易,从而降低铜元需求。1917年2月,财政部造币总厂在津发行半元、二角、一角三种银辅币,要求天津租税、厘捐、邮电、铁路以及其他收入均需接受。银辅币使用按照十进制,不准丝毫折扣①。银辅币发行之后,商民称便。1917年12月,还有商民建议将铜元票改为零星小洋票,面额分为一角、二角和三角,十角等于一元。天津局所公务人员的薪水、警务兵饷等,均按三成搭付零洋票。商民交易时,在应付大洋之外,可用洋票找零②。通过这种方法,尽量少用铜元票。在铜元升值之时,以银辅币与洋角票适度替代铜元和铜元票,对于缓解危机不无效果。唯银辅币与洋角票的面值与实值,都有差额。官方为了获取铸币收益,发行之时往往不加节制,最后带来新的问题。果然数年之后,上述两种货币全都出现危机。1923年春,因为造币总厂滥铸滥发银辅币,每千元银辅币需要贴水二十元左右③。新银辅币十进制完全被破坏。1927年,直隶省钞危机爆发。天津商民持有的二十九万五千余元洋角票,无法兑现④。1928年底,天津电车公司亦不遵守官方规定,对于所有角票折扣行使⑤。可见,发行银辅币和银角票同样有其限制,并非一劳永逸之策。

(二) 铜元贬值危机与铜元票停兑

天津铜元升值为期很短。1920年,铜元开始贬值,并且贬幅愈来愈大。1925年达到顶峰,贬幅超过四分之一。此后三年,贬幅有所回落,但是铜元仍在贬值。天津铜元持续贬值,可从铜元与铜元票

---

① 《关于新辅币推行之省令》,天津市地方志编修委员会办公室、天津图书馆编:《〈益世报〉天津资料点校汇编(一)》,天津:天津社会科学院出版社,1999年,第882页。
② 《为陈兑换铜元办法致商务总会呈》,天津市档案馆藏,档号:401206800-J0128-2-000473-086。
③ 《省银行拒绝通用辅币》,天津市地方志编修委员会办公室、天津图书馆编:《〈益世报〉天津资料点校汇编(一)》,天津:天津社会科学院出版社,1999年,第911页。
④ 《天津商会报告全埠所存角票总额为二十九万五千余元请即兑现函》,天津市档案馆等编:《天津商会档案汇编(1912—1928)》,天津:天津人民出版社,1992年,第1126页。
⑤ 《电车公司亦折扣角票》,天津市地方志编修委员会办公室、天津图书馆编:《〈益世报〉天津资料点校汇编(一)》,天津:天津社会科学院出版社,1999年,第942页。

两个方面寻找原因。自铜元而言,这段时期,天津劣质铜元不断增长。这种劣质铜元,既有商民偷偷贩自天津境外者,也有本地商民违禁私自铸造者。1920年初,天津市面出现一种轻质当二十铜元。每枚只重三钱四厘,比旧币轻八分六厘。民间怀疑这种货币来自外国①。8月,又查知直隶宁河县伪造铜元,运往天津②。同年年底,市面又出现一种伪造铜元,形式与真铜元无异,外用红铜水罩皮。若将铜水磨去,则可发现其伪③。1921年,天津商会派员调查市面铜元的重量,发现各种铜元参差不齐,劣质铜元充斥街市。

表 4.4 1921 年天津市面主要铜元单枚重量

铜元类别	重量(一枚)
嘉禾模型中华铜币(10文)	二钱一分或二钱
光绪年间浙江省造铜元(10文)	二钱
宣统乙酉年造铜元(20文)	四钱
光绪年间户部造铜元(20文)	四钱
民国八年造嘉禾模型中华铜币(20文)	三钱九分
光绪丁未年造铜元(10文)	一钱八分
新铸光绪年间户部造铜元(20文)	三钱三分
湖南造铜元(20文)	三钱

数据来源:《调查员杨晓林报告调查换钱局换钱桌情形文》,天津市档案馆等编:《天津商会档案汇编(1912—1928)》,天津:天津人民出版社,1992 年,第 1269 页。

上表之中,后三种铜元重量既轻,铜质又劣。而商民贪图私利,贩运不绝,以致劣币愈来愈多。特别是劣质当二十铜元,日益充斥,当十铜元则日益减少。当时在湖北省,每银元一元可兑当二十铜元一百五十枚,合当十铜元三百枚。其价与天津相差一倍有余④。贩

---

① 《轻质铜元之充斥》,天津市地方志编修委员会办公室、天津图书馆编:《〈益世报〉天津资料点校汇编(一)》,天津:天津社会科学院出版社,1999 年,第 886 页。
② 《查获伪造铜元续志》,天津市地方志编修委员会办公室、天津图书馆编:《〈益世报〉天津资料点校汇编(一)》,天津:天津社会科学院出版社,1999 年,第 887 页。
③ 《伪钞充斥》,天津市地方志编修委员会办公室、天津图书馆编:《〈益世报〉天津资料点校汇编(一)》,天津:天津社会科学院出版社,1999 年,第 887 页。
④ 《双铜元充斥市面原因》,天津市地方志编修委员会办公室、天津图书馆编:《〈益世报〉天津资料点校汇编(一)》,天津:天津社会科学院出版社,1999 年,第 889 页。

运可获厚利,自然有人不顾严令,铤而走险。1921年2月,天津电灯电车公司统计所收铜元,每一千文中,当二十铜元占有八成,当十铜元只占二成。4月底再次统计,前者占有九成有余,后者只有不足一成。比之当十铜元,当二十铜元无疑是一种劣币,可是却按面值使用,一枚可兑当十铜元两枚。于是发生"劣币驱逐良币"问题,前者流通渐多,后者流通渐少。不仅如此,即使相同面值的铜元,也是劣币日多,良币日少。5月,天津电灯电车公司抽查三袋铜元,每袋五万文,其中各种铜元的数量及所占比例,详见下表。

表 4.5　天津电灯电车公司铜元劣质报告(1921年5月7日)

	铜元类别	单枚铜元重量	枚数	总值(文)	所占比例
第一袋	当二十老铜元	三钱二分	579	11 580	23.16%
	当二十新铜元	二钱六分五厘	1 903	38 060	76.12%
第二袋	当二十老铜元	三钱二分	583	11 660	23.32%
	当二十新铜元	二钱六分八厘	1 667	33 340	66.68%
	当十老铜元	一钱一分五厘	414	4 140	8.28%
	当十新铜元	一钱八分	86	860	1.72%
第三袋	当二十老铜元	三钱二分	330	6 600	13.20%
	当二十新铜元	二钱六分五厘	1 920	38 400	76.80%
	当十老铜元	二钱零五厘	331	3 310	6.62%
	当十新铜元	一钱八分	169	1 690	3.38%

数据来源:《考察铜元劣质之报告》,天津市地方志编修委员会办公室、天津图书馆编:《〈益世报〉天津资料点校汇编(一)》,天津:天津社会科学出版社,1999年,第889页。

　　从各种铜元所占的比例可以看出:劣质铜元占有大部,充斥市面。以后数年,这种情况日益严重。1923年,北京私造的当二十劣质铜元,流入天津[①]。同年,北京市面发现当五十、一百、五百铜元,渐向天津蔓延[②]。1924年,因为日本滥铸轻质铜元,每一银元在奉天

---

　　① 《本埠劣质铜元之来源》,天津市地方志编修委员会办公室、天津图书馆编:《〈益世报〉天津资料点校汇编(一)》,天津:天津社会科学院出版社,1999年,第910页。
　　② 《天津县齐耀珹转发省长严厉查禁京都当五十至五百大铜元以防蔓延令》,天津市档案馆等编:《天津商会档案汇编(1912—1928)》,天津:天津人民出版社,1992年,第1307页。

可兑铜元二百六七十枚,在山海关一带可兑二百四五十枚,在唐山可兑二百三十余枚。天津市面的铜元价格,高于上述三地。所以京奉路随车人员全都携带铜元,来津销售①。还有私贩每日沿着京奉路,由关外向关内密运铜元,源源不断,为数甚大②。1925年,天津东北大道、榆关、雷家庄、唐山、古冶、骆山峰等地的商人,伪造轻质及铅质铜元,勾结退伍军人,运津贩卖③。1926年,日本以轮船向天津大批输入铜元,按斤发售。这种铜元成色虽新,铜质却差。其重量比天津造币厂所出的铜元低十分之六。天津钱商购买之后,用醋拌旧,再在市面发售,每元可以获利六十余枚④。

天津官方虽对私运私铸再三严查,却是屡禁不止。由于不同地区的铜元价格差别巨大,不仅私贩私铸连续不断,平市官钱局竟也借机牟利。1921年6月,平市官钱局发行铜元票三十万串,发行储备不用天津造币厂所铸铜元,却用湖北所铸当二十铜元⑤。这种铜元质量低劣,远远不及天津所造铜元。平市官钱局因其价格低廉,遂以发票储备为名,将其大量运入津埠。天津铜元价格日跌,这种做法难辞其咎。以致天津商民慨叹:平市官钱局名实不符,名为平市,实则扰市。

天津市面铜元增多,私贩私铸只是原因之一,另一原因则是造币厂鼓铸不止。造币厂之所以鼓铸不止,既有外在压力,也有内在诱因。1921年,直隶遭受水灾,省署财政极度困难,无从救济。省长曹锐要求造币厂鼓铸铜元十万元,赈济灾区,余则用于军政各费。造币厂一时拖延,曹氏竟派武装警察八十余名包围全厂,促令赶铸⑥。高压之下,造币厂只好不断鼓铸。当然,这种情况并不多见。多数情况

---

① 《铜元行市暴落之原因》,天津市地方志编修委员会办公室、天津图书馆:《〈益世报〉天津资料点校汇编(一)》,天津:天津社会科学院出版社,1999年,第916页。
② 《重申私运铜元之禁令》,天津市地方志编修委员会办公室、天津图书馆:《〈益世报〉天津资料点校汇编(一)》,天津:天津社会科学院出版社,1999年,第914页。
③ 《市面铜元充斥之原因》,天津市地方志编修委员会办公室、天津图书馆:《〈益世报〉天津资料点校汇编(一)》,天津:天津社会科学院出版社,1999年,第929页。
④ 《铜元价格跌落之索隐》,天津市地方志编修委员会办公室、天津图书馆:《〈益世报〉天津资料点校汇编(一)》,天津:天津社会科学院出版社,1999年,第934、935页。
⑤ 《津商会调查员张豪臣韩锡章报告各关卡报验外省铜元进津及铸造情形函》,天津市档案馆等编:《天津商会档案汇编(1912—1928)》,天津:天津人民出版社,1992年,第1283页。
⑥ 《造币厂被警包围详情》,天津市地方志编修委员会办公室、天津图书馆:《〈益世报〉天津资料点校汇编(一)》,天津:天津社会科学院出版社,1999年,第888页。

仍是造币厂贪图铸币收益,肆意滥发。1922年,津埠铜元已在急速贬值。造币厂视若无睹,屡从三井、三菱、大仓、富来各行订购紫铜两万吨,赶铸轻质当二十铜元,投放市面,冀获巨利①。轻质当二十铜元推销困难,造币厂又以铜元作抵,分别向各钱商借贷银元,允许数月之后,以铜元市价清结债务。各钱商贪图重利,争作借款,迨契约到期,就将这些铜元减价售出,得到现洋之后,再次生利。如此循环往复,钱商可获重利,造币厂可用所借银元买铜续铸②。天津造币厂极力推销铜元,乃是因为其中利益巨大。1924年4月,按照当时市价,造币厂以当二十铜元兑换银元,每兑银元一元所省之铜,可以再铸当二十铜元三十枚③。造币厂所铸铜元分量之低与获利之大,于此可见。造币厂鼓铸不止,铜元自然贬值不止。但是造币厂将铜元贬值之责归于私贩私铸,并不承认自己也有责任,反而认为这种做法可以抵制外币内流④。最后外币内流没有停止,本埠却又增发很多铜元,贬值问题益发严重。

对铜元票而言,最初发行本为平抑铜元升值。铜元开始贬值之后,发行即应停止。然而1921年,直隶官钱局成立,也开始发行铜元票⑤。直隶省署要求:铜元票要与铜元互相兑换,等值使用。铜元票不断发行,与铜元滚滚注入市面性质相同,必定导致铜元贬值。不宁唯是,铜元票不断增长,要求发行机构相应增加发行储备。否则二者失衡,铜元票不能与铜元等值使用,必会导致挤兑危机。1922年初,直隶省议员张镜渊提议收回已发铜元票,即曾论及此点⑥:

  直隶官钱局发行纸币,表面上虽为救济金融起见,实则为吸收现金别图活动而已。夫纸币本属一种信用交换券,虽以正货

---

① 《市面铜元跌落之原因》,天津市地方志编修委员会办公室、天津图书馆编:《〈益世报〉天津资料点校汇编(一)》,天津:天津社会科学院出版社,1999年,第894页。
② 裕孙:《天津造币厂鼓铸轻质铜元之流弊》,《银行周报》1924年第8卷第16期,第15页。
③ 裕孙:《天津造币厂鼓铸轻质铜元之流弊》,《银行周报》1924年第8卷第16期,第15页。
④ 《自治会反对官钱局》,天津市地方志编修委员会办公室、天津图书馆编:《〈益世报〉天津资料点校汇编(一)》,天津:天津社会科学院出版社,1999年,第894、895页。
⑤ 天津市钱币学会编:《天津近代钱币》,北京:中国金融出版社,2004年,第139页。
⑥ 《省议员提议撤销官钱局请将已发纸币收回》,天津市地方志编修委员会办公室、天津图书馆编:《〈益世报〉天津资料点校汇编(一)》,天津:天津社会科学院出版社,1999年,第892页。

之保证,得与正货发生同等之效力,然于最终不能为支付之要具,倘其信用稍差,危险实甚矣。况操此业者类以最小之准备资金,谋得最大之无穷利益。其信用势力范围愈大,而纸币发行数目愈多。如此转移,循环不已。在钱局现金日见增多,最易陷入挪用之弊;在民间纸币日形充斥,势必激成惶恐之潮。

直隶当局没有采纳上述建议,而是继续发行,以致铜元贬值更重。市场价格为之扰乱,相关交易大受阻遏,持有铜元者遭受损失。很多清末铜元危机之下的现象,此时再现津埠。1922年,三津磨房公所上书天津商会,陈述铜元贬值之害,即与清末如出一辙①:

> 就敝业而言,门市售货概系铜元,因铜币贱落,货价不得不增,在买主方面不知铜币价格之变迁,咸责商人之增价,而敝业货物,关系民食,零星购买多系平民,故被怨尤甚。在商家因增价受怨,似属当然,顾货物增价,不但不能获利,而反受其损,请以例明之。如去年年终每洋一元合铜元一百五十余枚之时,每斤玉面售价铜元六枚八。现在每元合铜元一百六十三四枚……每斤玉面应增价半枚,而敝业现在玉面每斤仅由六枚八增至七枚,而各方之怨言已充满市面矣。

米面商铺进货以银元计价,售货以铜元计价。铜元贬值,自然受损。小本营业者大都面临这个问题,不少因之倒闭。为了避免损失,商铺只好涨价,将损失转向买家。北洋时期,天津平民的工资,多以银元核算。而码头工人、人力车夫、水泥瓦匠及其他苦力的工资,仍按铜元核算。这些苦力收入不高,一旦铜元贬值,马上生计艰难。工人要求提高工资,又与资方产生矛盾。围绕是否应涨工资、应涨多少等问题,双方迭起争执,甚至酿成罢工风潮,对于市面经营带来巨大破坏。② 此外,官府征收钱粮地丁和其他捐税,折价多在市价以上,以防铜元继续跌价。商民为此多交赋税,无形之中又增负担。银钱

---

① 《三津磨房公所痛陈铜元贬值贫民商业受害及津商会请禁铸禁运禁发铜元纸票函》,天津市档案馆等编:《天津商会档案汇编(1912—1928)》,天津:天津人民出版社,1992年,第1304页。
② 《鞋商研究所陈述铜元贬值缝作工人要求增长工价及工商双方所立之公约》,天津市档案馆等编:《天津商会档案汇编(1912—1928)》,天津:天津人民出版社,1992年,第1272、1273页。

业利用铜元价格变化之机,操纵渔利。辗转之间,商民亦受盘剥。

　　铜元跌落,商民遭受损失,但是铜元毕竟还有价值。与之相比,铜元票停兑之后,几乎毫无价值,商民损失更大。1923年,北京发生铜元票风潮。天津铜元票受其影响,曾有动摇之象。虽经天津官方与商会竭力维持,勉强渡过难关,然而商民对其信用顿减,市面屡屡不稳①。1925年底,国民军与奉系军阀开战之后,天津市面忽有铜元票不能行使之说。一时之间,各个商号纷纷拒收。商民前往钱摊,使用铜元票兑换铜元,或被拒绝,或需折扣。市面恐慌四起,动荡不安②。1927年,直隶省钞发生挤兑,价格跌落。直隶官钱局为了调剂金融、活动市面,曾用铜元票收兑省钞,共计三十余万元。铜元票受其影响,最后也发生挤兑。直隶官钱局将所存铜元与现洋十余万元尽行兑出,依然不够,只好停止兑现③。铜元票产生问题之初,经官钱局大力维持,尚能折扣使用;停止兑现之后,即以折扣之价行使,亦无处收纳。凡用铜元票购物者,均被拒绝④。五年之前省议员张镜渊所论的问题,至此化为现实。

　　铜元贬值与铜元票停兑带来各种危害。天津官方与商会自需采取措施,趋利避害。普通商民也纷纷提出对策。针对铜元贬值与铜元票挤兑,天津官方与商会连发告示,要求市面按照法定比价使用铜元与铜元票,然而并无效果。1924年8月,直隶省长王承斌发出布告,要求每银一元兑换铜元二百二十枚,不得逾越⑤。仅仅四个月后,市面兑换价格就已落至三百余枚⑥。1927年,天津商会发布公告,强调铜元票准备充分,信用昭著,希望商民照常行使。但是商铺纷纷拒绝,内外各地铜元票均不流通。

---

① 《卞月廷报告铜元信用不稳官钱局兑换无着请速筹善策及省长批》,天津市档案馆等编:《天津商会档案汇编(1912—1928)》,天津:天津人民出版社,1992年,第1335页。

② 《战事发生后之金融状况》,天津市地方志编修委员会办公室、天津图书馆编:《〈益世报〉天津资料点校汇编(一)》,天津:天津社会科学院出版社,1999年,第931,932页。

③ 《直隶官钱局陈述铜元票兑收省钞情形请将剩余省钞盖章行使函》,天津市档案馆等编:《天津商会档案汇编(1912—1928)》,天津:天津人民出版社,1992年,第1341页。

④ 《铜元票一蹶不振　内外各地均不流通》,天津市地方志编修委员会办公室、天津图书馆编:《〈益世报〉天津资料点校汇编(一)》,天津:天津社会科学院出版社,1999年,第939页。

⑤ 《直隶省长王承斌关于每银一元限兑铜元二百二十枚的布告》,天津市档案馆等编:《天津商会档案汇编(1912—1928)》,天津:天津人民出版社,1992年,第1323页。

⑥ 《津埠金融日日形吃紧》,天津市地方志编修委员会办公室、天津图书馆编:《〈益世报〉天津资料点校汇编(一)》,天津:天津社会科学院出版社,1999年,第923页。

稳定铜元比价、恢复铜元票信用,仅靠一纸告示毫不济事,必须控制二者数量,使其不再增长。1921年6月,天津商会呈请币制局,希望整顿圜法,限制滥铸,严禁私造。币制局要求各省严查私铸,并令各省造币厂停铸当二十铜元,同时注重所铸铜元的重量成色①。当时割据之势已成,中央政令难以贯彻。北洋政府三令五申,各省依然鼓铸不断。滥发源头无法堵塞,天津官民遂从流通环节入手,限制铜元流动。1921年8月,直隶省署训令财政厅、警务处、税务总局、津海关,要求取缔铜元进出口,并定办法五条②:

(一)旅客携带铜元,每人不得逾(当制钱十文者)五千枚。(二)凡在本省内往来运送铜元各关,应凭有监督所发护照验放。(三)凡由此省运往彼省铜元,各关应凭币制局核发护照验放。(四)如运往本省某处,中间须经过他省地方者,应照运往他省办法,由币制局核发护照,并咨行该经过省份查照。(五)除第一条旅客携带五千枚外,其他无论本省往来,及运往他省之铜元,均须赴关呈具保结。

此后,直隶省署屡发命令,要求查禁铜元私运。具体规定与上述五条大同小异。唯利之所在,私运不绝,官方严查难以密不透风,并且关卡查验往往滥用职权。津埠商民携带铜币前往外地购办货物,常被任意扣留。种种不便,不胜枚举。铜元流动混乱复杂,官方查办无法细致入微,不能有效区分。这是查禁私运私贩的一大困境。

津埠铜元贬值缘于多种因素,私铸私贩只是其中之一。另外两个因素则是天津造币厂滥铸铜元,直隶官钱局滥发铜元票。危机发生之后,天津商民多次要求造币厂与官钱局停止发行。造币厂不愿停铸铜元,因其历年奉令拨发饷需,积欠商款甚巨。一旦停铸,欠款随即无法归还。1924年底,因经营不善,造币厂亏空累累、陷于停顿,曾经短暂停铸铜元③。此后经过整顿,造币厂依然故我,并未因

---

① 《京师商会转发币制局除津鄂两厂外其余各厂一律停铸各路局海关暂行禁运铜元令》,天津市档案馆等编:《天津商会档案汇编(1912—1928)》,天津:天津人民出版社,1992年,第1286页。
② 《取缔铜元进出口办法》,天津市地方志编修委员会办公室、天津图书馆编:《〈益世报〉天津资料点校汇编(一)》,天津:天津社会科学院出版社,1999年,第890页。
③ 《造币厂竟陷于停顿》,天津市地方志编修委员会办公室、天津图书馆编:《〈益世报〉天津资料点校汇编(一)》,天津:天津社会科学院出版社,1999年,第921页。

为铜元贬值而彻底停铸。1923年,北京铜元票风潮发生之后,官钱局曾经停发铜元票①。1924年初,又收回铜元票二十余万吊,公开裁切作废②。此后直到1928年,天津没有大量发行铜元票。但因直隶省钞危机,官钱局存放省行的十余万元款项,迟迟无法取回。最后恢复铜元票兑现也就一推再推,无形搁置③。

　　控制新增铜元与铜元票之外,如何处理市面的劣质铜元,也是一大问题。1921年,天津商会曾有会董提议查验新旧铜元,按照重量确定比价。当时在市面上,每银元一元可兑旧铸当十铜元一百三十八枚。如按面值换算,应合新铸当二十铜元六十九枚。但按重量换算,旧铸当十铜元每枚重二钱一分至二钱,新铸当二十铜元每枚重三钱,前者一百三十八枚应合后者九十二枚④。这种做法不按面值兑换,而是分别轻重优劣,使得劣质铜元贬值,以此解决"劣币驱逐良币"问题。天津商会会长卞荫昌更进一步,建议重定铜元式样,命令市面严格遵守。凡不符合官定标准的铜元,一律拒用。同时由造币厂将旧有铜元逐步收回,按照新定标准重铸⑤。至于如何收回旧有铜元,卞氏未有明言。当时曾有商民建议按照重量,以市价收买⑥。显然,上述建议若获实施,持有劣质铜元者将受损失。而商民持有劣质铜元,原因不一。其中可能有人贪图便宜、故意兑换劣质铜元,但是也有大量商民并非如此,而是严格按照法定价格获得这些铜元。如由他们承担损失,人心难服。这种困境和清末的银色风潮非常相似。因此,天津官方似未采纳上述建议。

---

　　① 《卞月廷告京师铜元票挤兑天津应速筹维持办法函及官钱局复函》,天津市档案馆等编:《天津商会档案汇编(1912—1928)》,天津:天津人民出版社,1992年,第1332页。
　　② 《平市官钱局截废旧票》,天津市地方志编修委员会办公室、天津图书馆编:《〈益世报〉天津资料点校汇编(一)》,天津:天津社会科学院出版社,1999年,第914页。
　　③ 《直隶官钱局王春第请商会以众商名义吁恳兑现铜元票函》,天津市档案馆等编:《天津商会档案汇编(1912—1928)》,天津:天津人民出版社,1992年,第1342页。
　　④ 《商会会董杨明僧申明查验新旧铜元重量并办法函》,天津市档案馆等编:《天津商会档案汇编(1912—1928)》,天津:天津人民出版社,1992年,第1287页。
　　⑤ 《津商会调查员张豪臣韩锡章报告各关卡报验外省铜元进津及铸造情形函》,天津市档案馆等编:《天津商会档案汇编(1912—1928)》,天津:天津人民出版社,1992年,第1284页。
　　⑥ 《天津各行商及直隶各县商会整顿改革铜元议案简表》,天津市档案馆等编:《天津商会档案汇编(1912—1928)》,天津:天津人民出版社,1992年,第1290页。

四、小结

北洋时期天津的三次金融风潮,直接责任均在政府。中国银行和交通银行虽是股份制,但与北洋政府关系密切,都是国家银行。直隶省行是直隶省官方银行。三行滥发钞票,北洋政府与直隶政府各有责任。北洋时期天津的铜元升值危机,缘于国际铜价上涨。至于铜元贬值之因,则与清末基本相同。各种铜元成色参差,无法区分,以致劣币驱逐良币。最后有人提议铜元不按面值使用,而是称重使用。这无疑是币制的倒退。因为全按实值使用,货币过重,携带不便,对于长途贩运和大宗交易,尤非易事①。可是实施货币名目主义,又无从解决政府滥发、民间盗铸问题。这是铜元问题的困境。

中交挤兑风潮、省钞挤兑风潮与清末贴水风潮相似,都是纸币危机。然而两者又有重大不同。后者由民间银号滥发而起。风潮爆发,民间银号大量倒闭。前者由官方银行滥发而起。尽管停兑,三行却不会倒闭②。第一次中交挤兑风潮发生之后,警察厅长杨以德曾做演讲,称"国家银行非私家设立者可比,焉有荒闭之理"。此言一语中的,点出两类银行的不同。贴水风潮爆发之后,大量银号倒闭,民众固然遭受损失,可是中交钞票与直隶省钞停兑之后,三行继续发行不兑现钞票,民众同样也会遭受损失。两种损失孰大孰小?这个问题值得探究。

在其他行业,债务到期之后,公司如若资不抵债,债权人可依法提出申请,要求对其强制破产,进行清算。如此,债权人可以减小损失。在金融业,如果挤兑只是限于资不抵债的银行或银号,道理亦同。在此情况下,挤兑促使问题银号立即倒闭,不再吞噬存款人的财富。存款人的潜在损失,由此减少。贴水风潮爆发之后,有人曾称:"若令有力之家将本报明,开张做事;无力之家任其荒闭,即便统统荒倒,也与市面无害……弊累之家即去,地面清矣",大概就是这种思

---

① 卓遵宏:《中国近代币制改革史(1887—1937)》,台北:"国史馆"印行,1986年,第17页。

② 1928年初,直隶省行宣告停业,后改组为河北省银行。如果直隶省行没有官府支持,出现挤兑之后,可能很早就会破产清算。

想。与其他行业的倒闭威胁相同,挤兑威胁也是一个纪律,促使银号慎重发钞,避免破产①。

但若银号没有资不抵债,却因挤兑而倒闭,此时倒闭合理说就要另当别论。在贴水风潮中,天津银号义盛号的遭遇,就是这种情况。挤兑使其周转艰难,失去偿付能力。而若没有挤兑,义盛号本来能够继续经营。并且因为传染效应,民众恐慌,其他银号同遭挤兑,接连倒闭。此时挤兑就有巨大危害:存款人、银号股东双双受损,金融中介成本上升,宏观经济紧缩。这是自由银号制度的缺陷。贴水风潮爆发之后,天津商会协调各业,钱商公会增强行业监管,银号壮大股本、改变组织经营方式等,均可视为减少挤兑、弥补缺陷的民间探索。

民间银号发行私票,常常导致恐慌。这在清末和北洋时期比较普遍,不仅天津如此。很多人为此提出另一思路:禁止民间私票,由官银号或银行纸币取而代之。清末贴水风潮爆发之后,袁世凯推动成立天津官银号,由其发行纸币,就是这种思路使然。可在北洋时期,政府主导货币同样出现问题。中交两行和直隶省行滥发货币,并且停兑之后,依然发行不止,带来很多危害。好在停兑时间不长,天津并未产生超级通货膨胀。而在同一时期的欧洲,各国垄断发行不兑现纸币,带来深重灾难。

欧战爆发之后,各交战国陆续停止兑现。战后各国货币陷入极度混乱,尤以德、奥、俄三国为甚。若以物价指数而论,德国物价指数 1913 年为 1,1923 年 10 月底为 1 856 850 万,上涨将近 186 亿倍。奥地利物价指数 1914 年为 1,1924 年 4 月为 19 465,上涨将近两万倍。俄国同样物价飞涨②。三国出现这种情况,原因很多,其中滥发货币洵为首要原因。比之欧洲,北洋时期天津挤兑风潮的危害,远远不及。1923 年,上海《商报》编辑潘公展曾经撰文指出③:

> 现代欧美各国之经济组织,乃以健全之金融制度为基础者,即不然,健全之金融制度当为其必不可少之一要素。而今则何如?纸币滥发之结果,已使中欧及俄国陷于悲惨恐怖之境,设不

---

① 劳伦斯·H.怀特:《货币制度原理》,李杨、周素芳、姚枝仲译,北京:中国人民大学出版社,2004 年,第 115 页。

② 牧野辉智:《最新货币学原理》,李荫南译,上海:上海黎明书局,1935 年,第 197—203 页。

③ 潘公展:《纸币世界之欧洲》,《东方杂志》1923 年第 20 卷第 11 号,第 50 页。

谋所以恢复欧洲经济之道,而任其自然趋势之所届,则后患何堪设想？吾恐欧洲经济混乱之祸害,将十百倍于中国也。

潘氏认为欧洲货币滥发的危害,远超中国。当时很多国人都持这种看法。1924年,《银行周报》总编徐沧水发表《民国钞券史》,篇首有吴鼎昌之序,其中有言①：

> 今世国家,蒙纸币之害者,虽各有等差,几无一获免。读沧水先生《民国钞券史》者,故当慨然于中国钞券发展之迟,率由机关之纷歧,设施之不善,监守自盗,民信未坚。而抑知今日中国社会之生活,较世界为安稳者,正赖有此耳。倘数十年前,奉行欧美经济家言,一仿欧制,滥用国权,恐流毒于社会者,将百倍于今日矣。

吴氏别具只眼,担心货币发行"滥用国权",指出中国钞券发行过迟,未必全无是处。这已触及货币发行的多元与垄断问题。当然,欧洲多国滥发纸币,有其战争背景,不是常态。以此特殊状态论证国家垄断货币之害,并不充分。一战之后,经济学家凯恩斯提出"管理通货"说,认为财政若不紊乱,通货统制得宜,纵是不兑换纸币,也能维持信用。② 其中关键在于即使垄断货币,也要有一相对独立的机构。北洋时期,中交两行、直隶省行均难独立,最后不免滥用国权,荼毒社会。哈耶克对于货币发行机构的独立性,毫无信心,故而主张民间自由发行,以竞争制约滥发。但是清末天津的贴水风潮,说明自由发行也有问题。若无官府支持,民众极易出现非理性挤兑。在货币发行上,如何将民间与官府结合,用其所长,避其所短,真是一大问题。

---

① 徐沧水：《民国钞券史》,民国文存编辑委员会：《中国货币史研究二种》,北京：知识产权出版社,2013年,第107页。
② 牧野辉智：《最新货币学原理》,李荫南译,上海：上海黎明书局,1935年,第235—238页。

第五章　清末和北洋时期天津金融风潮的理论分析

清末与北洋时期,天津金融风潮频发。统观上述六次金融风潮,其中贴水风潮和银色风潮主要由民间自发引起,政府没有直接责任;而铜元与铜元票危机、中交挤兑风潮、直隶省钞挤兑风潮则由政府直接造成,并非民间自发引起。这段时期,中国货币制度正在进行重大转变。大体言之,这种转变就是政府逐步主导货币发行,民间的货币自由日益减弱。清末和北洋时期天津的金融风潮,正应在此大背景下整体审视,才能深入理解。

一、清末与北洋时期政府货币主导权的增强

清初中国经济的交易媒介,主要是白银和铜钱。当时政府曾经发行少量纸币,唯时间不长,仅仅十年即全部收回①。在18世纪下半叶之前,私人绝少发行纸币。所以清初货币可分两大部类:白银和铜钱。白银主要以银锭和银块形式流通市面,民间可以铸造。在1833年之前,清廷也无明文禁止白银出口,白银可以自由流动②。与白银不同,清代禁止民间铸造铜钱。清政府在北京和各省设立铸钱局,并对每年的铸钱数量和银钱比价作出规定。清代官方所定比价为:白银一两合制钱一千文。不过清政府既不控制白银供给,而民间私铸、私销铜钱又难杜绝,所以官定比价根本无法维持。真实的银钱比价,总是根据二者供需不断波动。18世纪至19世纪上半叶,中国人口日益膨胀,陆续从已开发地区迁至开发中地区。国内外贸易大为扩张,

---

① 彭信威:《中国货币史》,上海:上海人民出版社,2007年,第597页。
② 中国人民银行总行参事室金融史料组编:《中国近代货币史资料(清政府统治时期)》,北京:中华书局,1964年,第18页。

市镇逐渐兴起,农产品趋于商品化。这都说明当时经济在持续发展。经济的持续发展,需要相应增加货币数量。18世纪白银大量进口,国内铜矿也在增加产量,但是货币供应仍然远远不足。官方对此无所作为,民间遂起而创造货币。私票和其他信用工具从无到有,流行渐广。鸦片战争前的一百年内,民间所创的新型信用工具,主要有四:银票或钱票、庄票、汇票和过账银。银票和钱票由银号、钱庄、当铺或其他商户发行。庄票是一种期票,由钱庄应顾客之需而发,一般五到十天兑现。汇票用于汇款业务,明末即已流行。山西票号兴起之后,汇通天下,汇票更为重要。过账银制度为宁波银钱界所创,其具体做法是:商家在钱庄开立存款户头,交易之时,买卖双方向开户钱庄发出指令,将买方相应款项过入卖方户头,商业交易以过账方式完成①。上述三种货币,白银和私票都由民间自由发行,只有铜钱由政府垄断发行。但是这种垄断也不彻底,民间私销、私铸铜钱从未断绝。所以在清末之前,中国币制的一大特点是:政府与民间分享铸币权,各获其利。比之同时期的西方,中国民间享有更多铸币自由。

　　从清末开始,中国对于货币统一的需求,急剧增加。乾嘉之后,各地制钱的重量、成色,屡有变更,各地白银也是参差不同,私票、外国货币各式各样。清末各省督抚学习西方币制,仿铸银元,铸造铜元,创办银行,发行纸币。但因缺少通盘筹划,旧制未去,又添新制,新旧混合,币制益发淆乱。货币式样各殊、成色不一,最为商民之累。清末国家财政极度困窘,整顿财政,急需统一货币。甲午海战和庚子之乱以后,民族主义和爱国主义观念日盛。国家主权与收回利权的呼声,日益高涨,而改革币制正是重振主权和收回利权的重要举措。1870年之后,世界白银产量剧增。与此同时,各国先后采用金本位,白银需求减少,因此白银价格大落。中国对外赔款,镑亏问题非常严重。不同货币比价波动,也给外商在华投资带来风险。故而外商屡相劝告,使图改革②。凡此诸多因素,都使统一货币势在必行,而要尽快统一货币,则需政府出面。正是在此背景下,民间的货币自由,

---

　　① 王业键:《中国近代货币与银行的演进(1644—1937)》,台北:"中央研究院"经济研究所,1981年,第5、15页。
　　② 卓遵宏:《中国近代币制改革史(1887—1937)》,台北:"国史馆"印行,1986年,第28—40页。

逐步缩小。政府的货币主导权，逐步增强。

清末政府开始发行银元和铜元。1910年，清廷发布《币制则例》。宣统皇帝在上谕中提到①：

> 著度支部一面责成造币厂迅即按照所拟各项重量成色花纹铸造新币，积有成效，次第推行，所有赋税课厘必用制币交纳，放款亦然。并责成大清银行会同造币厂，将新旧交换机关筹备完密，一面通行各省，将先铸之大小银铜元一律停铸，并知照京外各衙门，按照单开折合标准及改换计数名称各条，依限妥办。将来新币发行，地方所有生银及从前铸造各项银铜元，准其暂照市价行用，由部饬币厂银行逐渐收换，并酌定限期停止使用。迨新币通行以后，无论官私各款，均以大清银行收发交易，不得拒不收受，亦不准强行折扣。至于伪造制币大干例禁，缉拏惩治均属地方之责。

上谕言之甚明，铸币权需从民间收归政府，需从地方收归中央。当时各省政府滥发铜元，民间同样私铸不断。清廷准备整顿圜法，首先就要打击民间私铸。为此清廷颁定整顿圜法章程十条，对于铜元特别强调②：

> 铸币乃国家特有之权，中外古今，均不准商民随便铸造。今商人见铜元利巨，多生觊觎，往往请集商款铸造，名为报效银若干万两，实欲侵夺国家固有之利，而分其少数以为报效，其心唯在余利，何能顾及大局。若准其铸造，必至争竞掺杂，其弊有不可胜言者。今各省官局，既不准添设分厂，更无转准商办之理。拟请饬下中外各衙门，凡有商民请铸铜元者，一律议驳，并由财政处户部随时查访。如有银铜元局暗掺商民股本者，虽业经奏准之局，亦饬令登时停办，以保利权。

章程认为商民自铸铜元，"其心唯在余利，何能顾及大局"，因此严厉禁止。银元与铜元之外，清廷准备限制民间私票，更可说明政府货币主导权的增强。1910年，度支部尚书载泽在《厘定兑换纸币则

---

① 中国人民银行总行参事室金融史料组编：《中国近代货币史资料（清政府统治时期）》，北京：中华书局，1964年，第789页。
② 张家骧：《中华币制史》，北京：知识产权出版社，2013年，第70页。

例奏折》中称①：

> 发行纸币固属国家特权,而政府要不可自为经理,近世东西各国大都委之中央银行独任其事。诚以纸币关系重要,倘发行之机关不一,势必漫无限制,充斥市廛,物价因之奇昂,商务遂以不振,贻害于国计民生何堪设想。现拟将此项纸币一切兑换发行之事,统归大清银行管理。无论何项官商行号,概不准擅自发行,必使纸票于纷纭杂出之时,而立收集权中央之效。

清末《通用银钱票暂行章程》也规定：新设官商银钱行号一概禁止发钞。旧有行号发钞,只能按照现在数目发行,不能逾额增发。并且自宣统二年起,每年收回二成,五年全部收回②。

上述上谕、章程和奏折,都可说明政府意欲增强货币主导权。唯时间不久,清祚告终,很多计划未获实施。不过也有一些计划得到实施。如清廷建立大清银行和交通银行,明确两行钞票可以照数兑换国币,凡官款出入和一切商民交易,与国币一律行使,不能贴水折减。同时各省官银钱号也在增发各种纸币。这些都使民间私票受到挤压。

民国成立之后,币制改革继续推进。1914 年,《国币条例》颁布,其首条即规定：国币铸发权专属政府。其实施细则第八条规定：凡在中国境内以国币授受者,无论何种款项,一概不得拒绝③。《国币条例》颁布之后,币制局计划整理币制,拟先统一主币,分为两步：首先统一南北洋及各省杂色银元的市价；其次发行新主币,改铸旧银元,销毁中国流通的外国银元。随后统一辅币,亦分两步：首先发行新辅币,使与旧辅币并行市面；其次收回旧辅币,使其市价等于新辅币,定期交换,全数改铸④。至于纸币,民初财政部已有统一纸币计划。《时事汇报》对此曾有刊文⑤：

---

① 中国人民银行总行参事室金融史料组编：《中国近代货币史资料(清政府统治时期)》,北京：中华书局,1964 年,第 1051 页。
② 张家骧：《中华币制史》,北京：知识产权出版社,2013 年,第 267、268 页。
③ 中国人民银行总行参事室：《中华民国货币史资料(第一辑)：1912—1927》,上海：上海人民出版社,1986 年,第 88、90 页。
④ 张家骧：《中华币制史》,北京：知识产权出版社,2013 年,第 327—337 页。
⑤ 中国人民银行总行参事室：《中华民国货币史资料(第一辑)：1912—1927》,上海：上海人民出版社,1986 年,第 127 页。

决定采纸币统一主义,全国纸币,均由中国银行发行,各省官银行不得再发纸币。其从前各省银行已发出之纸币一律收回,易以中国银行发行之新纸币。……第一层办法,先行筹备发行纸币之准备金,以巩固国家银行之基础;先行商订币制借款,一面发行公债,吸收全国现金,以为将来发行纸币之准备金;更调查全国所需纸币额,应有若干,以为发行新纸币之据准。第二层办法,币制固不容不统一,必先经以上之手续,然后确定银行制度,由国家银行发行纸币。

此后,财政部多次下令,要求各省禁止官私银钱行号私发纸币,通令警察厅严饬石印局、印书馆等处,如有订印纸币者,需经财政部批准,方能承印。1915年,财政部向袁世凯上书,指出各国发钞,多集权于国家银行。即使采用多数银行发行制,也会设法限制,以防流弊。中国商办银钱行号多以发钞架空牟利,若不设法取缔,对市面大局、币政钱途均有绝大障碍。同年,《取缔纸币条例》公布,要求新设银钱行号及旧设而未发钞者,均不得发行纸币。旧设行号如有特别条例批准发钞,则在其营业年限内,仍准发行,限满之后即应全数收回。如无特别条例规定,则以最近三个月的发钞平均数为限,不得增发,并由财政部确定期限,陆续收回①。民国政府一面限制民间发钞,一面确立中国银行和交通银行为国家银行,享有发钞特权。

清末与民初中央政府的种种做法,均是将货币主导权从民间收归政府,从地方收归中央。当时地方势力坐大,中央政令不能完全贯彻。然而货币国家化的趋势,却是清晰可见。国民政府实施法币改革之后,这一历史转变最终完成。中国币制可以法币改革为界,分为两个阶段:法币改革之后是"垄断货币"阶段,之前则是"自由货币"阶段。而在"自由货币"阶段末期,政府货币主导权逐渐增强。

政府一旦完全垄断货币,其影响在一国之内,几乎无远弗届。因为人人都要使用货币,以致有经济学家称货币犹如一个圆环,穿鼻而过。人人都在不知不觉之中,被控制鼻环者所牵引②。政府垄断货

---

① 中国人民银行总行参事室:《中华民国货币史资料(第一辑):1912—1927》,上海:上海人民出版社,1986年,第134、135页。

② 当代经济学家 Mark Kinney 之语,他称:"Money has become a ring we wear through the nose, which allows us to be lead around by those who control it."转引自朱嘉明:《从自由到垄断——中国货币经济两千年》,台北:远流出版事业股份有限公司,2012年,序言第19页。

币之后,就是这个控制鼻环者。新制度经济学的代表人物诺斯,认为可用两种理论解释政府:一种是契约理论,一种是掠夺和剥削理论。按照契约理论,不同个体均受契约限定,活动各有边界。政府用其强制力,建章立制,监督契约执行。此时政府对于推动经济增长、提高社会福利具有正面作用。而按掠夺或剥削理论,政府只是某一集团或阶级的代理,一味追求权力集团的自身利益,对于社会整体福利漠然置之。诺斯认为两种理论并非此疆彼界,而是有其交汇之处。其交汇之处就是"暴力潜能"(violence potential)的分配。契约论者假定民众之间势均力敌,"暴力潜能"分配均等;而掠夺和剥削理论则假定民众之间强弱悬殊,"暴力潜能"分配不均①。其实契约论的实质,就是政府权力受到制约,不能为所欲为;而掠夺或剥削论的实质,则是政府权力不受或少受制约,可以任性妄为。诺斯称政府是经济成长的关键,又是人为经济衰退的根源。在经济发展中,政府是一把双刃剑。契约论者重视此剑有利之处,掠夺和剥削论者则重视此剑有害之处。

诺斯探讨政府与经济增长的关系,并未过多涉及货币。清末和北洋时期政府货币主导权的增强,也可运用诺斯所论予以某种解释。在货币制度的演变过程中,存在"诱致性变迁"和"强制性变迁"。所谓"诱致性变迁",就是一种自发式变迁,而"强制性变迁"则由政府法令引起②。清末和北洋时期,中国内外多忧,急需货币制度进行"强制性变迁"。而要进行"强制性变迁",政府作用必不可缺。不过货币问题远比其他经济问题复杂。契约论者重视政府对于经济的促进作用,但就货币问题而言,即使在契约论框架之下,人们是否应该让渡货币权力,经济学家也有不同看法。哈耶克就不主张政府垄断货币,认为即使政府权力受限,也会产生各种问题。当然,清末和北洋时期中国各级政府的权力,更接近掠夺和剥削论者所说的情况。此时政府垄断货币,无疑会使问题加重。清末和北洋时期天津的多次金融风潮,都与政府运用货币掠夺民间有关。

---

① 道格拉斯·诺斯:《经济史的结构与变迁》,刘瑞华译,台北:时报文化出版企业股份有限公司,1998年,第26、27页。
② 林毅夫:《关于制度变迁的经济学理论:诱致性变迁与强制性变迁》,科斯等:《财产权利与制度变迁:产权学派与新制度派译文集》,上海:上海三联书店,1991年,第374页。

二、清末和北洋时期天津金融风潮中的金属货币与纸币

清末与北洋时期，多种货币流通天津市面。其中各类纸币均与金属货币挂钩，是可兑现货币。这种货币状况和哈耶克所论者并不完全相同。但是哈耶克所论的货币竞争、民间发行与政府发行等问题，确实可以作为审视近代天津金融风潮的重要视角。这段时期，政府货币主导权逐渐增强。天津的历次金融风潮，正是发生于这种历史巨变之下。

（一）清末和北洋时期天津金融风潮中的金属货币

清末和北洋时期天津的铜元危机和银色风潮，均是金属货币危机。铜元危机的直接责任，在于政府；而银色风潮的直接责任，则在民间。无论政府还是民间，都想通过发行货币，获得铸币收益。这种铸币收益又称铸币税。铸币税和铸币名义价值之间的关系，可用以下等式表示[①]：

$$M = PQ + C + S \qquad (式5-1)$$

其中 M 为铸币名义价值，P 为铸币所用金属的价格，Q 为铸币所含金属的重量，C 为铸币费用，S 为铸币税。清末天津发生银色风潮，是因庚子拳乱之后，民间炉房贪图铸币税，所铸银两的白银成色不足。九九二成色化宝银入炉熔化之后，只有九六五成色。如公式所示，在铸币名义价值 M、铸币所用金属的价格 P、铸币费用 C 不变之时，铸币所含金属的重量 Q 越低，铸币税 S 越大。近代天津的铜元危机，缘于政府铸造铜元。铜元与制钱相比，名义价值与实际价值严重分离，故而可获更多铸币税。如公式所示，在铸币所用金属价格 P、铸币费用 C、铸币所含金属的重量 Q 不变之时，铸币名义价值 M 越高，铸币税 S 越大。在此利益驱动下，各地政府不断鼓铸，同时民间也在私铸。铜元数量愈来愈多，导致名义价值 M 无法维持，最后酿

[①] 劳伦斯·H.怀特：《货币制度原理》，李杨、周素芳、姚枝仲译，北京：中国人民大学出版社，2004年，第132页。

成铜元危机。

银色风潮之中,首先获得铸币税者是民间炉房。也有部分商家兑换宝银之时,炉房未按名义价值出售,而是给予部分折扣。商家再持这种低潮宝银,按照名义价值缴税或者交易,故而也能获得部分铸币税。倘若商家是按名义价值从炉房或其他商家接受宝银,则该商家就未获得丝毫铸币税。商家以低潮宝银纳税之后,官府若无重铸,而是按其名义价值继续使用,最终也无损失。官府如果重铸,自然发现宝银低潮,税收受损。清末津海关道蔡绍基要求按照新章程纳税,就是有感于此。

税收损失应由铸币税获得者弥补,其理甚明。但是问题在于:低潮宝银铸好之后,流经多个环节。每个环节使用宝银之人,只要未按名义价值使用,收受宝银时其价低于名义价值较多,支出宝银时其价低于名义价值较少,就能获得部分铸币税。使用宝银之人中,哪些未获铸币税?哪些已获铸币税?获得多少?天津官府根本无从知晓。低潮宝银由天津炉房铸造,炉房自然负有责任。然而很多炉房在庚子拳乱前后,已经倒闭。新开炉房是否应该承担责任?若要承担责任,应该承担多少?这些问题都难解决。天津官府一纸令下,要求各商缴税,必须交纳九九二成色化宝或足色白宝。各商声称接受低潮宝银之时,是按名义价值使用,并未获得铸币税。现在官府要求商家补足低潮损失,毫不合理。并且此事涉及外商银行的利益,问题更为复杂。

银色风潮缘于炉房贪图铸币税。如无相应措施,成色不同的宝银全按名义价值使用,劣币就会驱逐良币。长此以往,白银成色只会愈来愈低。银色风潮说明:发行劣币可获更多铸币税。为了铸币税,任何发行主体都有可能不断发行劣币。自由货币制度如不完备,同样难免出现问题。银色风潮正可视为自由货币制度下的问题。不过天津炉房属于民间力量,与其他市场主体地位平等,故对货币发行没有垄断能力。获利一方若无垄断能力,民间就可自发找到解决之道。天津公估局就是民间自发的解决之道。公估局最早产生于上海,属于自发秩序演化的产物。银色风潮爆发之后,天津官民起而模仿,开办公估。因此天津公估局也可视为一种自发秩序。哈耶克反对货币国家化,支持自由铸币。然而银色风潮却由自由熔铸而起,这该如何解释?道理非常简单!哈耶克所论的自由铸币,乃是不同货币各有标记,民众可以明确区分。在此条件下,货币自由竞争,劣币会被良币驱逐。清末天津各炉房熔铸低潮宝银,这些宝银没有明确标记,民间无法作出区分。不同成色的宝银,遂难自由竞争。设立公估局就是为了弥补上述不足,彻底激活货币竞争机制。北洋时期,天津未再发生银色风潮,宝银成色问题得到解决。这说明公估局行之有效。

清代国内市场逐渐扩大。区域之间的贸易,日益增多。各地白银重量、成色差别很大,贸易扩展大受阻碍。公估局虽能解决不同白银之间的兑换问题,但是白银流通不同区域,需要经过多次公估,毕竟增加交易成本。而银元重量、成色整齐划一,使用之时,只需计数即可,不用称量和鉴定成色。故而银元制度远比银两制度先进。既然如此,那么通过市场自发演化,银两制度能否过渡到银元制度呢?经济学家卡尔·门格尔解释货币的起源,认为货币是在经济人追求私利的过程中自发产生,不需国家法律强制。少数聪明人最初为了追求经济利益,长期接受便于销售的商品,用其交换其他商品。他们获得成功之后,其他人为了追求自身利益,纷纷起而效仿。久而久之,接受这种商品的网络,越来越大。最后这种商品就被称为"货币"[1]。清代各地银两千差万别,民间也在探索改进方法。外国银元传入之后,商民乐于使用。中国民间也曾自铸银元。在这种自发秩序演化下,某种货币的使用网络,确实如门格尔所论,慢慢扩大。然而门格尔又称[2]:

> 货币的自由发展通常导致极端有害的货币金属的类型、成色、重量单位和组成部分的多样化。一旦货币金属的铸造制度建立起来,同样有害的铸币多样化就会出现。国家完成其一项重要任务,即以一种与人们的需要一致的方式监管货币体系的一致性,而不是将自己束缚在验证重量的任务中。
>
> 在所有领域,特别是铸币领域,通过确定一国通用的货币,创造一个权重和测度一致的体系,满足贸易的需要,这样,政府创造了一个简单而又安全的计价和支付体系,该体系相对于自动产生的多样化货币是一个伟大的进步。

---

[1] 卡尔·门格尔:《国民经济学原理》,刘絜敖译,上海:上海人民出版社,2005年,第162、163页。

[2] 劳伦斯·H.怀特:《货币制度原理》,李杨、周素芳、姚枝仲译,北京:中国人民大学出版社,2004年,第89页。

门格尔既称货币乃是习惯产生，随着市场深化，具有自发的统一趋势；又对政府统一货币大力肯定。从理论上看，这不无矛盾。不过就清末中国的国情而论，政府统一铸币理所应当。因为自发演化太过缓慢，并且最终能否趋于统一，我们并不肯定。清末中国面临内忧外患，亟须尽快统一金属货币。而要尽快统一金属货币，必须依靠中央政府之力。清末天津的银色风潮，说明银两制度已经落后。政府学习西方，统一铸造银元，正如门格尔所论，是一伟大进步。

与银色风潮不同，清末和北洋时期天津的铜元危机，全由政府直接造成。19世纪70年代之后，铜价上涨，铸造制钱无利可图，甚至还会亏损。如上文公式所示，制钱名义价值M、铸币费用C、铸币所含金属的重量Q不变，铸币所用金属的价格P越高，铸币税S越低。铸币所用金属的价格P高到一定程度时，铸币税S成为负值，此时人们就会销毁制钱。清末政府铸造铜元，就是将其名义价值M大幅提高，以使铸币税S重新成为正数。北洋银元局铸造铜元之初，袁世凯明确要求铸造当二十、当十、当五铜元，一律同于制钱计算，不准互有参差。而铸造一枚当十铜元，所用铜量外加铸币成本，大约相当于七枚制钱。当时政府的铸币利润率，约有20%—30%[①]。此外，北洋时期，天津造币厂还曾铸造轻质铜元，通过降低铸币所含金属的重量Q，获取更多铸币税。总之，只要存在铸币税，各地政府就会纷起鼓铸。铜元由此愈铸愈多，市面商品的铜元价格，也随之愈涨愈高。民初铜元升值为时很短，并且有其特殊原因。整体而言，从清末到北洋时期，铜元主要还是贬值。各地政府对此负有直接责任。哈耶克指出：政府滥发货币，必然扰乱价格。他所讨论的扰乱价格，是指整个市场只有一种货币。政府垄断这种货币之后，为了追求铸币税，不断滥发。最后通货膨胀，市场价格无法向供求双方传达正确信号。清末中国所实行的货币制度，乃是一种平行本位制。在这种制度下，铜元危机不仅扰乱商品的铜元价格，还会扰乱银元与铜元的比价。这比哈耶克所论者更为复杂。在天津铜元危机中，这种情况非常明显。

均衡状态之下的平行本位，可以图示如下[②]：

---

① 王宏斌：《晚清货币比价研究》，开封：河南大学出版社，1990年，第135页。
② 此图由经济学家费雪（Irving Fisher）提出，王业键用其说明清代货币本位。本书所用者系借鉴王氏之图，并做适当修正。见王业键：《中国近代货币与银行的演进》，台北："中央研究院"经济研究所，1981年，第7—10页。

图 5.1 均衡状态下的平行本位

如上图所示,四个水槽分别代表银块、银币、铜币和铜块。其中银块与银币的水槽,下部相通;铜币与铜块的水槽,下部相通。水槽之中不同的溶液,代表两种不同的金属。从水槽平面到银币和铜币溶液的距离,代表两种货币的购买力。溶液平面愈低,距离水槽平面愈远,代表该种货币购买力愈高。在自由铸币环境下,假设银矿产量增加,银块水槽的水位,就会高于银币水槽。此时,银块价值低于银币,人们会将银块铸成银币。银块水槽的水位下降,银币水槽的水位上升。当两个水槽的水位相同时,均衡状态产生。银块与银币如此,铜块和铜币亦然。银币与铜币的比价,随着两种金属的供给状况不断变化①。

在清代,白银无需经过铸币程序,即可用作货币。而铜块则要铸为制钱,才能用作货币。并且制钱只能官府铸造,民间不得私铸。清末官府开始铸造银元,可与白银自由兑换。而制钱铸造仍由官府垄断。如不考虑民间私铸,清末中国的货币本位,可以图示如下:

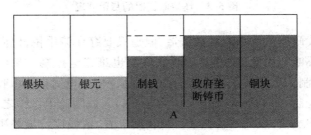

图 5.2 清代中国的货币本位

如上图所示,政府垄断制钱供应,就是控制制钱水槽和政府铸币

---

① 王业键:《中国近代货币与银行的演进》,台北:"中央研究院"经济研究所,1981年,第7、8页。

水槽的通道 A。在此条件下,制钱水槽的水位,可以低于铜块水槽的水位。此时,制钱价值高于所用铜块的价值。政府铸币可获铸币税。在制钱水位涨到铜块水位之前,政府可以根据需要,随意控制制钱水槽的水位。但当制钱水位和铜块水位持平之后,政府若想再向制钱水槽注水,也就不再可能。这说明政府供应制钱,受制于铜块成本。超过成本之后,政府再要增加供应,就会亏损。清末铜价上涨,制钱供应受限,就是此理。所以使用金属铸币时,即使政府垄断,也不能随意增加货币供应。政府若要增加供应,只有一个办法,就是减少单位货币的金属含量。清末政府停铸制钱,改铸铜元,就是采取此法。整个情况可以图示如下:

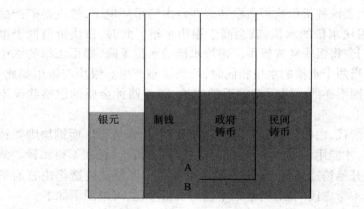

图 5.3 铸造制钱时的货币状况

清代政府虽然垄断制钱铸造,但是只要存在铸币税,民间私铸就会接连不断。因此,政府对于制钱供应也难完全控制。如图 5.3 所示,只要制钱水槽的水位低于右面两个水槽,其间就有铸币收益。政府虽可控制 A 口,然而无法完全堵塞 B 口。民间铸币水槽之水,不断流向制钱水槽,直到两者相平。从长期来看,银钱比价最终决定于两种金属的供求状况。清代银钱平行本位制的实际状况,大体如此。

清末政府在津建立北洋银元局和造币厂,开铸铜元。其时铸造制钱已经无利可图,而铸造铜元则可获得铸币税。因为一文铜元所含之铜,低于一文制钱。通过降低单位货币的金属含量,同样金属所可铸造的货币数量陡增。如图 5.4 所示,天津政府铸币水槽、外地政府铸币水槽和民间铸币水槽的水位,全都大幅提升,远远高于市面铜

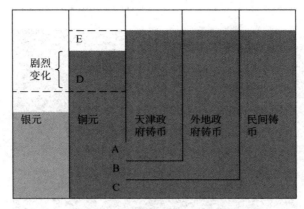

图 5.4 铸造铜元时的货币状况

元水槽的水位。两者差距越大,铸币税越高。三个水槽齐向市面铜元水槽注水,都可获得铸币税。短期之内,市面铜元水槽的水位由 D 升至 E,铜元急剧贬值。银元与铜元比价大幅波动,市面物价为其扰乱。清末和北洋时期,三津众磨房屡次上书天津商会,哀哀求告,就是其中例证之一。天津官方和商民希望堵塞 B 口和 C 口,此即限制外省官方铸币和民间铸币。这种做法既可使官方独享铸币税,又可限制市面铜元水槽水位的上涨幅度,减缓铜元贬值。然而大利所存,各种民间铸币和外省官方铸币依然源源涌入,天津官方根本难以禁止。只要铜元面值没有降到铸币成本,市面铜元水槽的水位,就会不断上涨。直到四个水槽水位相平之时,铸币税消失,均衡状态才会产生。清末铜元不断贬值,天津官民想方设法,希望稳定铜元币值,迄无效果。当时度支部尚书陈璧提出任由铜元贬值,迨私铸者无利可图之时,市面自会平定,就是这种思路。如果外省铸币和民间铸币成色更低,还会促使本地铜元的贬幅更大。

如图 5.5 所示,外地政府和民间铸造劣币,两个水槽的水位更高。如果任其注入市面铜元的水槽,则该水槽的水位将会更高,铜元贬值更加厉害。不仅如此,外地政府铸币和民间铸币水槽的水位更高,两个水槽不断向铜元水槽注水,还会导致天津政府铸币水槽的水位上涨,此即劣币驱逐良币。天津造币厂所铸铜元质量更优,如按面值与劣币等同使用,必被劣币驱逐。当时天津官方严厉打击民间私铸铜元,极力限制外省铜元入境,均有这种考虑。

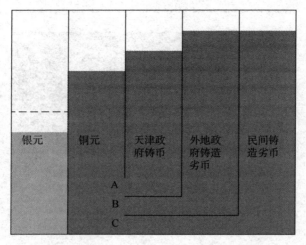

图 5.5　外地政府和民间铸造劣币时的情形

清末和北洋时期,天津官府多次发布行政命令,确定银元与铜元比价,要求市面严格执行。这种做法就是限制铜元水槽的水位上涨。只要其水位低于天津政府铸币水槽的水位,政府就可获得铸币税。但是外地政府和民间所铸劣币不断涌入天津,本地政府难以禁绝,同时天津造币厂也不断向市面投放铜元。想要市面铜元水槽的水位不再上涨,银元与铜元的比价保持稳定,必不可能。天津官民采取各种措施,均难缓解铜元急剧贬值。最后又追根溯源,从铜元的金属含量采取对策。清末曾有商民建议重铸制钱,代替铜元。北洋时期,天津商会曾有会董提议查验新旧铜元,按照重量使用。全国商联会建议各地商会一致行动,按照铜元的轻重优劣,确定价值等差①。这些建议都是从右面三个水槽着眼,希望降低其水位,减轻市面铜元水位的上升压力。

政府降低单位货币的金属含量,以此获得更多铸币税,此举并非始于清末,古代政府即已多次采用。道光时期,曾有大臣建议铸造当五、当十大钱。军机大臣穆彰阿上奏反对,指出②:

---

① 《全国商联会请各地商会一致行动用按铜质论价之法取缔滥铸与私运函》,天津市档案馆等编:《天津商会档案汇编(1912—1928)》,天津:天津人民出版社,1992 年,第 1306 页。

② 中国人民银行总行参事室金融史料组编:《中国近代货币史资料(清政府统治时期)》,北京:中华书局,1964 年,第 156 页。

溯自汉元鼎二年,始铸赤仄钱,以一当五,行之未久而废。其后三国、五代以及唐之肃宗、宋之神宗、明之洪武、天启,凡铸当五当十大钱,并当千、当百、当五十者,亦屡见诸史册,大约旋用旋罢,旋铸旋废,从未有行之数年而物价能平,公私称便者。其故由于所值之数断不及所当之数,一经行使,私铸必多,以是钱日坏而用日滞。

铸造当五、当十、当百、当千大钱,本质就是降低单位货币的金属含量。当时王鎏对此主张尤力。王氏撰有《钱币刍言》,系统阐释相关见解,不过未获实施。咸丰时期,政府财政困难。铸造大钱之论,再次兴起。虽然反对者众,可是几经争论之后,还是开始实行。1853年,政府开铸当十大钱,每枚只重六钱。当时每枚制钱重为一钱,当十大钱减重40%。此后,政府陆续铸造当五、二十、五十、一百等多种大钱,全都减重①,主要投向京师地区。结果导致民间盗铸、大钱贬值、物价飞涨、市场混乱、民不聊生,最后彻底失败。

清末与北洋时期天津的铜元危机,与咸丰时期北京的大钱危机非常相似。二者之所以发生,都因政府贪图铸币税,实施货币名目主义,降低单位货币的金属含量。在铸币税的驱使下,政府滥发、民间盗铸,最后货币贬值、物价大涨,带来种种社会问题。

尽管如此,清末和北洋时期,政府尚未完全垄断货币,天津市面存在多种货币。以金属货币而论,市面既有铜元,又有宝银、银元和制钱。每文铜元所含之铜,低于制钱。铜元属于劣币,制钱属于良币。铜元如按名义价值兑换制钱,就会出现劣币驱逐良币问题。清末天津铜元危机中,县民从当铺当取制钱,然而赎取当物时却用铜元。当铺拒绝接受,以致产生诉讼。此即劣币与良币之争。从天津知县的处理意见看,当时铜元未按名义价值兑换制钱。但是北洋银元局和天津造币厂铸造铜元之初,官方明令铜元按照名义价值兑换制钱。在民间交易过程中,持铜元者也常要求按照面值使用。时间一久,制钱必被铜元驱逐。果然一战结束之后,制钱已在天津市面绝迹。否则如无铜元,只是由于铜价上涨,制钱不会绝迹。铜价上涨,制钱实值超过名义价值,民众自会销毁制钱。不过制钱数量减少之

---

① 王宏斌:《晚清货币比价研究》,开封:河南大学出版社,1990年,第232、233页。

后,其购买力会逐步上升。当其购买力等于所含之铜的价值时,民众就会停止销毁制钱。因此,制钱不会完全退出流通。

哈耶克探讨良币与劣币,指出"格雷欣法则"只在二者比率固定时方才有效,否则良币与劣币就会自由竞争。良币价值稳定,劣币不断贬值。民众必会抛出劣币,换取良币。以前使用劣币计价者,也会纷纷改用良币计价。只要二者比率可以自由浮动,良币就能驱逐劣币。为什么良币能够驱逐劣币?因为良币币值稳定。哈耶克指出货币具有四种用途:一是购买商品和服务,二是存储以备不时之需,三是延迟支付,四是记账。四种用途之中,哈耶克认为民众最为偏好币值稳定,交易便利尚属其次。因此在货币不断贬值时,民众就会选择其他币值稳定的货币。

清末天津铜元不断贬值,而银元则相对稳定。当时官民采取很多措施,希望稳定二者比价。如上文所论,二者比价受制于铸币成本。只要银铜金属价格变动,二者比价就会变动。政府实施货币名目主义,降低单位货币的金属含量,更使二者比价剧烈波动。当时天津商会曾经建议不再稳定比价,为了避免比价波动影响商业交易,各行各业全都改用白银货币计价。1908年,天津商会召集各行行董开会。颜料行、杂货行、药行等二十余行全都确定:以银两、银元与纸币代替铜元进行交易①。1909年,天津吴协兴等九家瓷商确定停用铜元,以银两、银元标价,明确收受现钱或铜元时,均按当日银盘核算,不许私自加数去数②。北洋时期,这种做法渐渐推广。1921年,天津商会会董边峻峰建议整顿铜元,提出天津各行各业一律改用银本位,尽量不用铜元③。1923年,天津鞋商研究所申明,铜元不断贬值,以后发放工价一律改为银元④。上述事例说明:铜元不断贬值,商家与

---

① 《天津商会邀请各行商董讨论市面交易以银两银元纸币代替铜元事会议记录》,天津市档案馆等编:《天津商会档案汇编(1903—1911)》,天津:天津人民出版社,1987年,第447、448页。

② 《瓷商吴协兴等九家拟定停用铜元以银两银元交易办法七条及商会批文》,天津市档案馆等编:《天津商会档案汇编(1903—1911)》,天津:天津人民出版社,1987年,第465、466页。

③ 《会董边峻峰申述京津各业一律改用银本位废止双铜元并拟办法八条》,天津市档案馆等编:《天津商会档案汇编(1912—1928)》,天津:天津人民出版社,1992年,第1301、1302页。

④ 《天津鞋商研究所申明市面铜元贬值该行尚作工价均改银元函》,天津市档案馆等编:《天津商会档案汇编(1912—1928)》,天津:天津人民出版社,1992年,第1271页。

工人难以用其定价核算,故而纷纷改用银元等更加稳定的货币。不过银元或白银价值较高,很难用于小额交易。清末和北洋时期,纸币愈来愈多,其中包括各种面额的银角小票。使用这些零角小票开展小额交易,完全可以取代铜元。铜元危机之中,很多商民都曾提此建议。如果铜元持续贬值,使用银元等货币者会愈来愈多,使用铜元者会愈来愈少。当时确实已有这种迹象,这是良币驱逐劣币,与哈耶克所论者若合符契。

  清末和北洋时期天津的银色风潮和铜元危机,都是金属货币危机。银色风潮是在自由铸币状态下,由民间追求铸币税引起;铜元危机则是政府希望垄断铸币税,由其实施货币名目主义引起。哈耶克认为政府一旦垄断货币,为了追求铸币税,一定会滥发货币,进而带来种种弊端。从清末和北洋时期天津的铜元危机来看,哈耶克所论确系实情。不过,当时政府尚未完全垄断货币,各种货币存在竞争关系。故在铜元危机之下,民众尚能使用其他货币,以求减少损失,政府滥发因之受限。

  当然,清末天津的铜元危机,在于地方政府滥发货币。若由中央统一铸币,按照经济发展之需,理性供应,滥发问题或不至于如此严重。在此问题上,支持政府发行货币者与支持民间发行货币者看法不同。前者相信中央政府的理性能力,认为只要将铸币权收归中央,就能遏制滥发。后者则怀疑中央政府的理性能力,认为铸币权集中之后,中央贪图铸币利益,同样可能滥发。哈耶克就持这种看法。

  总而言之,在清末和北洋时期,中国传统银两制度问题丛生。政府推动铸造银元,顺应潮流,厥功甚伟。而在铸造铜元问题上,因为实施名目主义,铸币利益巨大,各地政府和民间铸造不止,造成严重问题。当时政府管理能力不足,只要实施名目主义,哪怕政府不会滥发,也难杜绝民间私铸。所以天津铜元危机日重之时,曾经有人提议停铸铜元,重铸制钱,不再实施名目主义。政府铸造铜元,本为解决钱荒问题。铸造制钱,一旦铜价上涨,钱荒问题必会再起。并且实值货币太重,用其交易,非常不便。因此重铸制钱,还要同时发行制钱票,以纸币调剂盈虚,缓解上述问题。从短期来看,这种思路不无可行之处。从长期来看,中国传统的银铜复本位制,本身就不稳定。只要银铜币材价格变动,货币比价就会随之变动,为市场交易带来风险。所以由政府统一银币,并用银纸币代替铜元和制钱作为辅币,或许弊端更少一些。然则问题又随之而起：发行纸币，应由政府完全垄断？还是民间也能享有发行权？政府与民间应该如何配合？

（二）清末和北洋时期天津金融风潮中的纸币

清末与北洋时期天津的贴水风潮、中交挤兑风潮和直隶省钞危机，都是纸币危机①。当时中国的纸币，都是可兑现纸币。铜元票可等值兑换铜元，银元票可等值兑换银元。尽管这些纸币与哈耶克所论者不同，但其货币非国家化理论仍是观察近代天津纸币危机的重要参照。简而言之，贴水风潮是民间自由发行导致的危机，而中交挤兑风潮和直隶省钞危机则是政府主导发行导致的危机。

18世纪中期之后，纸币流通于中国很多地区，使用范围愈来愈广。这种纸币最初主要是指民间私票。清末和北洋时期，民间私票受限。国家银行和各省官银钱号所发的纸币，愈来愈多。总之，清代中期以来，纸币在经济运行中的作用，越来越大。其中原因主要有二：一是清代经济不断增长，长途大额交易日益增多，使用金属货币十分不便。而纸币携带轻便，远比金属货币利于交易。道光时期，清廷对于民间私票曾有讨论。多数大臣认为金属货币太重，民间使用私票交易，应该听任其便。如山西巡抚申启贤曾经上奏②：

> 查民间置买房地，粜籴米粟，贸易货物，用银之处少，用钱之处多。其价在千文者，尚系现钱交易，若至数十千数百千以上，不特转运维艰，且盘查短数，收剔小钱，尤非片时所能完竣。是以江、浙、闽、广等省行用洋钱，直隶、河南、山东等省则用钱票。

贵州巡抚贺长龄也曾上奏③：

> 钱质繁重难以致远，有票而运载之费可省，并得交易远方。其便一也。钱有良恶之异，为数又易混淆，今但以票为凭，并可不必捡钱，不必过数，省去许多烦扰。其便二也。且也一票随

---

① 铜元票的运作机制，与银票相同。北洋时期天津的铜元票危机，也是纸币危机。本节重点论述银票，铜元票从略。
② 中国人民银行总行参事室金融史料组编：《中国近代货币史资料（清政府统治时期）》，北京：中华书局，1964年，第128页。
③ 中国人民银行总行参事室金融史料组编：《中国近代货币史资料（清政府统治时期）》，北京：中华书局，1964年，第133页。

身,既无宵小盗窃之虞,又免船水沉溺之失,其利殆不可胜计。

两位巡抚所见相同,全都认为纸币便于交易。当时北方诸省舟船不通,金属货币难以运输,故而纸币使用更为广泛。

此外,货币供应应随经济发展而不断增长,这样物价才能稳定。否则实际财富增长,货币供应却一仍其旧,必然导致通货紧缩。通货膨胀损害经济发展,通货紧缩亦然。为了避免通货紧缩,货币供应必须适度增长。而金属货币的供应,受限于铸币材料,往往缺少弹性,难以满足经济需求。纸币供应则可矫正此弊。这是清代中后期纸币流通渐广的另一原因。上文所述及的山西巡抚申启贤,对此已有初步认识,曾经指出①:

> 近因铸钱成本过重,每多奏请停止,库存制钱无多,恐民间藏钱亦未能充足。今禁止钱票,则向之收藏钱票者,皆易为现钱,即中等之家,存钱数十串不为富贵,积而至数千数万家,则存钱即在数万串数十万串之数。向用钱票不觉其多,今用现钱必见其少。夫银钱有互为盈虚之道,银少尚赖钱文流通为之接济,若致钱文亦形短绌,商民必交受其困。

申氏认为钱票可以弥补制钱的不足。唯其具体如何运转,申氏没有详论。中国私家发行纸币的起源,与欧洲近代早期的情形相似。这种纸币最初就是一种存货收据。银号或钱铺只是财物保管者,顾客可以随时凭借收据,将所存银钱提出。随后顾客发现,交易时使用收据充当支付工具,远比银钱简单方便。这种收据就可视为一种纸币。银号或钱铺最初提供收据,需要维持十足准备金,以备客户随时提取银钱。此时银号发出收据,不会增加整个市场的货币流通量。但是银号或钱铺很快就会发现,应付客户提款需求,并不需要十足准备。客户所存的金属货币,银号只需保留一定比例,其余可以贷放出去,赚取利息。此后,银号或钱铺开始主动发行银票或钱票。他们知道持票人不会同时拿来所有纸币,要求兑现②。只要发行纸币的准备金不足十成,纸币较之金属货币就有弹性,就可适度弥补后者的不

---

① 中国人民银行总行参事室金融史料组编:《中国近代货币史资料(清政府统治时期)》,北京:中华书局,1964年,第129页。
② 王业键:《中国近代货币与银行的演进》,台北:"中央研究院"经济研究所,1981年,第16页。

足。银号或钱铺的准备金比例越低,所可发出的纸币越多。

银号、钱铺或银行可以降低准备金比例,增发纸币。然则问题由此而生:准备金比例应该定为多少?比例太高,多余资金不能放出收息,这对银号就是损失。比例太低,顾客前来换取金属货币,银号无法兑付,就会产生挤兑危机。近代天津的贴水风潮、中交挤兑风潮和直隶省钞危机,都是因为发行机构准备金比例太低,最后导致纸币无法兑付。

在健全的货币制度下,发行可兑现纸币者不会滥发。因为纸币要与金属货币等值兑换。金属货币可以视为发行纸币的"锚",使得纸币不能肆意发行。货币史家劳伦斯·H.怀特曾用以下模型说明此理。在发行可兑现纸币时,银行资产负债表可简化如下:

表 5.1 简化的银行资产负债表

资产	负债+所有者权益
R 储备 L 贷款和证券	N 流通之中的银行券 D 金属货币的存款 K 股本

按照会计规则,资产等于负债与所有者权益之和。就这家银行而言,应是:

$$R + L = N + D + K \qquad (\text{式 5-2})$$

假定股本 K 固定不变,银行的利润函数公式,可以表示为:

$$\pi = i_L L - i_D D - C - Q \qquad (\text{式 5-3})$$

其中 π 为预期利润,i_L 为贷款与证券的利息收益率,i_D 为存款利率,C 为经营成本,Q 为流动性成本。在自由竞争状态下,贷款、证券利息收益率和存款利率均由市场决定,这家银行无法操纵,因此假定 i_L 与 i_D 固定。在银行经营中,资产负债表中的储备、贷款和证券、流通之中的银行券、存款金额越大,经营成本越高。因此经营成本可以视为上述四项的连续性正函数,以公式表示为:

$$C = f(R, L, N, D); \ C_R > 0, \ C_L > 0, \ C_N > 0, \ C_D > 0 \qquad (\text{式 5-4})$$

其中 C_R、C_L、C_N、C_D 分别是增加四项金额的边际经营成本。Q 是流动性成本。顾客持有纸币前来兑换,而银行储备耗尽,由此产生各种额外费用。比如因为银行无法兑现,政府会处罚银行,或银行紧急出售资产,以弥补头寸不足等,都会造成银行的额外费用。这些费用乘以储备耗尽的概率,就是流动性成本。顾客提取和存储金属货币的概率密度函数,可以图示如下:

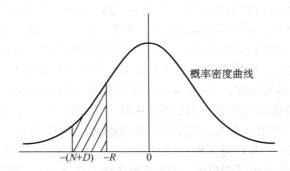

图 5.6　储备耗尽概率示意图(曲线下方的面积等于1)

如上图所示,银行储备为 R,银行发行的钞票和存款总额为 $(N+D)$。这是客户向银行兑换金属货币的最高额度。当客户兑换的金属货币额度大于银行储备 R 时,银行储备耗尽,产生流动性成本。上图所示阴影部分的面积,就是银行储备耗尽的概率。从图中可以看出,银行发行的钞票和存款总额 $(N+D)$ 越大,银行储备 R 越小,则其储备耗尽的概率越大。储备耗尽的概率越大,银行流动性成本 Q 越高。反之,流动性成本 Q 越低。换而言之,银行发行钞票的边际流动性成本 Q_N、吸收存款的边际流动性成本 Q_D,均为正数;银行增加储备的边际流动性成本 Q_R,则为负数。

银行为了追求最大利润,需对其资产负债表的左右各项 R、L、N、D 不断调整。当其满足以下两个条件时,银行利润达到最大[①]:

$$i_L - C_L = -Q_R - C_R = C_N + Q_N \qquad (式5\text{-}5)$$

$$i_L - C_L = -Q_R - C_R = i_D + C_D + Q_D \qquad (式5\text{-}6)$$

---

① 要求函数 $\pi = i_L L - i_D D - C - Q$ 在约束条件 $R + L = N + D + K$ 之下的极值,其具体方法是构造拉格朗日函数 $F(R, L, N, D) = i_L L - i_D D - C - Q - \lambda(R + L - N - D - K)$,其中 λ 为常数。分别求该函数对 R, L, N, D 的一阶偏导数,令其等于零,得出:$i_L - C_L = \lambda$,$-Q_R - C_R = \lambda$,$C_N + Q_N = \lambda$,$i_D + C_D + Q_D = \lambda$。

i_L 为贷款与证券的利息收益率,C_L 为银行增加贷款和购买证券的边际经营成本。$i_L - C_L$ 为银行增加贷款和购买证券的边际净收益。增加储备可以减少流动性成本,故而 $-Q_R$ 就是增加储备的边际收益。C_R 是增加储备的边际经营成本。$-Q_R - C_R$ 为增加储备的边际净收益。C_N 为发行钞票的边际经营成本,Q_N 为发行钞票的边际流动性成本,$C_N + Q_N$ 为发行钞票的边际总成本。同理,i_D 为存款利息,C_D 为增加存款的边际经营成本,Q_D 为增加存款的边际流动性成本,$i_D + C_D + Q_D$ 为增加存款的边际总成本。式 5-5 的含义是,银行发行纸币,可有两种用途:一种是发放贷款或购买证券,获取收益;一种是兑换金属货币作为储备,以防储备耗尽之时,银行产生流动性成本。银行若要获得最大收益,应使两种用途的边际收益相等。否则当前者大于后者时,银行将纸币用于前者,可以增加获利;当前者小于后者时,银行将纸币用于后者,可以增加获利。总之,只要两者不等,银行就未获得最大利润。同时,两种用途的边际收益,都应与增发纸币的边际成本相等。如若前者大于后者,银行应该继续增发纸币;如若前者小于后者,银行应该收回纸币。式 5-6 的含义是,银行吸收金属货币的存款,同样可以用于上述两种用途。其基本逻辑与式 5-5 相同。由式 5-5、式 5-6 可以得出如下等式:

$$C_N + Q_N = i_D + C_D + Q_D \qquad (式 5-7)$$

式 5-7 的含义是,银行可以通过两种方式增加资金:一种是发行纸币,一种是吸收存款。银行若要获得最大利润,则两种方式的边际总成本应该相等。否则采用边际总成本较低者增加资金,就会有利可图。

式 5-5 说明银行发行纸币的基本逻辑:在自由环境下,银行发行纸币并不能随心所欲,毫无顾忌。为了追求最大利润,银行发行纸币应有一个最优规模。倘若偏离这个规模,过量货币仍会返回银行。其具体机制为:银行增发纸币,用其发放贷款或购买证券,可以带来收益,故而希望多多益善。但是银行发行纸币超过最优规模后,顾客认为他们并不需要如此之多的纸币,于是会持纸币兑换金属货币,或者存入其他银行。其他银行与该行清算之时,该行需要支付金属货币。此外,顾客还有可能将纸币付给另一人。而另一人持有过多纸币,同样可能采取上述三种做法。如此循环,最后都使发钞银行的储备降低,储备耗尽的风险提高,纸币发行的流动性成本增大。如式 5-5 所示,如果 $C_N + Q_N$ 大于 $i_L - C_L$,该行发现,增发纸币之后,获利不仅没有增加,反比以前减少。此时银行就会停止增发。如果顾客持有纸币的意愿增加,银行储备耗尽的概率,随之改变。这可图示如下:

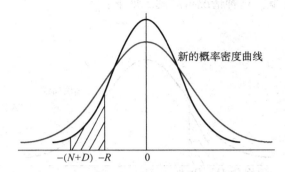

图 5.7　新的储备耗尽概率示意图(曲线下方的面积等于 1)

从上图可以看出,由于顾客对于纸币的需求增加,使用纸币兑换金属货币或存入其他银行的概率缩小,银行储备耗尽的概率,随之缩小。如式 5-5 所示,此时银行发行钞票的边际流动性成本 Q_N 降低,银行增持储备的边际收益 $-Q_R$ 也同时降低。银行发现:在原有的发钞数量下,顾客前来兑换金属货币,或与其他银行清算从而支付储备之事,全都减少。银行储备不断增加。此时银行就会减持储备,增发钞票,用于贷款或购买证券,这样可以带来净收益①。

怀特的模型说明:在自由发钞制度下,金属货币是纸币之"锚"。自由竞争机制使得发钞机构不能滥发。近代天津的贴水风潮、中交挤兑风潮和直隶省钞危机,可用怀特模型适度解释。贴水风潮的直接责任,是在民间;而中交挤兑风潮和直隶省钞危机的直接责任,则在政府。民间自由发钞的约束机制,关键在于纸币与金属货币能够等值兑换。庚子乱后,天津贸易恢复,货币需求增加。银号发行纸币、增加贷款的边际净收益,随之提高。就银号而言,增发纸币可以获得更多利润。就整个市场而言,货币需求也因银号增发而得到满足。如若纸币与金属货币等值兑换,随着纸币增发,银号发行纸币的

---

① 劳伦斯·H.怀特:《货币制度原理》,李杨、周素芳、姚枝仲译,北京:中国人民大学出版社,2004 年,第 53—62 页。

流动性成本,必会慢慢提高。当其高到一定程度,银号认为增发纸币无利可图时,增发就要停止。

但在贴水风潮发生前,纸币与金属货币却未等值兑换,而是不断贴水。纸币如若不能等额兑换金属货币,发钞机构储备耗尽的概率,自然也会降低。这种情况可以图示如下:

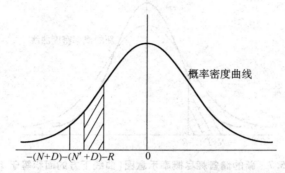

图 5.8　贴水风潮之前的储备耗尽概率示意图(曲线下方的面积等于 1)

如上图所示,由于纸币不断贴水,顾客前来兑换纸币 N,银号只需支付金属货币 N'。银号储备耗尽的概率降低,发行纸币的流动性成本,随之降低。银号自然倾向多发纸币。在此情况下,银号发行纸币的约束机制,彻底破坏。并且储备要求降低,很多银号规模很小,也都大发纸币。纸币滥发导致物价飞涨。1902 年 10 月,天津市面的货物价格,超出官价四倍有余①。

袁世凯担任直隶总督之后,严禁纸币贴水。从长远来看,这种做法可以恢复纸币发行的约束机制,使得银号控制发行。但从短期来看,银号储备耗尽的概率,为之大幅提高。许多银号股本不大,储备不足。贴水禁令一下,股本和储备马上耗尽。于是大批银号倒闭,最后酿成贴水风潮。

清末天津的贴水风潮,是自由货币制度没有完善所致。北洋时期,自由货币制度有所完善,直接责任在于民间的金融风潮,有所减少。这段时期天津的中交挤兑风潮和直隶省钞危机,都由政府直接引起。当时,中央政府和直隶地方政府财政告急,分别向中交两行和

---

① 《大公报》1902 年 10 月 26 日,转引自吴必龙:《二十世纪初期天津金融风潮及其对对外贸易的影响》,《南开经济研究》1995 年第 1 期,第 67 页。

直隶省行不断借款。政府要求银行发行纸币满足借款需求,甚至直接挪用银行储备。如图 5.6 所示,一方面,银行所发纸币的数额 N,越来越高;另一方面,储备数额 R 却越来越低。储备耗尽的概率,越来越高。银行发行纸币的流动性成本,不断上涨。最后银行无法兑现,酿成危机。

天津官民对于三次风潮的应对,存在某些相似之处。就天津整个地区而言,银号或银行发行纸币增多,市面物价随之上涨。最后天津与其他地区之间的贸易,变成入多出少。清末和北洋时期,纸币一般都在本地流通。不同地区之间的贸易差额,依然要用白银或银元支付。天津贸易入多出少,白银或银元不断流出。整体观之,天津整个金融系统的储备,都在降低。因此,三次纸币危机之中,天津官方均想限制白银流出。白银净流出的起因,在于纸币发行过多,本地物价上涨,本地与外地出现贸易逆差。不从限制纸币、降低物价入手,单纯以行政命令限制白银流动,必将阻碍不同地区之间的贸易往来,根本无济于事。

三次金融风潮均使民众对于纸币的信心降低。假定其他条件不变,民众对于纸币的信心降低,对其需求必然也会降低。与图 5.7 所示者相反,民众对于纸币的需求降低时,银行储备耗尽的概率增大。银行再要发行纸币,必然困难重重。在三次危机中,天津官方迭发告示,稳定人心。在中交挤兑风潮中,天津警察厅长发表演讲。在中交挤兑风潮和直隶省钞危机中,天津官方明确商民可用纸币纳税。凡此种种,都是希望恢复民众对于纸币的信心,降低银行储备耗尽的概率。这种做法不无效果,但是并非治本之策。

如上文所述,一家发行机构为了追求最大利润,需要合理配置资产负债表左右两侧的储备 R、贷款和证券 L、流通之中的银行券 N、金属货币的存款 D、股本 K。三次危机的表现,都是上述项目比例错乱,违背可兑现纸币的约束机制。因此,治本之策应该是从上述各个项目入手,使其恢复均衡。其工作主要分为两个方面:一是减小贷款和证券数额,二是充实储备。充实储备可以通过三种途径:增加股本、发行纸币以兑换金属货币、吸收金属货币存款。如式 5-7 所示,在股本不变时,发行机构可用后两种方式增加储备。为了追求最大利润,发行机构使用后两种方式充实储备的成本,应该相等。否则采取成本较低者吸收储备,就有利可图。三次风潮之后,民众对于纸币丧失信心,通过发行纸币吸收储备的边际成本 $C_N + Q_N$ 极高。与之相比,吸收存款虽然也很困难,但其边际成本 $i_D + C_D + Q_D$ 相对较低。因此,发行机构增加储备的合理方式,应是吸收金属货币存款。

综上所论,恢复纸币运行的可行措施,主要包括压缩贷款和证券数额、增加股本与吸收金属货币存款。三次纸币危机之中,天津官民确实围绕这些方面,做了很多工作。贴水风潮中,天津官银号向民间银号贷款,同时劝说票号和外国银行向其贷款。风潮之后,天津民间银号与其他银号或银行结成"靠家"关系。中交挤兑风潮中,交通银行向东三省官银号、奉天兴业银行借款四百万元。这些措施都是尽量吸收金属货币存款,以此增加发行机构的储备。贴水风潮之后,天津民间银号逐步采取股份制,并且不同银号互相联合,以此增强资本实力。此外,天津官方、商会和钱业公会不时检查银号资本。实力不足者不能发钞。省钞危机中,商民可用省钞购买省行股票。凡此诸多措施,都是为了提高股本,增加发行机构的储备。中交停兑风潮中,天津商民组成金融临时维持会,请求将田赋等税截留,不解中央,用作保证。商民基于这些保证,凑集款项,用以兑付。直隶省钞危机中,天津官方与商民组成省钞维持会,以芦盐产捐作为省钞兑换基金。有此担保之后,各个行商再分别出资,用以恢复省钞流通。两次风潮皆由政府借款而起。现在为了恢复纸币,要将田赋、芦盐产捐等政府税收截留,其实质就是压缩发钞机构的贷款和证券数额。

清末天津贴水风潮之后,很多人认为在自由发行制度下,发行机构往往倾向降低准备金比例,多发纸币,以此获得更多收益,最后酿成风潮。因此,他们主张禁止民间私发钞票,由政府主导纸币发行。但是北洋时期天津的中交挤兑风潮和直隶省钞危机,说明政府主导货币发行,问题可能更为严重。无论民间还是政府,都能通过纸币贬值获得铸币税。贴水风潮之中,每千两银票需要贴水三百余两,贬值三成。中交挤兑风潮之中,两行钞票降到六七折,贬值三四成。直隶省钞危机之中,省钞更是降到二折,贬值高达八成。在银色风潮和铜元危机中,发行机构都是降低单位货币的金属含量,以此获取铸币税。与其性质相似,纸币贬值也是单位货币的金属含量降低。原来可以等值兑换银元者,现在只能贬值兑换。发行机构同样以此获得铸币税。贴水风潮中的铸币税获得者,主要是在民间,这与银色风潮相同。而中交挤兑风潮和直隶省钞危机中的铸币税获得者,主要是在官府,这与铜元危机相同。

民间追求铸币税,政府可以发挥"第三方"职能,直接加以限制。贴水风潮之时,袁世凯断然下令,要求纸币与金属货币等值兑换。只要官府命令有效执行,民间很难随意增发钞票。事实上,北洋时期,很多民间银行都很注意增强储备,控制发行,防止出现挤兑。民间发钞制度如能完善,贴水风潮的出现几率,就会大大降低。与之相比,官府追求铸币税,则无机构能够限制。中交挤兑风潮和直隶省钞危机爆发之后,天津官方停止兑现,任由纸币贬值。这与贴水风潮中的官府态度相比,判若霄壤。差别如此之大,原因就在两次危机是由政府贪图铸币税所致。政府不愿放弃铸币税,危机很难彻底解决。

当然,北洋时期,政府并未完全垄断货币。如果纸币不能与金属货币等值兑换,而是不断贬值;那么纸币就是劣币,金属货币就是良币。普通商民为了保值,必会抛弃纸币,持有金属货币,或者持有能够等值兑换的纸币。两次风潮之后,民众尽量持有金属货币,或者持有外国银行的纸币,此即良币驱逐劣币。在此过程中,贬值纸币、金属货币与外国银行发行的纸币,存在竞争关系。中交挤兑风潮和直隶省钞危机固然带来混乱,但是民众纷纷要求兑换金属货币,抛出贬值纸币,也使银行滥发得到某种限制。这和哈耶克所论的货币竞争存在相似之处。

怀特对于民间自由发钞非常乐观。他的模型极力论证在自由发钞环境下,发钞银行出于谋利动机,会有一个最优发钞数量。超过最优发钞数量,银行无利可图,不会增发钞票。当市场对于纸币的需求增加时,银行发钞即使超过原来的最优数量,仍然有利可图。此时,银行就会增发钞票,直到新的最优数量。在这种机制下,银行所发钞票与储备的比例,不会固定,而是根据市场需求,随时动态调整。这样当市场对于纸币的需求增大时,银行不会限于储备而不能增发钞票。清代中后期民间私票对于货币供给的弹性,与怀特之论不无相通之处。当时白银和制钱仍在增长,但是经济发展对于货币需求的增长更快。民间银号根据市场需求,随时调整发钞数量与储备数量,货币供给具有弹性。然则人们肯定会问:民间发行机构自由调整发钞数量与储备数量,有无挤兑之虞?怀特认为民间发钞机构规避挤兑,可用很多方法,并不需要政府主导。清季之前,中国民间私票也有运行平稳、表现良好者。1852年,左都御史花沙纳奏称①：

> 京城……商民使用，凡钱在五百文以上者，皆用店票。各省皆然……尝见山陕富商，有出票二三十年尚未兑钱者。

出票二三十年仍未兑现，可见如若调整得当，并无挤兑之虞。但是清末天津的贴水风潮，说明民间私票也有很多问题。怀特的模型，只是一种理想状况。而清末中国的实情，远比模型复杂。怀特认为民间发钞机构一旦遭遇挤兑，必会产生流动性成本。为了避免流动性成本，发钞机构不会滥发，但若政府毫无监管，发钞机构可能架空为害，乘隙荒闲。发钞机构一次狂发很多纸币，即使遭到挤兑倒闭，其收益也远高于倒闭产生的流动性成本。贴水风潮就是由此而起。所以贴水风潮之后，天津官府严惩诳骗作假者，审查发钞机构的资本状况，增加发行门槛，促使发钞机构连环互保等，均是弥补上述不足，非常合理。这说明即使民间发钞，也需一套严格机制，并不能完全放任自由。政府在这些事情上，责无旁贷。商会、钱商公会等公会组织与政府互相配合，会使监管更为严密完备。

不过政府以法令规定发钞机构的现金储备比率，则会破坏怀特所论的自由调整机制。清末和北洋时期，政府鉴于民间发钞储备不足，最后常常挤兑倒闭，遂以法令规定储备比率。清末《通用银钱票暂行章程》规定：官商行号发行纸币，须有现款十分之四作为储备。1913 年，财政部订定商业银行条例，要求银行发钞，须有现金四分之一作为储备。1915 年，《取缔纸币法规》要求银钱行号发钞，须有五成现款准备兑现。1920 年，《修正取缔纸币条例》要求发钞机构须有六成现款准备②。通过法令强定比率，可以减轻发钞机构的储备空虚问题，但是也使发钞不够灵活。民初即曾有人指出③：

> 兑换纸币之发行，全在利用其伸缩力，而借以维持经济社会。今若用比例准备法以限之，则其伸缩力之作用，必因之而骤减矣。……设经济社会遇有恐慌，则不免为准备额所限，而不能稍事变通，以济其急。……夫兑换纸币之为物，每因其时与地与

---

① 《道咸同光四朝奏议（第三册）》，台北：台湾商务印书馆，1970 年，第 1077 页。转引自卓遵宏：《中国近代币制改革史（1887—1937）》，台北："国史馆"印行，1986 年，第 26 页。
② 张家骧：《中华币制史》，北京：知识产权出版社，2013 年，第 268—272 页。
③ 谢霖、李澂编：《银行制度论》，上海：中国图书公司，1913 年，第 86、87 页。

国情,而流通之状态不同。凡当市场变动之际,则准备率必应较高。而当市场平静之时,其准备率且有不须三分之一或四分之一者。故若豫以一定比例限定之;则其所准备之金额,在平时既徒以储藏,不能尽其为资本之用,而设遇兑换过多之际,则又不足以应其求。徒使社会知银行之准备不充,而心怀疑惧,致不倾信兑换纸币,寖致起金融之扰乱。

20 世纪 20 年代,仍然有人关注这个问题①:

> 设有特别原因致令银价暴涨,吾国对外汇兑自为顺利,银货流出,亦势所必然。若无保护方法,银货准备必至减少,而以条例关系,纸币亦必依此比例收回。其结果即市场缺乏通货而物价低落;人心惶惧,而恐慌于以发生。准备金关系一国之金融有如此者,能不早自为计以为银价变动之防备乎?

民初国人反思固定储备比例的弊端,与怀特之论不无相似之处。怀特认为在自由发钞制度下,发钞机构为了追求最大利益,自会根据市场需求,动态调整纸币与现金储备的比例。当市场对于纸币的需求增大时,发钞机构降低储备比例,增发钞票;当市场对于纸币的需求减小时,发钞机构提高储备比例,收回钞票。这样动态调整,可使货币供给适应市场需求。如果政府规定储备比例,当市场因季节变化或其他原因需要更多货币时,发钞机构却不能增加纸币供给。纸币不足,人们就会提取金属货币弥补。这样反而更易导致挤兑危机②。

由中央银行垄断纸币发行,然后按照怀特所论的动态储备方法,能否解决这个问题? 可能很难。怀特所论的动态储备,乃是基于发钞机构的自由竞争、追求利润。不同发钞机构捕捉信息、不断试错,最后才能得到最优储备比例,并且随时动态调整。而中央银行不以盈利为目的,无需竞争,并且一家机构不能掌握千变万化的市场信息,所以很难找到最优储备比例。最后不是纸币供给不足,就是纸币供给过多。当纸币供给过多时,就会产生挤兑。中央银行倘若停兑,

---

① 程振基:《纸币统一与发行纸币制度之研究》,《国立北京大学社会科学季刊》1923 年第 1 卷第 3 期,第 513 页。

② 劳伦斯·H.怀特:《货币制度原理》,李杨、周素芳、姚枝仲译,北京:中国人民大学出版社,2004 年,第 62、63 页。

发行不兑现纸币,就会产生巨大的铸币税。此时政府如果不受其他制约,极有可能操纵中央银行,滥发纸币。

总而言之,清末和北洋时期天津的三次纸币危机,说明民间发钞制度若不完善,固然产生危机。但是政府主导纸币发行,同样也有问题。因为政府一旦主导纸币发行,为了追求铸币税,可能也会滥发。并且这种滥发往往缺少有效对策,危害更大。北洋时期天津的中交挤兑风潮和直隶省钞危机,就是明证。不过当时发行的纸币,都是可兑现纸币。民众可以要求纸币等值兑换金属货币,尚有部分货币自由。因此,即使政府主导货币发行,也终究不能为所欲为。倘若更进一步,政府主导货币发行之后,将金属货币全部集中,最后宣布纸币不再兑现,那么政府发行纸币的约束,也就荡然无存。此时政府若无其他机制制约,一味追求铸币税,发行纸币可能会无所底止,造成更严重的危机。

结　束　语

近代天津的金融风潮,很多都是货币发行危机。当时天津的货币,可分金属货币和纸币两类。民间银号、官办银行、外商银行都能发行货币,不同货币同时流通天津市面。观察清末和北洋时期天津的六次金融风潮,可以看出货币发行存在两大类型:民间自由发行与政府主导发行。结合哈耶克的货币非国家化理论,重新审视这些金融风潮,深入探讨两种发行方式的利弊得失,对于我们思考当今世界的货币体制,仍有积极意义。

一、关于1900—1928年天津金融风潮的总结

多种货币流通一国之内的情况,在中国早就存在。清末和北洋时期,中国市面流通的货币,既有官方货币,又有民间货币和外国货币。法币改革之前,中国国内约有一百七十余种货币流通[1],这是一种比较自由的货币形态。前人大多斥其混乱无序。而哈耶克提出货币非国家化理论以后,部分研究者受其启发,开始重新审视中国传统币制。经济学家张五常曾说[2]:

> 哈耶克生时极力提倡的自由发钞制度,在中国早已存在。我想,在太平盛世,如清康熙至乾隆的百多年间,这种自由银行(钱庄)制应该有很理想的运作。我又想,今天数以千计的中国青年经济学者,怎可以放过这个绝对是一级的研究题材?

日本经济史家黑田明伸研究世界货币史中的货币竞争与分层现象,特别论述中国传统货币的多样性。黑田明伸认为以自由货币为

---

[1] 牧野辉智:《最新货币学原理》,李荫南译,上海:上海黎明书局,1935年,第51页。
[2] 张五常:《货币战略论》,北京:中信出版社,2010年,第117页。

理想的哈耶克式世界,可能增加交易成本,然而通货并存也为多层市场带来稳定①。不过黑田明伸又认为中国传统的自由币制,很难导向工业化②:

> 与其说从进入壁垒低难以预测的自由竞争那里,不如说货币使用的限制以及在共同体内部的融通……完成了服务于地区工业化的资金积累。

黑田明伸注意币制问题的复杂性,对于自由币制没有过多评价。朱嘉明则对中国自由币制给予肯定。他借鉴哈耶克之论,探讨中国货币经济,将其分为自由与垄断两个阶段,并称③:

> 哈耶克注意到中国货币经济,他引用卫斯林(W. Vissering)对二十世纪初中国货币经济的观察:中国流通纸币,"正因为它不是法币,因为它跟国家没有关系,因而才被人们普遍作为货币所接受"。

此外,管汉晖比较中国西汉时期的自由铸币与垄断铸币④,刘愿研究民国时期上海的银行发钞、抗战时期中共陕甘宁边区的货币竞争⑤,均是借鉴哈耶克之论,重新审视中国的传统币制。本书研究近代天津的金融风潮,也是遵循这一思路。

清末天津发生多次金融风潮。这些风潮因货币危机而起者,主要包括贴水风潮、铜元危机和银色风潮。北洋时期,天津金融依然风潮迭起。当时风潮因货币危机而起者,主要包括中交挤兑风潮、直隶省行挤兑风潮以及铜元和铜元票危机。贴水风潮由民间滥发纸币而起。铜元危机由政府滥发金属货币而起。银色风潮由民间熔铸低潮

---

① 黑田明伸:《货币制度的世界史——解读"非对称性"》,何平译,北京:中国人民大学出版社,2007年,第84页。
② 黑田明伸:《货币制度的世界史——解读"非对称性"》,何平译,北京:中国人民大学出版社,2007年,第164页。
③ 朱嘉明:《从自由到垄断——中国货币经济两千年》,台北:远流出版事业股份有限公司,2012年,序言第21页。
④ 管汉晖、陈博凯:《货币的非国家化:汉代中国的经历(前175年—前144年)》,《经济学季刊》2015年第4期。
⑤ 刘愿:《哈耶克货币非国家化理论的自然实验:以民国时期上海竞争性货币体系为例》未刊稿,《哈耶克货币非国家化理论的自然实验——以抗战时期陕甘宁边区国共政权货币竞争为例》,邓正来主编:《中国社会科学论丛(夏季卷)》,上海:复旦大学出版社,2011年。

宝银而起。贴水风潮与银色风潮缘于民间贪图铸币利益；铜元危机则因政府贪图铸币利益。为了应对这三次风潮，天津官府、商会、钱商公会与银号等相互合作，做了大量工作。这些工作有对有错，效果不一。中交挤兑风潮由北洋政府不断借款、两行滥发纸币而起。直隶省行挤兑风潮由直隶官方不断借款、直隶省行滥发纸币而起。铜元和铜元票危机由政府滥发铜元和铜元票而起。为了应对风潮，天津官方、商会、钱商公会与银行公会等同样做了很多工作。但与清末不同，北洋时期，政府对于货币的主导权，不断增强。民间发行货币逐渐受到挤压。这个时期的历次风潮，全都缘于政府贪图铸币利益。由于民间难以制约政府，北洋时期天津应对风潮的很多工作，效果不佳。

统观清末和北洋时期天津的六次金融风潮，两次直接责任在于民间，四次直接责任在于政府。发行货币可以获得铸币收益。无论民间发行还是政府发行，如无有效机制制约，都易产生滥发问题，最后酿成危机。哈耶克主张货币非国家化，认为由民间发行货币，可以建立有效机制，防止货币滥发。这种机制就是货币竞争。在竞争环境下，货币之间没有固定比价，劣币不能驱逐良币，反被良币驱逐。如若政府强定货币比价，货币无法自由竞争，"格雷欣法则"就会发生作用。近代天津的货币危机，与哈耶克所论者存在某些相通之处。其间既有劣币驱逐良币，又有良币驱逐劣币。当然，哈耶克的货币非国家化理论，只是一种理想状况。清末天津的贴水风潮和银色风潮，说明民间自由铸币发钞，也有很多问题。单纯的自由竞争，并未解决滥发问题。而且各种货币流通市面，确实增大交易成本，阻碍不同区域之间的贸易扩展。哈耶克对此估计不足。至于清末和北洋时期天津的铜元危机、中交挤兑风潮与直隶省钞危机，确实是由政府贪图铸币税所致。这与哈耶克之论不无相似。政府滥发之所以受到某种制约，就是因为存在纸币与金属货币的竞争、民间货币与官方货币的竞争、中国货币与外国货币的竞争。因有这些制约力量，当时政府虽然需财孔亟，终未造成超级通货膨胀。而在国民政府后期，这种制约力量消失殆尽。政府发钞犹如脱缰野马，最后带来巨大灾难。

学界一般将法币改革作为国家垄断货币完成的标志。众所周知，20世纪30年代初期，美国通过《白银法案》，高价收购白银。此举导致中国白银急剧外流，通货紧缩，经济凋敝。国民政府迫不得已,只好一举废除银本位,切断白银与纸币之间的联系。若如怀特所论,仍然保持银本位,由民间自由发钞,动态调整白银储备与纸币之间的比例,能否缓解通货紧缩? 这个问题值得探讨。无论如何,法币改革影响中国至深且大,学界评价自也见仁见智。卓遵宏认为法币改革促使中国币制进入信用货币(Credit money)时代。政府能够顺应市场需要,调剂发行数额。这更类似于管理通货制(Managed currency),合乎现代币制精神。统一货币,消除汇水等不合理收益,促使银行业务走上正轨。对外汇价可以人为控制,银根松动,景气复苏。此外,法币改革对于缓解财政困难、准备战时财政也是作用至大①,这是肯定法币改革之论。朱嘉明对其另是一番评价。他认为《白银法案》引发的世界性白银涨价,只是短期现象,实际后果轻于预期。美国不能过度吸纳白银,中国白银也不会无限外流。而政府推行法币改革,则为通货膨胀埋下"基因"②:

> 一,废弃银本位,发行纸币,币制彻底脱离硬通货的约束;二,国家统一货币发行权,政府权力无限化。在中国历史上,第一次出现政府完全掌制货币结构和货币供应。一旦国家滥用权力,追求政府利益最大化,金融体系纳入国家财政的附庸地位,实行资源的财政性分配,运用通货膨胀政策,法币的供应量必然失控,通货膨胀就势所难免,而且不会是局部的、必定是全国性的问题。

显然,这是反思法币改革之论。总之,民间自由发行与政府主导发行孰优孰劣? 能否调和二者,彼此互补? 这是非常复杂的问题。后人对此见解不同,难有共识。本书研究近代天津金融风潮,对此问题只是初步探讨。很多问题还应深入挖掘,比如纸币贴水之后,商家怎样核算? 纸币贴水多大幅度,商家仍能盈利? 多大幅度,商家就会亏损? 一种货币剧烈贬值之后,其他货币具体如何扩张? 能否定量研究? 一个地区同时流通多种货币,应该如何计算货币总量? ……如能结合商号档案,将细节理清,然后再将微观层面与宏观层面结合,可能更有利于深入理解自由币制。

---

① 卓遵宏:《中国近代币制改革史(1887—1937)》,台北:"国史馆"印行,1986年,第400—411页。
② 朱嘉明:《从自由到垄断——中国货币经济两千年》,台北:远流出版事业股份有限公司,2012年,第414页。

二、关于货币非国家化理论的探讨

在当今世界,国家垄断货币虽是主流,而民间发行货币并非影踪全无。1991年,美国纽约州伊萨卡镇发行本地通货①。马萨诸塞州大巴灵顿镇也在发行地方货币,名曰"伯克谢尔",面额分为一元、五元、十元、二十元、五十元②。唯此类货币仅限局部流通,远不能与国家货币竞争。

货币竞争比较明显的现象,是在一个国家的边境地区。不同货币同时流通,人们使用币值稳定者结算,国家垄断因而受限。这些货币多是国家货币,虽非民间发行,但是不同国家货币互相竞争,也可视为一种自由货币状态。一个国家若对货币不能完全垄断,货币竞争还可从边境地区扩至国家内部。20世纪80年代,埃塞俄比亚爆发内战,政府通货信用动摇,农村居民就曾使用玛丽亚·特丽萨银币③。

哈耶克支持货币竞争,反对政府垄断货币。他认为政府一旦垄断货币,很快就会发现此举可获收益。这种收益就是铸币税。在金属货币时代,政府通过降低货币成色获得铸币税。在不兑现纸币时代,政府则可通过不断发钞获得铸币税。回顾历史,政府一旦垄断纸币发行,常常造成通货膨胀,而通货膨胀与经济发展并无必然联系。英国自1714年至1914年,美国自1749年至1939年,各自实行金本位制。在这大约二百年中,近代工业逐步崛起,经济发展突飞猛进,然而两国物价几乎没变④。恰恰相反,通货膨胀扰乱价格,带来很大危害。货币不稳,价格扰乱,人们难以签订长期债权债务合约,生产者也难做出正确决策。哈耶克的看法,确有某些历史证据。19世纪时,美国实施金本位制度,货币稳定。一些铁路公司发行债券,即使

---

① 黑田明伸:《货币制度的世界史——解读"非对称性"》,何平译,北京:中国人民大学出版社,2007年,第203页。
② 《美小镇自制货币,镇民视其为"地方荣誉"》,《新华每日电讯》2007年6月22日,第8版。
③ 黑田明伸:《货币制度的世界史——解读"非对称性"》,何平译,北京:中国人民大学出版社,2007年,第202页。
④ 哈耶克:《货币的非国家化》,姚中秋译,北京:新星出版社,2007年,第169页。

时长五十甚至一百年,仍然有人愿意购买。而在今天,公司债时长超过二十五年,就已乏人问津。1900 年到 1915 年,公司债加权平均年限是 29.2 年,1956 年至 1972 年降为 20.9 年,以后更为缩短①。

哈耶克强调币值稳定,深信私人发钞可以实现这点。他所论的私人发钞,乃是不同机构发行不同货币。这些货币各有名称单位,公众可以轻易区分。其具体做法是:银行所发钞票的名字和面额单位,犹如商标或品牌,法律予以保护,其他机构未经授权,不得使用。公众偏好币值稳定,发钞银行为获信任,遂在发钞之初宣布所发钞票钉住一揽子商品,使其购买力不变。发钞越多,铸币收益越多。发钞银行为何信守承诺,控制滥发?哈耶克强调关键就在自由竞争。每家银行都倾向通过降低利率或其他手段,扩展本行钞票,但是其他银行也在发钞。如果这家银行钞票贬值,民众自会选择其他钞票。滥发钞票者将会丢掉发钞业务。哈耶克预测,关于各种货币的兑换比率、现有价值,金融报刊每天都会报道。企业随时可以获得信息,决定使用哪种货币订立合同、开立账户。在新闻媒体和货币交易所的严密监督下,各个发钞银行激烈竞争,不断调整发钞数量,力保币值稳定。其调整手段主要有二:一是购买或出售证券、其他商品和通货,以此收发钞票;二是扩张或收缩信贷活动。

多种货币自由竞争,是否会导致市场紊乱?哈耶克认为不会。因为各种货币可以随时兑换,店主十分清楚兑换率,故而乐于接受。某些边界地区或旅游中心同时流通多国货币,并未产生混乱。哈耶克将其视为货币竞争的重要例证。当然,货币完全自由竞争的实践,毕竟罕见。哈耶克也承认自己考虑难周,不能穷尽所有问题。不过他强调政府若能放权,任由民间自由探索,新一代银行家就会创造各种新技术,建立新的银行发钞形态。

哈耶克反对政府主导货币,认为这种做法常会导致通货膨胀。但是清末和北洋时期天津的铜元危机、中交挤兑风潮与直隶省钞危机,均有特殊背景。特别是两次纸币危机,都与军阀战争有关。以特定背景之下的货币滥发,并不能完全否定政府主导货币之举。因为政府主导货币,未必一定导致通货膨胀。当代发达国家,货币发行受

---

① 劳伦斯·H.怀特:《货币制度原理》,李杨、周素芳、姚枝仲译,北京:中国人民大学出版社,2004 年,第 37 页。

制于本国的经济和政治制度。在经济制度上,这些国家都是私有经济和市场经济。在政治制度上,这些国家均已实现民主法治。国家与政府、财政与金融、政府与货币当局,各有边界。央行具有独立空间,发行货币受到严格限制①。因此国家垄断货币之后,并无超级通货膨胀。若能实现这种货币统一,是否比民间发行更好呢?

哈耶克对于这种统一依然否定。他认为在民主制度下,中央银行希望通过货币政策操控经济,制造温和的通货膨胀,以此解决就业问题,但是最后往往事与愿违。就业问题没有解决,价格体系反被货币政策扰乱。周期性的经济危机,由此埋下隐患。哈耶克明确反对这种凯恩斯主义。然而当代人类的实践,似与哈耶克之论背道而驰。发行欧元就是一个例证。哈耶克主张一个国家流通多种货币,而欧元实践则是多个国家流通一种货币。统一货币带来巨大利益,此点有目共睹。当然,欧元也有问题②。经济学家对此争论不休,莫衷一是。欧元实践能否否定哈耶克之论,后人仍应继续探讨。

清末和北洋时期,中国远未实现民主法治。比之哈耶克所批判的政府行为,清政府和北洋政府的做法,更是等而下之。国家实现民主法治以后,政府控制货币尚且问题丛生,如若还未实现,而政府又对货币具有无限权力,岂不更加令人担忧?1995年,《中华人民共和国中国人民银行法》颁布,其中第28条规定:中国人民银行不得对政府财政透支,不得直接认购、包销国债和其他政府债券。第29条规定:中国人民银行不得向地方政府、各级政府部门提供贷款,不得向非银行金融机构以及其他单位和个人提供贷款。这些法律可使财政赤字货币化问题受到限制。然而二十多年来,因为种种问题,中国的货币发行,仍然高速膨胀。就此而论,清末和北洋时期天津的历次金融风潮,虽然已成历史陈迹,但是全面回顾反思这些风潮,深入探讨货币发行问题,却仍具有现实意义!

---

① 朱嘉明:《从自由到垄断——中国货币经济两千年》,台北:远流出版事业股份有限公司,2012年,序言第20页。
② 陈如:《一个国家多种货币与多个国家一种货币——哈耶克和蒙代尔的国际货币秩序观比较》,《社会科学战线》2011年第10期。

附录　清末和北洋时期天津的部分货币[①]

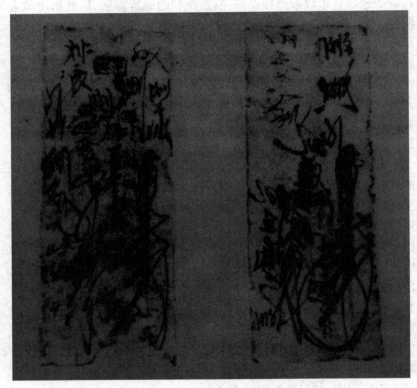

庚子年增盛和钱帖

[①] 部分图片选自天津市钱币学会编:《天津近代钱币》,北京:中国金融出版社,2004年。天津地方志编修委员会:《天津通志·金融志》,天津:天津社会科学院出版社,1995年。部分金属货币的重量、直径、厚度,纸币的长、宽等信息不详。

附录　清末和北洋时期天津的部分货币 | 203

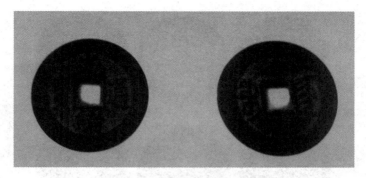

清末宝津局铸币：光绪通宝
重量：3.4克，直径：23.3毫米，厚：1.3毫米，材质：黄铜

清末北洋银元局铸币：光绪元宝
重量：15.3克，直径：31.7毫米，厚：3.6毫米

清末造币总厂所铸铜币：大清铜币十文
重量：8.2克，直径：29.6毫米，厚：1.8毫米

清末造币总厂所铸铜币：大清铜币二十文
重量：14.6 克，直径：33.5 毫米，厚：2.1 毫米

北洋时期的铜元
重量：6.5 克

徐世昌开国纪念币铜元
重量：6.7 克

附录 清末和北洋时期天津的部分货币 | 205

清末的银锭

银号纸币,153 mm×92 mm

大清户部银行兑换券,168 mm×103 mm

天津中国银行一元纸币

附录　清末和北洋时期天津的部分货币 | 207

天津中国银行十元纸币，174 mm×95 mm

天津中国银行五十元纸币，162 mm×90 mm

天津中国银行百元纸币，171 mm×92 mm

天津交通银行五十元纸币

天津交通银行百元纸币

北洋天津银号一元纸币

附录　清末和北洋时期天津的部分货币 | 209

北洋天津银号三元纸币,153 mm×100 mm

北洋天津银号库平一两银两票

直隶省银行一元纸币

直隶省银行五元纸币

直隶省银行十元纸币,165 mm×87 mm

附录　清末和北洋时期天津的部分货币 | 211

直隶省官钱局十枚铜元票

直隶省官钱局二十枚铜元票

汇丰银行五元纸币，201 mm×120 mm

麦加利银行五元纸币, 198 mm×119 mm

花旗银行五十元纸币

横滨正金银行十元纸币, 175 mm×110 mm

美丰银行五元纸币,160 mm×65 mm

参考文献

一、天津市档案馆馆藏档案、史料集、金融志

《关于规定兑换铜元的通告》,档号:401206800-J0128-2-000473-040。
《关于议决平铜元价进行规则条文的布告》,档号:401206800-J0128-2-000473-095。
《为陈兑换铜元办法致商务总会呈》,档号:401206800-J0128-2-000473-086。
《为代购铜元事给天津总商会电》,档号:401206800-J0128-2-000473-037。
《为代购铜元事致保定曹督军呈》,档号:401206800-J0128-2-000473-034。
《为兑换券账目事致袁大帅的呈(附天津中国银行换券号码表及兑换券清单)》,档号:401206800-J0128-2-002635-039。
《为兑换铜元事给市商务总会函》,档号:401206800-J0128-2-000473-046。
《为兑换铜元事给天津商务总会训令》,档号:401206800-J0128-2-000473-053。
《为封存旧直隶省钞救济商号事致天津市商会的函》,档号:401206800-J0128-3-007207-001。
《为各钱铺到期之款归法致天津商务公所的函》,档号:401206800-J0128-3-000082-032。
《为官商借款延缓还期禀宫保大人府宪大人》,档号:401206800-J0128-3-000033-001。
《为缓运铜元事致直隶省长呈及给警察厅函》,档号:401206800-J0128-2-000473-039。
《为芦盐加征产捐作直隶省钞基金事致天津总商会函》,档号:401206800-J0128-3-006045-026。
《为请将运津铜元放行事致省长等电》,档号:401206800-J0128-2-000473-045。
《为请解释铜元兑换事给市商务总会函》,档号:401206800-J0128-2-000473-043。
《为请禁止铜元出境事致商务总会总理请议书》,档号:401206800-J0128-2-000473-010。
《为请平价发售铜元致天津商务总会呈》,档号:401206800-J0128-2-000473-085。
《为请研究铜元兑换办法事给商务总会函》,档号:401206800-J0128-2-000473-050。
《为请中国交通两行速收买制钱并发行铜元纸币事致商务总会函》,档号:

401206800-J0128-3-004283-003。

《为请转各商民遵章兑换铜元事给警察厅函》,档号:401206800-J0128-2-000473-061。

《为劝导商民安心行使直隶省钞票事致天津总商会的函》,档号:401206800-J0128-3-005994-012。

《为商民照章办理铜元兑换事给警察厅函》,档号:401206800-J0128-2-000473-057。

《为设法匀拨铜元事给天津总商会函》,档号:401206800-J0128-2-000473-022。

《为送公估办法会议纪要事致天津商会的函(附纪要)》,档号:401206800-J0128-2-002449-002。

《为送铜元事与天津商务总会往来函》,档号:401206800-J0128-2-000473-056。

《为调查津埠各钱商所出银元纸币是否备足资本市照会天津商务总会》,档号:401206800-J0128-2-000765-002。

《为铜元跌价事的议事记录》,档号:401206800-J0128-3-010346-038。

《为铜元兑换事与市商务总会往来函》,档号:401206800-J0128-2-000473-047。

《为严惩铜元出境事致商务总会请议书》,档号:401206800-J0128-2-000473-093。

《为有军人向各商号强行兑换大洋或铜元事致天津镇守使署天津警备司令部的函》,档号:401206800-J0128-3-005994-086。

《为暂缓来津购运铜元事致沧县商会肃宁县商会函》,档号:401206800-J0128-3-004375-030。

《为整理直隶省钞请愿事致国民政府财政部呈》,档号:401206800-J0128-3-006045-046。

《为铸铜元事与天津总商会往来函》,档号:401206800-J0128-2-000473-049。

北洋政府财政部泉币司:《币制汇编》,中国货币史银行史丛书编委会编:《民国小丛书(第一册)》,北京:书目文献出版社,1996年。

陈度:《中国近代币制问题汇编》,上海:瑞华印务局,1932年。

戴鞍钢,黄苇主编:《中国地方志经济资料汇编》,上海:汉语大辞典出版社,1999年。

甘厚慈辑:《北洋公牍类纂》,收于沈云龙主编:《近代中国史料丛刊三编》,台北:文海出版社,1999年。

黑广菊,刘茜主编:《大陆银行档案史料选编》,天津:天津人民出版社,2010年。

黑广菊主编:《盐业银行档案史料选编》,天津:天津人民出版社,2012年。

交通银行总行、第二历史档案馆合编:《交通银行史料》,北京:中国金融出版社,1995年。

雷瑨:《政府公报分类汇编(币制国债)》,上海:扫叶山房北号,1915年。

蒙秀芳主编:《金城银行档案史料选编》,天津:天津人民出版社,2010年。

千家驹编:《旧中国公债史资料(189—199)》,北京:中华书局,1984年。
盛俊:《银价与币制问题法案辑要第一编》,日知编译社,1930年。
天津地方志编修委员会:《天津通志·金融志》,天津:天津社会科学院出版社,1995年。
天津市档案馆,天津海关编译:《津海关秘档解译——天津近代历史记录》,北京:中国海关出版社,2006年。
天津市档案馆,天津社会科学院历史所编:《津海关年报档案汇编(下)》,吴弘明译,内部印行本,1993年。
天津市档案馆,天津社科院历史研究所、天津工商业联合会编:《天津商会档案汇编(1903—1911)》,天津:天津人民出版社,1987年。
天津市档案馆,天津社科院历史研究所、天津工商业联合会编:《天津商会档案汇编(1912—1928)》,天津:天津人民出版社,1992年。
天津市档案馆,天津社科院历史研究所、天津市工商业联合会编:《天津商会档案汇编(1928—1937)》,天津:天津人民出版社,1996年。
天津市档案馆编:《北洋军阀天津档案史料选编》,天津:天津古籍出版社,1990年。
天津市档案馆编:《袁世凯天津档案史料选编》,天津:天津古籍出版社,1990年。
天津市地方志编修委员会办公室,天津图书馆编:《〈益世报〉天津资料点校汇编》,天津:天津社会科学出版社,1999年。
吴弘明编译:《津海关贸易年报(1865—1946)》,天津:天津社会科学院出版社,2006年。
徐义生编:《中国近代外债史资料(1853—1927)》,北京:中华书局,1962年。
中国第二历史档案馆,中国人民银行江苏省分行,江苏省金融志编委会编:《中华民国金融法规档案资料选编》,北京:档案出版社,1990年。
中国第二历史档案馆编:《中华民国史档案资料汇编(第三辑)》,南京:江苏古籍出版社,1991年。
中国人民银行金融研究所编:《美国花旗银行在华史料》,北京:中国金融出版社,1990年。
中国人民银行山西省分行,山西财经学院《山西票号史料》编写组:《山西票号史料》,太原:山西人民出版社,1990年。
中国人民银行总行参事室:《中华民国货币史资料(第一辑):1912—1927》,上海:上海人民出版社,1986年。
中国人民银行总行参事室金融史料组编:《中国近代货币史资料(清政府统治时期)》,北京:中华书局,1964年。
中国银行总行,中国第二历史档案馆合编:《中国银行行史资料上编(1912—1949)》,北京:档案出版社,1991年。

中华新报馆编:《护国军纪事(第四册)》,中国国民党中央委员会党史史料编纂委员会印行,1970年。

二、文集、日记、年谱

方兆麟整理:《卞白眉日记》,天津:天津古籍出版社,2008年。
凤岗及门弟子编:《民国梁燕孙先生士诒年谱》,台北:台湾商务印书馆,1978年。
张品兴主编:《梁启超全集》,北京:北京出版社,1999年。
张焘:《津门杂记》,丁绵孙、王黎雅点校,天津:天津古籍出版社,1986年。

三、报刊

《财政部订定银行公会章程》,《中国银行业务会计通信录》1915年第9期。
《记公估局》,《银行周报》1918年第2期。
《津海关贸易统计年刊》1897至1905年。
《美小镇自制货币,镇民视其为"地方荣誉"》,《新华每日电讯》2007年6月22日。
《清平津郡市面》,《大公报(附张)》1903年12月30日。
《拳匪作乱有关上海市景说》,《申报》1900年6月20日。
《省银行发生挤兑风潮》,《大公报》1927年2月23日。
《疏通市面》,《大公报》1904年1月3日。
《署直督杨奏银价骤涨查禁铜元摺》,《政治官报》1907年第47期。
《天津府示》,《大公报》1904年2月6日。
《天津金融调查》,《中央银行月报》1934年第3卷第9期。
《天津金融之近况》,《银行周报》1927年第11卷第45期。
《天津钱商公会之暂行章程及办事细则》,《银行周报》1928年第12卷第44期。
《天津钱业之调查》,《工商半月刊》1929年第1卷第12期。
《天津宋君寿恒上凌太守救治市面条文》,《大公报》1903年6月14号。
《天津总商会继续检查各行基金》,《银行周报》1928年第12卷第41期。
《严禁铜元出境》,《大公报》1904年1月30日。
《直隶省钞停兑》,《国闻周报》第4卷第84期。
《直隶总督袁奏推广鼓铸以资推广折》,《东方杂志》1904年第9期。

四、论文

[韩]林地焕:《20世纪初金融风潮与天津钱庄》,《城市史研究》1998年Z1期。
[韩]林地焕:《论20世纪前期天津钱庄业的繁荣》,《史学月刊》2000年第1期。
[韩]林地焕:《清末民初天津金融市场的帮派》,《城市史研究》2000年Z1期。
[美]耿爱德:《最近中国纸币发行之沿革》,《中行月刊》1938年第15卷第6期

至第 17 卷第 5、6 期。

[日] 林原文子:《清末天津工商业者的觉醒及夺回国内洋布市场的斗争》,许慈惠译,中国人民政治协商会议天津市委员会文史资料研究委员会编:《天津文史资料选辑(第四十一辑)》,天津:天津人民出版社,1987年。

[英] 派伦著:《天津海关一八九二——一九零一十年调查报告书》,许逸凡译,《天津历史资料》第 4 期。

陈如:《一个国家多种货币与多个国家一种货币——哈耶克和蒙代尔的国际货币秩序观比较》,《社会科学战线》2011 年第 10 期。

陈友琴:《中国之铜元问题》,《东方杂志》1925 年第 13 期。

陈卓、姚旸:《20 世纪初天津金融危机发生原因探析——以"贴水风潮"为中心的考察》,《华北金融》2009 年第 7 期。

陈宗彝:《解放前天津金融市场的变迁》,中国人民政治协商会议天津市委员会文史资料研究委员会编:《天津文史资料选辑(第 5 辑)》,天津:天津人民出版社,1979 年。

程振基:《纸币统一与发行纸币制度之研究》,《国立北京大学社会科学季刊》1923 年第 1 卷第 3 期。

戴建兵:《中国近代的白银核心型货币体系(1890—1935)》,《中国社会科学》2012 年第 9 期。

邓先宏:《中国银行与北洋政府的关系》,中国社会科学院经济研究所学术委员会编:《中国社会科学院经济研究所集刊(第十一集)》,北京:中国社会科学出版社,1988 年。

杜恂诚:《中国近代两种金融制度的比较》,《中国社会科学》2000 年第 2 期。

富景筠:《货币与权力——读哈耶克〈货币的非国家化〉》,《读书》2008 年第 4 期。

龚关:《1920 年代中后期天津银行挤兑风潮》,《历史教学(高校版)》2007 年第 6 期。

龚关:《20 世纪初天津的金融风潮及其应对机制》,《史学月刊》2005 年第 2 期。

龚关:《清末至民国前期银企关系探究——以天津恒源纱厂与银行的关系为中心》,《南开经济研究》2007 年第 6 期。

龚关:《商业贸易与民国前期天津和腹地间的资金流动》,《中国经济史研究》2007 年第 2 期。

管汉晖、陈博凯:《货币的非国家化:汉代中国的经历(前 175 年—前 144 年)》,《经济学季刊》2015 年第 4 期。

何育禧:《天津金融概略》,《钱业月报》1931 年第 11 卷第 1 期。

贺水金:《论 20 世纪 30 年代前中国币制紊乱的特征与弊端》,《史林》1998 年第 4 期。

胡光明:《论早期天津商会的性质与作用》,《近代史研究》1986 年第 4 期。

胡乃瓒:《论近年金融扰攘之原因》,《银行周报》1924 年第 8 卷第 47 期。

刘嘉琛、谢鹤声:《浅谈天津钱业的拨码》,中国人民政治协商会议天津市委员会文史资料研究委员会编:《天津文史资料选辑(第 40 辑)》天津:天津人民出版社,1987 年。

刘嘉琛:《解放前天津钱业述析》,中国人民政治协商会议天津市委员会文史资料研究委员会编:《天津文史资料选辑(第 20 辑)》,天津:天津人民出版社,1982 年。

刘燕武、赵伊:《津门炉房考》,《中国钱币》2013 年第 3 期。

刘燕武:《天津行化银由宝银转为"虚银两"的过程》,《中国钱币》2011 年第 2 期。

刘愿:《哈耶克货币非国家化理论的自然实验:以民国时期上海竞争性货币体系为例》,未刊稿。

刘愿:《哈耶克货币非国家化理论的自然实验——以抗战时期陕甘宁边区国共政权货币竞争为例》,邓正来:《中国社会科学论丛(夏季卷)》,上海:复旦大学出版社,2011 年。

刘仲直:《民国时期中国银行天津地名券的发行与流通》,中国人民政治协商会议天津市委员会文史资料研究委员会编:《天津文史资料选辑(第 101 辑)》,天津:天津人民出版社,2004 年。

马建标:《谣言与金融危机:以 1921 年中交挤兑为中心》,《史林》2010 年第 1 期。

孟援:《评哈耶克著〈货币的非国家化〉》,《世界经济》1980 年第 9 期。

潘公展:《纸币世界之欧洲》,《东方杂志》1923 年第 20 卷第 11 号。

淑仪:《天津内国金融业之观察》,《银行周报》1928 年第 12 卷第 3 期。

宋美云:《近代商会化解金融风潮之探析》,《历史教学》2005 年第 3 期。

天津中国银行:《天津商业调查概略》,《银行周报》1930 年第 14 卷第 26 期。

王培:《天津金融市场之调查》,《实业金融》1933 年第 2 卷第 2 期。

王善中:《1916 年中交两行停兑与袁世凯倒台》,《历史教学》1987 年第 1 期。

王元周:《近代北京金融业与天津的关系》,《城市史研究》2011 年第 27 辑。

翁先定:《交通银行官场活动研究(1907—1927)》,《中国社科院经济研究所集刊》第 11 辑。

吴本景:《天津之金融状况与商业情形(一)》,《中央银行旬报》1931 年第 3 卷第 17 期。

吴本景:《天津之金融状况与商业情形》,《中央银行旬报》1931 年第 3 卷第 17—19 期。

吴必龙:《二十世纪初期天津金融风潮及其对对外贸易的影响》,《南开经济研究》1995 年第 1 期。

吴石城:《天津典当业之研究》,《银行周报》1935年第36期。
吴石城:《天津货币流通之概况》,《银行周报》1935年第2、5期。
吴石城:《天津金融季节之研究》,《银行周报》1935年第42期。
吴石城:《天津金融业之团结》,《银行周报》1935年第32期。
吴石城:《天津之华商银行》,《银行周报》1935年第19期。
吴石城:《天津之票据与其清算》,《银行周报》1935年第38期。
吴石城:《天津之平民金融组织》,《银行周报》1935年第46期。
吴石城:《天津之外商银行》,《银行周报》1935年第29期。
吴石城:《天津之银号》,《银行周报》1935年第16期。
谢鹤声、刘嘉琛:《天津近代货币演变概述》,中国人民政治协商会议天津市委员会文史资料研究委员会编:《天津文史资料选辑(第40辑)》,天津:天津人民出版社,1987年。
熊亚平、安宝:《近现代天津铜元市价变动对商民经济生活的影响》,《天津财经大学学报》2011年第9期。
杨固之、谈在唐、张章翔:《天津钱业史略》,中国人民政治协商会议天津市委员会文史资料研究委员会编:《天津文史资料选辑(第20辑)》,天津:天津人民出版社,1982年。
叶世昌:《上海公估局的几个问题》,《中国钱币》2010年第4期。
英夫、朱继珊:《天津钱业和钱业同业公会》,中国民主建国会天津市委员会、天津市工商业联合会文史资料委员会编:《天津工商史料丛刊(第7辑)》,1987年。
裕孙:《沪汉津平各地银行公会会员银行调查》,《银行周报》1929年第13卷第18期。
裕孙:《天津造币厂鼓铸轻质铜元之流弊》,《银行周报》1924年第8卷第16期。
张振鹍:《清末十年间的币制问题》,《近代史研究》1979年第1期。
赵洪宝:《清末铜元危机与天津商会的对策》,《近代史研究》1995年第4期。
赵伊:《天津的炉房和公估局》,《金融时报》2004年11月26日。
赵泽芳、李振军:《档案记载中的直隶省长兼保安总司令褚玉璞》,《档案天地》2011年第10期。
郑起东:《北洋政权与通货膨胀》,《近代史研究》1995年第1期。
郑起东:《晚清私铸及其社会经济影响》,《近代史研究》1995年第4期。
周启邦:《中国造币厂之沿革》,《中央银行月报》1936年第5卷。
朱荫贵:《两次世界大战间的中国银行业》,《中国社会科学》2002年第6期。

五、中文专著

[奥]卡尔·门格尔:《国民经济学原理》,刘絜敖译,上海:上海人民出版社,

2005 年。
[美] 查尔斯·P.金德尔伯格:《西欧金融史》,徐子健、何建雄、朱忠译,北京:中国金融出版社,2007 年。
[美] 道格拉斯·诺斯:《经济史的结构与变迁》,刘瑞华译,台北:时报文化出版企业股份有限公司,1998 年。
[美] 耿爱德:《中国货币论》,蔡受百译,上海:商务印书馆,1929 年。
[美] 哈耶克:《货币的非国家化》,姚中秋译,北京:新星出版社,2007 年。
[美] 科斯等:《财产权利与制度变迁:产权学派与新制度派译文集》,上海:上海三联书店,1991 年。
[美] 劳伦斯·H.怀特:《货币制度原理》,李杨、周素芳、姚枝仲译,北京:中国人民大学出版社,2004 年。
[日] 黑田明伸:《货币制度的世界史——解读"非对称性"》,何平译,北京:中国人民大学出版社,2007 年。
[日] 吉田虎雄:《中国货币史纲》,周伯棣译,上海:中华书局,1934 年。
[日] 牧野辉智:《最新货币学原理》,李荫南译,上海:上海黎明书局,1935 年。
[日] 日本驻屯军司令部编:《二十世纪初的天津概况》,侯振彤译,天津市地方史志编辑委员会总编辑室出版,1986 年。
[英] 雷穆森著:《天津——插图本史纲》,许凡、赵地译,天津:天津人民出版社,2009 年。
[英] 约翰·F.乔恩:《货币史:从公元 800 年起》,李广乾译,北京:商务印书馆,2002 年。
陈晓荣:《民国小区域流通货币研究》,北京:中国社会科学出版社,2012 年。
戴建兵:《白银与近代中国经济:1890—1935》,上海:复旦大学出版社,2005 年。
戴建兵:《中国近代银两史》,北京:中国社会科学出版社,2007 年。
戴建兵:《中国钱票》,北京:中华书局,2001 年。
戴铭礼:《中国货币史》,上海:商务印书馆,1934 年。
杜恂诚:《金融制度变迁史的中外比较》,上海:上海社会科学院出版社,2004 年。
复旦大学中国金融史研究中心:《中国金融制度变迁研究》,上海:复旦大学出版社,2008 年。
龚关:《近代天津金融业研究:1861—1936》,天津:天津人民出版社,2007 年。
侯培仁:《中国货币沿革史》,上海:世界书局,1929 年。
李骏耀:《中国纸币发行史》,重庆:中央银行经济研究处,1944 年。
刘映岚:《中国货币沿革史》,东京:砥斋,1911 年。
罗澍伟编:《近代天津城市史》,北京:中国社会科学出版社,1993 年。
马寅初:《通货新论》,北京:商务印书馆,2010 年。
欧阳卫民编:《二十世纪重要经济学家货币金融思想》,北京:中国金融出版社,

2009年。
彭信威：《中国货币史》，上海：上海人民出版社，2007年。
千家驹，郭彦岗：《中国货币史纲要》，上海：上海人民出版社，1986年。
沈大年编：《天津金融简史》，天津：南开大学出版社，1988年。
天津市钱币学会编：《天津近代钱币》，北京：中国金融出版社，2004年。
汪敬虞：《外国资本在近代中国的金融活动》，北京：人民出版社，1999年。
汪敬虞编：《中国近代经济史（1895—1927）》，北京：人民出版社，2000年。
王福重：《金融的解释》，北京：中信出版社，2014年。
王宏斌：《晚清货币比价研究》，开封：河南大学出版社，1990年。
王业键：《中国近代货币与银行的演进（1644—1937）》，台北："中央研究院"经济研究所，1981年。
王子建、赵履谦：《天津之银号》，永兴洋纸行，1940年。
魏建猷：《中国近代货币史》，上海：群联出版社，1955年。
吴承明：《经济史：历史观与方法论》，上海：上海财经大学出版社，2006年。
吴承禧：《中国的银行》，上海：商务印书馆，1935年。
献可：《近百年来帝国主义在华银行发行纸币概况》，上海：上海人民出版社，1958年。
谢霖、李澂：《银行制度论》，上海：中国图书公司，1913年。
徐沧水：《民国钞券史》，《民国文存》编辑委员会：《中国货币史研究二种》，北京：知识产权出版社，2013年。
阳羑贾：《民国财政史》（上册），上海：商务印书馆，1917年。
杨端六：《清代货币金融史稿》，北京：三联书店，1962年。
杨小凯：《百年中国经济史笔记》，未刊稿。
杨荫溥：《民国财政史》，北京：中国财政经济出版社，1985年。
杨荫溥：《中国金融论》，上海：商务印书馆，1930年。
姚洪卓主编：《近代天津对外贸易（1861—1948）》，天津：天津社会科学院出版社，1993年。
姚崧龄：《中国银行二十四年发展史》，台北：传记文学出版社，1976年。
叶世昌、李宝金，钟祥财：《中国货币理论史》，北京：中国金融出版社，1993年。
张家骧：《中华币制史》，北京：知识产权出版社，2013年。
张五常：《货币战略论》，北京：中信出版社，2010年。
章宗元：《中国泉币沿革》，北京：经济学会，1915年。
中国银行史编辑委员会编著：《中国银行史（1912—1949）》，北京：中国金融出版社，1995年。
重庆中国银行编：《四川金融风潮史略》，重庆：加新印刷局，1933年。
朱嘉明：《从自由到垄断——中国货币经济两千年》，台北：远流出版事业股份有限公司,2012年。

朱偰:《中国货币问题》,重庆:青年书店,1940年。

卓遵宏:《中国近代币制改革史(1887—1937)》,台北:"国史馆",1986年。

六、英文专著

Brett Sheehan. *Trust in Troubled Times: Money, Banks, and State-Society Relations in Republican Tianjin*. Massachusetts: Harvard University Press, 2003.

Lawrence H.White. *Free Banking in Britain: Theory, Experience, and Debate, 1800-1845*. New York: Cambridge University Press, 1984.

后　记

　　本书是我基于博士论文修改而成。在博士研究生学习阶段,我对中国近代的货币问题产生了兴趣。中国在很长历史时期,货币并不统一。铸币权由政府和民间共享。晚清以来,中国面临内忧外患,铸币权渐由官民共享转向政府垄断。1935年,国民政府实施法币改革,这种转向最终完成。国家垄断货币发行是近代世界的潮流,中国同样顺流而去。在此过程中,中国传统币制多被斥为混乱无序、极度落后。这种混乱落后有无某些合理因素?应该如何评价这种巨变?

　　20世纪70年代,哈耶克提出货币非国家化理论,明确反对国家统一货币,强调货币应该多元发行。这为我们重新审视中国传统币制带来很大启发。民间发行货币有何问题?政府发行货币有何问题?二者孰优孰劣?在货币危机之下,人们如何选择货币?劣币与良币怎样竞争?不同群体如何获利或者受损?如能选取一个城市,结合哈耶克之论,仔细探讨上述问题,则有希望深化我们对于货币发行理论的认识。基于上述想法,我选了近代天津进行实证研究。

　　论文的写作过程充满艰辛。此时摩挲书稿,回首往事,博士研究生期间各位师友对我的帮助,一时全都涌上心头。钱穆先生晚年曾写《八十忆双亲·师友杂忆》。看到这种书名,未及开卷,内心先有一种感动。身体发肤受之父母,而精神生命则来自师友。我能完成论文,充实精神生命,首先应该感谢自己读书期间的良师益友。

　　我的导师陈争平教授,是一温厚长者。在论文写作过程中,陈老师悉心指导,对我助益良多。他也非常关心我的生活和工作。陈老师回忆经济史研究大家吴承明、汪敬虞二老时,特别提到二老对晚辈的爱心,并说:"我们现在也在培养研究生。这方面我们也要搞爱心传递,把老师们对我们的爱心及研究生教育的方法等传递下去,使学术薪火代代相传。"从陈老师身上,我深深感到了这种传承。我也愿意把它继承下来。

　　清华历史系张国刚、王晓毅、侯旭东、张绪山、黄振萍和仲伟民诸位老师,清华社科学院龙登高教授、人大财政金融学院何平教授、中国社会科学院经济研究所林刚研究员、中央财经大学经济学院兰日旭教授,围绕我的论文,指出不足并提出建议,给我带来很多启发。其中仲伟民老师叮嘱再三,尤其令我铭感五内。在校读书期间,我与李伯重老师曾有数面之缘,每次均能得到李老师鼓励。周永东老师尽心帮我安排勤工助学。这些都使我倍感温暖!

在我论文进展困难之时,同窗好友李大伟、刘志、张云波、廖志军、呼思乐、张田、王炳文,同门尹虎师兄、常旭师兄、吴雪兰师姐,对我多有鼓舞与安慰,使我排除低落情绪,重新振作起来。师弟邱永志于货币史研究有年,热心借我相关书籍,对我启发尤大。

妻子、父母和哥哥等家人,是我奋斗不息的动力来源,也是我身心俱疲时的宁静港湾。因有家人的默默支持,我才能免除后顾之忧,在求学之路上努力前进。总之,博士学习阶段已经结束,可是这段岁月的师生之情、朋友之情和亲人之情,却会永驻我心,久久不忘!

图书在版编目(CIP)数据

1900—1928年天津金融风潮研究:以货币发行为分析中心/郝志景著.
—上海:复旦大学出版社,2019.6
ISBN 978-7-309-14291-4

Ⅰ.①1… Ⅱ.①郝… Ⅲ.①金融-经济史-天津-1900-1928　Ⅳ.①F832.95

中国版本图书馆 CIP 数据核字(2019)第 083228 号

1900—1928 年天津金融风潮研究:以货币发行为分析中心
郝志景　著
责任编辑/胡春丽

复旦大学出版社有限公司出版发行
上海市国权路 579 号　邮编:200433
网址:fupnet@fudanpress.com　http://www.fudanpress.com
门市零售:86-21-65642857　团体订购:86-21-65118853
外埠邮购:86-21-65109143　出版部电话:86-21-65642845
上海四维数字图文有限公司

开本 890×1240　1/32　印张 7.25　字数 211 千
2019 年 6 月第 1 版第 1 次印刷

ISBN 978-7-309-14291-4/F·2559
定价:50.00 元

如有印装质量问题,请向复旦大学出版社有限公司出版部调换。
版权所有　侵权必究